Heiner Jansen

Untersuchungen zur Entwicklung lautsynthetischer Verarbeitungsprozesse im Vorschul- und frühen Grundschulalter

VERLAG HÄNSEL-HOHENHAUSEN
Egelsbach · Köln · New York

Deutsche Hochschulschriften

425

1992 als Dissertation angenommen von der Fakultät für Psychologie und Sportwissenschaft der Universität Bielefeld

Gutachter: Prof. Dr. Helmut Skowronek
(Fakultät für Psychologie und Sportwissenschaft)
und Prof. Dr. Bernd Switalla
(Fakultät für Linguistik und Literaturwissenschaft)

Die Deutsche Bibliothek - CIP-Einheitsaufnahme

Jansen, Heiner:
Untersuchungen zur Entwicklung lautsynthetischer Verarbeitungsprozesse im Vorschul- und frühen Grundschulalter / Heiner Jansen. - Egelsbach ; Köln ; New York : Hänsel-Hohenhausen, 1992
(Deutsche Hochschulschriften ; 425)
Zugl.: Bielefeld, Univ., Diss., 1992
ISBN 3-89349-425-1
NE: GT

ISBN 3-89349-425-1

VERLAG HÄNSEL-HOHENHAUSEN

D - 6073 Egelsbach (W), Postfach 12 12

1992

Inhaltsverzeichnis

Vorwort

Im Jahre 1986 wurde ein Buch mit dem Titel "ABC und Schriftsprache – Rätsel für Kinder, Lehrer und Forscher" (Brügelmann 1986) veröffentlicht. Dieser Buchtitel vermittelt anschaulich, daß die Aneignung des Lesens und Rechtschreibens nach wie vor eine genauso geheimnisvolle wie faszinierende Angelegenheit sein kann. Obwohl die empirische Erforschung des Lese–Rechtschreiberwerbs auch in Deutschland eine lange Tradition hat (vgl. Bosch 1937), sind die für das Erlernen der Schriftsprache notwendigen Bedingungen und Voraussetzungen keineswegs hinreichend geklärt. Die vorliegende Arbeit versucht, mit einigen empirischen Arbeiten ein wenig zur Entschlüsselung des "Rätsels" Schriftspracherwerb beizutragen und beschäftigt sich mit den Entwicklungsveränderungen, die im zeitlichen Übergangsbereich von der Vorschulzeit zur Grundschulzeit zu beobachten sind.

Da die Durchführung empirischer Untersuchungen, zumal wenn sie längschnittlich angelegt sind, einen langen Atem erfordern, sei zu allererst denjenigen gedankt, die mich während dieser Zeit unterstützt haben. An erster Stelle gebührt meiner Frau ein herzlicher Dank nicht nur für ihre langwährende Geduld und Unterstützung, sie hat zudem aufgrund ihrer praktischen Erfahrung als Diplom–Heilpädagogin wertvolle Hinweise für die Durchführung der Untersuchungen geben können und sich engagiert als Versuchleiterin betätigt.
Bei allen Kindern, Eltern, Lehrerinnen, Lehrer und den Schulrektoren der beteiligten Grundschulen bedanke ich mich für ihre Zustimmung und für ihre Unterstützung.
Die Versuchleiterinnen Marion Borchert–Witteborg, Beate Hielscher und Dagmar Schöttler und die Versuchsleiter Bernd Fiege und Volker Völzke haben sich mit Interesse und Engagement an der Untersuchungsdurchführung beteiligt und wesentlich zu ihrem Gelingen beigetragen.

Herr Prof. Dr. Helmut Skowronek hat mich durch seine anregende und wohlwollende Betreuung, die so manche Hürde nehmen half, hilfreich unterstützt. Weiterhin sei auch meinen Arbeitskollegen Dr. Gerd Mannhaupt und Dr. Harald Marx für hilfreiche Kritiken und Diskussionen herzlichst gedankt.
Weiterhin bedanke ich mich bei Herrn Christian Speith, der sich der Mühe unterzogen hat, die Endfassung des Manuskripts nochmals durchzusehen.

1. Einleitung

Die Aneignung des Lesens und Rechtschreibens ist für viele Kinder eine mühsame und schwierige Aufgabe. Dies wird uns dann besonders kraß vor Augen geführt, wenn Jugendliche oder Erwachsene auch nach jahrelangem Schulbesuch des Lesens und Schreibens nicht mächtig sind und sie als Analphabeten bezeichnet werden (Kretschmann, Lindner–Achenbach, Puffahrt, Möhlmann & Achenbach 1990). Schaut man sich die Lebensläufe von Analphabeten genauer an, so wird deutlich, daß "Analphabetismus ... in der Schule und vor der Schule" beginnt (Kretschmann et al. 1990, S. 24) und selten erst in späteren Schuljahren entsteht. Damit ist man auch bei Lese–Rechtschreibschwierigkeiten, die erst sehr spät in Erscheinung treten, auf eine sehr frühe Phase des Schriftspracherwerbs verwiesen. Der Früherkennung von Schwierigkeiten beim Lesen– und Schreibenlernen, den vorbeugenden Maßnahmen zu ihrer Verhinderung und der frühzeitigen Förderung lese–rechtschreibschwacher Kinder kommen damit besondere Bedeutung zu.

Woran und wann Schwierigkeiten der Kinder mit dem Schriftspracherwerb letztendlich erkannt werden, welche vorbeugenden Maßnahmen getroffen werden oder welche remediale Maßnahme bei bereits verfestigten Schwierigkeiten aus der Fülle der vorhandenen didaktischen Vorschläge und Arbeitsmaterialien ausgesucht oder neu konzipiert wird, hängt zum einen von den Annahmen über den Entwicklungsverlauf des Lesen– und Schreibenlernens und seinen Gefährdungen ab und von den Vorstellungen darüber, welche Lern– und Verarbeitungsprozesse beim Kind diagnostiziert und gestützt werden sollen. Diese Vorstellungen haben sich während der letzten 20 Jahre erheblich verändert.

"In den 70er Jahren wurden häufig die experimentellen Paradigmen aus der *Erwachsenenleseforschung* unreflektiert auf Kinder übertragen.

In den letzten Jahren sind genuin entwicklungspsychologische Fragestellungen stärker in den Vordergrund getreten" (Scheerer–Neumann 1989a, S. 15). Die Entwicklung des Schriftspracherwerbs wird nicht mehr als Entwicklung einzelner separierbarer Komponenten verstanden, die, einzeln geübt, in der Summe die Entwicklung befördern (wie z.B. bei Coleman 1970), sondern es werden, in Anlehnung an Piaget'sche Modellvorstellungen, Entwicklungsstufen (z.B. Frith 1985, Günther 1986a, Marsh, Friedman, Welch & Desberg 1981, Scheerer–Neumann 1989a, 1989b) oder Entwicklungswellen (Brügelmann 1989a) angenommen, in die Aneignungsprozesse und problematische Klippen und Hürden eingeordnet werden.

Die Hinwendung zu den Entwicklungsmodellen des Schriftspracherwerbs bedeutet keineswegs, daß Ergebnisse der "Teilchen–Modell Forschung" (Brügelmann 1989a) von entwicklungspsychologischen Modellen abgelöst werden. Vielmehr ist das Bemühen erkennbar, Entwicklungsmodelle des Lesenlernens und Prozeßmodelle des (bereits ausgebildeten) Lesens, die einzelne Komponenten des Leseprozesses und ihre Wechselwirkungen zu beschreiben versuchen, zu integrieren (hier vor allem Scheerer–Neumann 1989a, 1989b) oder zumindest beide Forschungsansätze gleichrangig zu berücksichtigen (z.B. Høien & Lundberg 1988, 1989).
Nach Brügelmann (1989a, S. 208) verspricht ein integrierter Forschungsansatz besonders fruchtbare Erkenntnisse über die Leselernentwicklung:
"Das bedeutet aber, daß solche Komponenten (1) unmittelbar auf die Schrift–(sprache) bezogen und (2) in ein Prozeß–Modell der Handlung eingebunden sein müssen und daß vor allem (3) die Bedeutung einzelner Teilleistungen in der Entwicklung des Lesens bzw. Schreibens über verschiedene Stufen hinweg zu untersuchen ist".
Nicht nur der Lese–Schreiblernprozeß, sondern auch seine Teilkomponenten sind entwicklungsbedingt zu beschreiben. Dieser forschungsstrategische Ansatz liegt der vorliegenden Arbeit zugrunde.

Ausgehend von der Hypothese, daß Schwierigkeiten im Schriftspracherwerb auf Probleme der sprachlichen Verarbeitung zurückzuführen sind (z.B. Vellutino 1977), wird als zu untersuchende Komponente ein zentraler Teilaspekt des frühen Lesen– und Schreibenlernens (Perfetti 1987) fokussiert und seine Bedeutung näher zu bestimmen versucht: Die Entwicklung der Fähigkeit von Kindern, sich den lautlichen Aspekten gesprochener Sprache zuzuwenden, d.h. Wörter in ihre Lautbestandteile zu zerlegen (Phonemanalyse) und aus Einzellauten Wörter bilden (Phonemsynthese) zu können. Die Bedeutung der Phonemanalyse und Phonemsynthese für das Lesen– und Schreibenlernen wird unter dem Begriff "Phonologische Bewußtheit" (phonological awareness, phonemic awareness) seit den siebziger Jahren besonders intensiv in der Lese–Schreiblernforschung diskutiert und untersucht (vgl. Cahiers de Psychologie Cognitive 1987, Nr. 7, Downing & Valtin 1984, Sawyer & Fox 1991, Yaden & Templeton 1986).

Wann und welche lautsprachlichen Einheiten Kinder aus gesprochener Sprache analysieren können und welche Bedeutung die Fähigkeit zur lautlichen Analyse für die Schriftsprachaneignung hat, steht im Mittelpunkt der Betrachtung (vgl. Morais, Alegria & Content 1987a, 1987b) und schlägt sich in zum Teil sehr differenzierten Modellvorstellungen nieder (z.B. Lundberg & Høien 1991).
Für das Pendant zur Analyse, der Synthese von lautlichen Einheiten, liegen bisher nur Ansätze einer theoretischen Einordnung vor (Marx 1990a,b, 1991a,b, Marx & Jansen 1991, Perfetti, Beck, Bell & Hughes 1987). In früheren empirischen Arbeiten wurde vorwiegend ein allgemeiner, korrelativer Bezug (einen Überblick geben: Hammill & Larsen 1974, Harber 1981, Richardson, DiBenedetto & Bradley 1977) zu schriftsprachlichen Leistungen hergestellt. Studien, die lautliche Syntheseleistungen beeinflussende Faktoren (z.B. Torgesen, Wagner, Balthazar, Davis, Morgan, Simmons, Stage & Zirps 1989, Weisberg, Andracchio & Savard 1989) untersuchen, sind weniger häufig zu finden.

"Für die synthetische Aufgabenform, das Lauteverbinden (mit der die Syntheseleistungen von Kindern erfaßt werden, Anm. d. Verf.), fehlt bislang eine ähnlich differenzierte Zuweisung von Aufgabenstellung und Schriftsprachbezug" (Marx 1991a, S. 331). Gleichzeitig ist nach wie vor festzustellen, daß die Lautsynthese als "die Krux des Lesenlernens" (Bleidick 1976) angesehen werden kann, sie in Lesemodellen als Komponente zwar eingeführt ist (z.B. Gough 1972, Scheerer-Neumann 1989a), aber letztlich unerklärt bleibt.

Angesichts der Erklärungsbedürftigkeit lautlicher Syntheseprozesse werden diese in der vorliegenden Arbeit in den Mittelpunkt der Betrachtung gestellt. Da die Lautsynthese als Teilbereich der Phonologischen Bewußtheit angesehen werden kann, werden in Kapitel 2 zunächst ihre theoretischen und operationalen Bestimmungsstücke und die damit verbundenen Probleme aufgezeigt. Mit Bosch (1937) wird davon ausgegangen, daß die lautliche Synthese von der lautlichen Analyse abhängig verstanden werden muß. In Kapitel 3 werden daher die für die Analyse gesprochener Sprache notwendigen Voraussetzungen und ihre Abhängigkeit von der Schriftsprache diskutiert. Danach werden in Kapitel 4 die spezifischen Vorstellungen über Lautsyntheseprozesse dargelegt und entwicklungsbedingte Unterschiede zwischen den Verarbeitungsprozessen im Vor- und Schulalter besprochen.

Anschließend werden sechs empirische Studien vorgestellt, die den Lautsyntheseprozeß im Vorschul- und frühen Grundschulalter untersuchen und seine Bezüge zur lautanalytischen und schriftsprachlichen Entwicklung aufzuzeigen versuchen.
Die Studien 1 und 2 beschäftigen sich mit den zugrundeliegenden Verarbeitungsprozessen bei Lautsyntheseaufgaben im Vorschulalter.
Die Studien 3 bis 6 thematisieren die Entwicklung schrift- und lautsprachlicher Leistungen während der frühen Grundschulzeit. In Studie 3 wird zunächst der Frage nachgegangen, ob die frühe Leselernentwicklung angemessen durch Stufenmodelle erklärt werden kann. Es

wird versucht, qualitativ unterschiedliche Leseniveaus nachzuweisen. In Studie 4 wird dann die Abhängigkeit lautsynthetischer und −analytischer Leistungen vom Leseentwicklungsstand der Kinder geprüft.

Welche Besonderheiten Aufgaben zum Lauteverbinden gegenüber Leseaufgaben aufweisen, wird in Studie 5 erörtert. Dabei wird empirisch geprüft, ob unterschiedliche Leistungen im Lauteverbinden und Lesen durch die unterschiedliche Operationalisierung beider Aufgabenformen bedingt sind.
Aufgabenspezifische Besonderheiten zwischen Lesen und Lauteverbinden werden auch in Studie 6 thematisiert. Es werden aber zusätzlich eine Lautanalyse− und eine Schreibaufgabe in den Vergleich einbezogen. Hierdurch soll ermöglicht werden, Gemeinsamkeiten und Unterschiede zwischen schrift− und lautsprachlichen Aufgaben herauszuarbeiten. Dabei steht die Frage im Vordergrund, ob dem Lauteverbinden qualitativ andere Verarbeitungsprozesse zugrunde liegen als den anderen drei Aufgabenformen.

2. Phonologische Bewußtheit

2.1 Phonologische Bewußtheit als eine Komponente der Sprachbewußtheit

Nach Bosch (1937, S.81) ist die "allgemeinste Voraussetzung zum Lesenlernen eine gewisse *Abständigkeit der Sprache* ..., die es dem Lesenlernenden ermöglicht, in dem durch die Struktur der Buchstabenschrift geforderten Maße die *Sprache analytisch zu durchschauen*, d.h. zunächst *ihren Aufbau aus einzelnen Redeteilen*, ferner *deren lautliche Bestimmtheit durch gewisse artikulatorische Momente, die sog. Stellungslaute*, zu erkennen".

Die Aneignung der Schriftsprache ist wesentlich dadurch bestimmt, daß Kinder lernen, aus gesprochener Sprache Einheiten zu analysieren, d.h. die sogenannten "Redeteile" wie Wörter und die sie konstituierenden Laute aus dem Sprechstrom ausgliedern zu können. Daß dies für Leseanfänger eine äußerst schwierige Aufgabe ist, konnte Bosch (1937, S. 81 ff.) in einer 1930 durchgeführten Untersuchung zeigen. Er gab Kindern, die gerade eingeschult waren und noch keinen schriftsprachlichen Unterricht hatten, die Aufgabe, die Länge von Wörtern zu beurteilen ("Welches Wort ist länger, das Wort 'klitzeklein' oder das Wort 'groß'?"), wobei dic Wortbedeutungen diskrepant zu ihrer Länge waren.
Die Kinder gaben vorwiegend Antworten, die auf den Bedeutungsaspekt, nicht aber auf die Silbenlänge der Wörter abhoben. Dic Antworten waren nach Bosch (1937) "komplexbestimmt", d.h. gesprochene Sprache und deren Bedeutung bilden für Kinder eine untrennbare Einheit, die noch keiner weiteren Analyse zugänglich ist. Dies zeigte sich auch daran, daß die Kinder nicht in der Lage waren, einzelne Wörter und Lautc ("Redeteile") aus gesprochener Sprache herauszuhören.

Um Aufgaben dieser Art lösen zu können, ist nach Bosch (1937, S. 77) ein "*abstraktiver Prozeß*", ein Akt bewußter Sprachreflexion, notwendig.
Der "abstraktive Prozeß", der es ermöglicht, über Sprache in linguistischen Einheiten zu reflektieren, wird in jüngeren Arbeiten als Linguistische Bewußtheit (linguistic awareness, Mattingly 1972), als Metalinguistische Bewußtheit (metalinguistic awareness, Hakes, Evans & Tunmer 1980, Tunmer, Pratt & Herriman 1984) oder allgemein als Sprachbewußtheit (language awareness, Andresen 1985, Downing & Valtin 1984) bezeichnet.

Valtin (1984a, S. 216–217) unterscheidet Sprachbewußtheit in drei eng miteinander verwobene Aspekte:

"(1) The ability to focus upon attention on language forms per se, or the ability to treat language objectively and freeing it "from embededdness in events" ...
(2) The acquisition of concepts of oral and written language, such as phoneme, word, sentence
(3) The ability to make deliberate utilization of phonological, syntactic and semantic structures of language".

Der erste Aspekt fokussiert die von Bosch (1937, S. 81) als allgemeine "Abständigkeit von der Sprache" gekennzeichnete Fähigkeit, sich von der Bedeutung und seiner kontextuellen Eingebundenheit einer sprachlichen Äußerung abwenden und formalen Aspekten zuwenden zu können.
Diese Fähigkeit wird von Lundberg (1978) als Aufmerksamkeitswechsel vom Inhalt zu Formaspekten der Sprache oder als "Dekontextualisierung" (Lundberg 1987a) bezeichnet und gilt als grundlegende Voraussetzung für den Schriftspracherwerb:
"The ability to approach language in a situationally detached and conscious, self–reflective way appears to be of critical importance for acquiring reading and writing skills" (Olofsson & Lundberg 1983).

Von Valtin (1984a) werden unter Punkt (2) beispielhaft einige Arten linguistischer Einheiten (Phoneme, Wörter, Sätze) aufgeführt, die Gegenstand einer bewußten Sprachreflexion sein können. Die sprachlichen Einheiten, die unter dem Begriff Sprachbewußtheit subsumiert werden, sind vielfältig und lassen sich nach Tunmer & Bowey (1984) in vier Bereiche untergliedern:
(1) Phonologische Bewußtheit (phonological awareness) als Bewußtheit der unterhalb der Wortebene liegenden Einheiten der Lautsprache, (2) Wortbewußtheit (word awareness) als Bewußtheit der Gliederung gesprochener Sprache in Wörter, (3) Formbewußtheit (form awareness) als Bewußtheit der verschiedenen Arten von Wortgruppierungen (z.B. Akzeptabilität eines Wortes in einem Satz) und (4) Pragmatische Bewußtheit als Bewußtheit von Makrostrukturen in Texten.
Die Bewußtheit für Einheiten gesprochener Sprache ist nicht gleichzusetzen mit dem Vorhandensein einer Metasprache über diese Einheiten. Metasprache und Metalinguistische Bewußtheit müssen nach Tunmer & Herriman (1984, S. 12) unterschieden werden:
"While metalanguage refers to language used to describe language, and includes terms like *phoneme*, *word*, *phrase*, etc., metalinguistic awareness refers to awareness of the *instantiations* of these terms, but not to the knowledge of the terms themselves. Thus, a metalinguistic aware child may perform well on a task involving the manipulation of phonemes without knowing what the term *phoneme* means."
Die Autoren gehen also davon aus, daß ein Kind nicht das Phonem als kleinste bedeutungsunterscheidende Einheit der Lautsprache verbal beschreiben oder definieren können muß, sondern dem Kind kann eine Bewußtheit für Phoneme unterstellt werden, wenn es über die sehr komplex definierten linguistischen Einheiten verfügt und mit ihnen operieren kann.

Die Fähigkeit von Kindern mit den angeeigneten linguistischen Konzepten flexibel umgehen und sie in der Schriftsprachaneignung nutzbringend verwenden zu können, ist nach Valtin (1984a) das dritte kennzeichnende Element von Sprachbewußtheit. Um diese Flexibilität erreichen zu können, müssen Kinder eine klare Vorstellung darüber entwickeln, welche Funktion und welche Strukturelemente die Schriftsprache aufweist.

In diesem Sinne bezieht sich Valtin (1989, S. 246) auf die von Downing (1984) vertretene Theorie der kognitiven Klarheit:

"My main thesis is that those who learn written language must acquire *cognitive clarity* with regard to its *function* (its particular symbolic form) and with regard to the *structural elements represented in alphabetic script.*"

Sprachbewußtheit umfaßt damit zwei wesentliche Aspekte, die sich auf die Funktion von Schrift und auf die Strukturelemente gesprochener Sprache beziehen:

"1. Die *Erkenntnis der kommunikativen Funktion* von Schrift: Schrift ist eine besondere Form von Sprache und nicht Zeichen beliebig auswechselbaren Inhalts; in der Schrift werden alle Redeteile wiedergegeben; und
2. die *Erkenntnis bestimmter sprachlicher Einheiten*, die in unserem Schriftsystem repräsentiert sind, wie Laute, Wörter und Sätze" (Valtin, Bemmerer & Nehring 1986, S. 25).

Der von den Autorinnen unter Punkt 2 referierte Erkenntnisbereich ist Gegenstand der Forschung zur Phonologischen Bewußtheit. Er ordnet sich ein als ein Teilbereich der Metalinguistischen Bewußtheit.

2.2 Das Konstrukt Phonologische Bewußtheit und seine Operationalisierungen

2.2.1 Konstruktdefinitionen

Je nach Art der inhaltlichen Ausrichtung und Schwerpunktsetzung, lassen sich bei verschiedenen Autoren unterschiedliche Definitionen des Konstruktes Phonologische Bewußtheit finden.
So geht Treiman (1991, S. 159) nicht von einem einheitlichen Konstrukt aus, sondern nimmt eine Unterteilung nach der Art der sprachlichen Einheiten vor:
"As I see it, the term *phonological awareness* refers to awareness of *any* of the phonological units, including syllables, intrasyllabic units, phonemes, and phones. Thus one must distinguish between awareness of syllables, awareness of intrasyllabic units, awareness of phonemes, and so on".
Der Begriff Phonembewußtheit sollte nach Treiman (1991) deutlich von der Phonologischen Bewußtheit abgegrenzt werden und sich nur auf das Phonem als die kleinste bedeutungsunterscheidende Einheit gesprochener Sprache beziehen, während andere lautsprachliche Einheiten der Phonologischen Bewußtheit zugerechnet werden sollten.
Weiterhin ist nach Treiman (1991) zu unterscheiden, welche kognitiven Anforderungen bei der Analyse der sprachlichen Einheiten notwendig sind. Die unterschiedlichen Ausprägungen beider Bereiche (Art der lautlichen Einheit und kognitive Anforderungen) begründen die Ansicht der Autorin, daß Phonologische Bewußtheit ein sehr heterogenes Konstrukt ist.

Bei anderen Autoren wird das für verschiedene sprachliche Operationen notwendige Ausmaß an bewußter Sprachreflexion in den Mittelpunkt der Konstruktdefinition gerückt. So unterscheiden Morais, Alegria & Content (1987a) zwischen der Fähigkeit von Kindern, sich der Lautsprache zuwenden zu können, ohne daß ihnen eine bewußte

Aufmerksamkeit für spezifische lautliche Merkmale unterstellt werden könnte (awareness of phonological strings), der Bewußtheit für spezifische phonetische Eigenschaften des Lautstroms (phonetic awareness), die sich darin ausdrückt, daß Kinder auf sehr spezifische phonetische Merkmale (z.B. Klangähnlichkeiten von Wörtern) reagieren können und der Fähigkeit, ihre Aufmerksamkeit direkt auf Segmente gesprochener Sprache lenken und sie ausgliedern zu können (awareness of phonological units, phonemic awareness).

Skowronek & Marx (1989a) betonen die Nähe zu schriftsprachlichen Fertigkeiten und unterscheiden zwischen Phonologischer Bewußtheit im weiteren Sinne (Aufgaben die keine enge Beziehung zu schriftsprachlichen Leistungen aufweisen) und Phonologischer Bewußtheit im engeren Sinne (Aufgaben, die als besonders relevant und in enger Beziehung zum Schriftspracherwerb gesehen werden).

Die hier beispielhaft aufgeführten Konstruktdefinitionen lassen vier wesentliche Bestimmungsstücke erkennen:

(1) die Art der zu analysierenden sprachlichen Einheit,
(2) das Ausmaß ihrer bewußten Verfügbarkeit,
(3) das Ausmaß und die Art der für ihre Analyse notwendigen kognitiven Anforderungen und
(4) die Bedeutung der Einheiten für den Schriftspracherwerb.

In neueren Arbeiten (vgl. Sawyer & Fox 1991) werden alle Bestimmungsstücke mehr oder weniger berücksichtigt. Sie bilden einen Orientierungsrahmen, in den die empirischen Forschungsergebnisse eingeordnet werden können, doch werden die Forschungsfragen kaum noch auf der allgemeinen Konstruktebene gestellt, da ein solches Vorgehen zu sehr widersprüchlichen empirischen Ergebnissen führt.
Dies läßt sich beispielhaft an einer Studie von Backman (1983) aufzeigen: Die Autorin versuchte zu klären, ob Phonologische Bewußtheit

eine Voraussetzung oder eine Konsequenz des Lesenlernens ist, lediglich eine erleichternde Wirkung auf das Lesenlernen ausübt oder gar eine Unabhängigkeit von der Lesenlernentwicklung anzunehmen ist.
Das Konstrukt Phonologische Bewußtheit wurde mit fünf verschiedenen Aufgaben operationalisiert. So wurden den Kindern Wörter vorgegeben, die sie in Laute und Silben zu gliedern hatten. Aus separat vorgesprochenen Silben und Lauten sollten Wörter gebildet werden und schließlich sollte bei einem vorgesprochenem Wort ein Laut weggelassen und der verbleibende Rest ausgesprochen werden.
Die Auswertung zeigte, daß die gestellten Ausgangsfragen unter anderem deshalb nicht beantwortbar waren, weil unterschiedliche Operationalisierungen zu verschiedenen Ergebnissen führten.

Auf dem Hintergrund solcher Ergebnisse wird die Forderung von Wagner & Torgesen (1987) verständlich, die Operationalisierungen und deren Spezifika in den Fokus des Forschungsinteresses zu rücken und von allgemeinen, auf der Konstruktebene formulierten Fragen abzusehen. Erklärungsmodelle für aufgabenspezifische Lösungsprozesse werden in zunehmendem Maße entworfen und empirisch geprüft (z.B. Perfetti et al. 1987, Stuart 1990). Die Konstruktdefinitionen bilden hier nur noch die Klammer für sehr heterogene (Treiman 1991) operationale Ausprägungen und die damit erzeugten Ergebnisse. Daß die Unterschiede zwischen einzelnen Operationalisierungen erheblich sind, wird im weiteren noch genauer aufzuzeigen sein.

2.2.2 Hetereogenität der Operationalisierungen

Operationalisierungen des Konstruktes Phonologische Bewußtheit lassen sich nach formalen und inhaltlichen Kriterien in folgende Bereiche gliedern:

(1) **Analyse versus Synthese.** Es lassen sich Aufgaben unterscheiden, die ein Erkennen oder Benennen einer bestimmten sprachlichen Einheit (Laut, Lautgruppe, Silbe, Wort) aus einer sprachlichen Sequenz verlangen. Diese können als analytische Aufgaben bezeichnet werden. Aufgaben bei denen einzelne Einheiten sequentiell vorgegeben werden und ein neues sprachliches Produkt gebildet werden soll, sind hingegen als synthetische Aufgaben zu bezeichnen.
Beide Aufgabenformen finden in Studien häufig gleichzeitig Verwendung (z.B. Backman 1983, Haddock 1976, Hardy, Stennett & Smythe 1973, Oloffson & Lundberg 1985, Skowronek & Marx 1989a, Williams 1980).

(2) **Explizitheit versus Implizitheit.** Bei analytischen Aufgaben ist zu unterscheiden, ob die Elemente der Analyse explizit genannt werden müssen (z.B. Fox & Routh 1975, Skjelfjord 1987a,b) oder ob der Antwortmodus so gestaltet ist, daß über Ja–Nein–Antworten (Berninger, Proctor, De Bruyn & Smith 1988, Skowronek & Marx 1989a) oder Antwortalternativen (Bradley & Bryant 1983) indirekt auf die Fähigkeit zur Analyse geschlossen wird.
Im Rahmen der von Lewkowicz (1980) aufgestellten Systematisierung verlangen die sogenannten Isolierungsaufgaben, bei denen ein bestimmter Laut aus einem Wort isoliert werden muß ("Welchen Laut hörst du am Anfang (Mitte, Ende) von 'Boot'?"), eine explizite Antwort. Einen expliziten Antwortmodus haben weiterhin die Aufgaben 'Segmentierung' (die Laute oder Silben eines Wortes sind vollständig zu benennen), 'Laute Auslassen' (ein Laut muß ausgelassen und der Rest des Wortes ausgesprochen werden), einen 'Ausgelassenen Laut Benen-

nen' (zwei Wörter unterscheiden sich durch die Auslassung eines Lautes, z.B. Haus – hau, der fehlende Laut muß benannt werden) und das 'Laute Ersetzen' (ein bestimmter Laut in einem Wort muß ausgelassen und durch einen anderen ersetzt werden).

Im Gegensatz zu diesen Aufgaben sind diejenigen implizit, die keine direkte Benennung des Analyseelements verlangen. Dies sind die sogenannten 'Laut–zu–Wort–Vergleichsaufgaben' (ein Laut und ein Wort werden vorgesprochen und das Kind hat zu entscheiden, ob sich der Laut in dem Wort befindet oder nicht) und die 'Wort–zu–Wort–Vergleichsaufgaben' (ein oder mehrere Wörter werden vorgegeben, bei denen zu entscheiden ist, ob sie gleiche Laute enthalten). Eine sehr bekannte Form der 'Wort–zu–Wort–Vergleichsaufgabe' sind die Reimerkennungsaufgaben (Bradley & Bryant 1985, Kirtley, Bryant, MacLean & Bradley 1989, Knafle 1973, 1974, Lenel & Cantor 1981, MacLean, Bryant & Bradley 1987).

Bei Syntheseaufgaben herrscht die explizite Nennung des Lösungsergebnisses vor (z.B. Torgesen et al. 1989).
Antwortalternativen, in der Regel in Form von Bildern, finden sich vorwiegend in Aufgaben für jüngere Kinder im Vorschulalter (Angermaier 1974a, Marx 1990a,b, 1991a,b, Skowronek & Marx 1989a) oder in für ältere Kinder konzipierten Gruppenverfahren (z.B. McNinch & Richmond 1972).

(3) **Art der Analyse– oder Syntheseeinheiten.** Die Art der Einheiten, die in einer Aufgabe analysiert oder zur Synthese vorgegeben werden, sind in der Regel
- das Wort oder die Silbe (Backman 1983, Fox & Routh 1975, Goldstein 1976, Hoogeveen & Smeets 1988, Lundberg, Frost & Petersen 1988, Lundberg, Oloffson & Wall 1980, Williams 1980),
- Untereinheiten der Silbe (Helfgott 1976, Treiman 1985)
- oder einzelne Laute (Backman 1983, Coleman 1970, Oloffson & Lundberg 1985, Torneus 1984).

(4) **Anzahl der Einheiten.** Die Aufgaben unterscheiden sich auch darin, wieviel Einheiten analysiert oder synthetisiert werden sollen. Die Zahl der Einheiten variiert bei analytischen Aufgaben in der Regel um 1 – 3 Elemente (Goldstein 1976, Liberman, Shankweiler, Fischer & Carter 1974, Treiman & Baron 1981, Tunmer & Nesdale 1982). Bei synthetischen Aufgaben müssen mindestens zwei Elemente vorgegeben werden. Die Mehrzahl der Studien arbeitet hier mit zwei und drei Elementen (Coleman 1970, Goldstein 1976, Haddock 1976, Helfgott 1976, Hoogeveen & Smeets 1988, Mayo 1971, Roberts 1975, Williams 1980, Yopp 1988). Es finden sich aber auch Studien, in denen bis zu 4 (Hardy et al. 1973), 5 (Mulder & Curtin 1955–56), 6 (Torgesen et al. 1989) oder 7 (Angermaier 1974a, Oloffson & Lundberg 1985, Lundberg & Høien 1990) lautliche Elemente vorgegeben werden.

(5) **Unterschiede in der KV–Struktur der Wörter.** Die interne Konsonant–Vokal–Struktur zu analysierender Wörter bzw. die Abfolge von Konsonanten und Vokalen bei Syntheseaufgaben variiert innerhalb und zwischen den verschiedenen Studien erheblich. Neben Aufgabenstellungen mit eingeschränkter Variabilität (z.B. nur Verwendung von KVK–Strukturen: Farmer, Nixon & White, 1976; Haddock, 1976; Helfgott, 1976; Mayo, 1971; Williams, 1980; KV– und/oder VK–Strukturen: Coleman, 1970; Haddock, 1976; Hoogeveen & Smeets, 1988; Richardson & Collier, 1971) finden sich häufig Itemvorgaben mit verschiedenen Konsonant–Vokal–Strukturen (z.B. Mulder & Curtin, 1955–56; Oloffson & Lundberg, 1985).

(6) **Komplexität der geforderten Operation.** In einigen Aufgaben wird nicht nur verlangt, einzelne Elemente zu benennen, sondern diese auszulassen und den Rest auszusprechen oder sie durch ein anderes Element zu ersetzen (Berninger et al. 1988, Rosner & Simon 1971, Stuart 1990). Zusätzlich zum Benennvorgang werden zusätzliche Operationen verlangt, die die Komplexität der Aufgabe und die kognitiven Anforderungen für das Kind erhöhen.

Dies ist z.B. auch dann der Fall, wenn die lautlichen Einheiten nicht nur benannt, sondern ihre Reihenfolge verändert werden soll (z.B. die Silbenreihenfolge Rathaus ––> Hausrat: Lundberg & Høien 1990 oder Lautreihenfolge: Lundberg, Oloffson & Wall 1980).

(7) **Komponenten der Zeit.** Bei analytischen Aufgaben spielen Zeitvorgaben keine Rolle, werden aber als Indikator für die Lösungsgeschwindigkeit erhoben (Schreuder & vanBon 1989). Bei Syntheseaufgaben, bei denen die Elemente sukzessiv vorgegeben werden, ist der Einfluß des Vorgabetaktes bisher noch nicht eindeutig geklärt (Torgesen et al. 1989, Weisberg, Andracchio & Savard 1989), ist aber prinzipiell in Rechnung zu stellen. Angegeben werden in den Studien entweder die Zeitintervalle für die Vorgabe der Elemente (z.B. Mulder & Curtin 1955–56) oder aber der Zeitraum, in dem die lautlichen Elemente vorgegeben werden (z.B. Torgesen et al. 1989).
Die Zeitintervalle schwanken zwischen 0,5 Sekunden (Yopp 1988) und 3 Sekunden (Torneus 1984; Weisberg et al. 1989). Bei zeitlicher Vorgabe ohne jegliche Pause (Hoogeveen & Smeets 1988, Weisberg et al. 1989) werden die lautlichen Elemente nicht akustisch getrennt, sondern lediglich gedehnt.

(8) **Unterschiede in der Art der verwendeten Wörter (reale vs. Pseudowörter, Bekanntheitsgrad).** Die Aufgaben unterscheiden sich weiterhin darin, ob Pseudowörter oder sinnvolle Wörter analysiert werden sollen (McNeil & Stone 1965, Tunmer & Nesdale 1982).
Bei Syntheseaufgaben kann unterschieden werden, ob das Ergebnis des Lauteverbindens ein sinnvolles Wort oder ein Pseudowort ergibt. So kann die Produktion ausschließlich sinnvoller Wörter (Goldstein 1976, McNinch & Richmond 1972, Mulder & Curtin 1955–56, Oloffson & Lundberg 1985, Roberts 1975) oder sinnvoller und/oder Pseudowörter (Farmer et al. 1976, Haddock 1976, Hoogeveen & Smeets 1988, Lundberg et al. 1980, Mayo 1971, Richardson & Collier 1971, Torgesen et al. 1989, Williams 1980) verlangt werden.

(9) **Instruktion und Aufgabengestaltung.** Schließlich lassen sich weitere Unterschiede in den Instruktionsarten finden (Stanovich, Cunningham & Cramer 1984). Hierzu gehören positiv ("Welches Wort hört sich gleich an?") oder negativ ("Welches Wort hört sich nicht gleich an?") formulierte Instruktionen.
Weiterhin werden in einigen Studien bestimmte Hilfsmittel benutzt. Neben einer Symbolisierung von lautlichen Einheiten durch Plättchen (Goldstein 1976, Helfgott 1976, Lundberg et al. 1988, Mannhaupt 1990, Treiman & Baron 1981, Williams 1980) sind es vor allem Bilder, die mit Wortbedeutungen korrespondieren (Farmer et al. 1976, Goldstein 1976, Helfgott 1976, Hoogeveen & Smeets 1988, Lundberg et al. 1980, Mannhaupt & Jansen 1989, Marx 1990a,b, 1991a,b, McNinch & Richmond 1972).

2.2.3 Konstruktvalidierungen

Die verschiedenen Operationalisierungen verdeutlichen, daß unter dem Begriff Phonologische Bewußtheit sehr unterschiedliche Prozesse und Fertigkeiten subsumiert werden. Hieraus ergibt sich unmittelbar die Frage, ob es sinnvoll ist, von einem einheitlichen Konstrukt auszugehen. Konstruktvalidierungen wurden von Stanovich et al. (1984), Valtin (1984b) und Yopp (1988) vorgelegt:

In der Studie von Stanovich et al. (1984) wurden 10 verschiedene Aufgabentypen (Wort-zu-Wort-Vergleichsaufgaben, Laute Auslassen und eine Reimaufgabe) untersucht und faktorenanalysiert. Alle Aufgaben luden auf einen Faktor, wobei die Reimaufgabe nur sehr niedrige Ladungen aufwies und damit eine Sonderstellung einnimmt.

Valtin (1984b) reanalysierte die Daten der von Lundberg, Oloffson & Wall (1980) durchgèführten Längsschnittuntersuchung. Neben den Aufgaben zur Phonologischen Bewußtheit wurden noch zwei Aufgaben zur visuellen Verarbeitung von Bildern, fünf verschiedene Lese- und Schreibtests und ein Intelligenztest in die Faktorenanalyse aufgenommen. Es wurde eine vierfaktorielle Lösung als angemessen betrachtet. Mit Ausnahme der Aufgaben Silbenanalyse mit Plättchen und der Reimaufgabe luden alle Aufgaben zur Phonologischen Bewußtheit hoch auf den ersten Faktor.

Yopp (1988) nahm eine – gemessen an der Aufgabenklassifikation von Lewkowicz (1980) – repräsentative Auswahl von Aufgaben in seine Untersuchung auf. Bei der zweifaktoriellen Lösung luden die Aufgaben Phonemsegmentierung, Phonemisolierung, Phonemsynthese und Phoneme eines Wortes zählen hoch auf den ersten Faktor und die Aufgaben Phoneme Auslassen und Wort-zu-Wort-Vergleichsaufgabe hoch auf den zweiten Faktor. Eine Aufgabe zur auditiven Diskrimination (Lautunterscheidungstest) und eine Reimaufgabe luden auf keinem der beiden Faktoren.

Allen drei Untersuchungen ist gemeinsam, daß die Reimaufgaben außerhalb der Faktorenlösungen liegen. Weiterhin sind sowohl bei Valtin (1984b) wie bei Yopp (1988) unterschiedliche Aufgaben zu finden, die nicht auf einen Generalfaktor laden. Während bei Stanovich et al. (1984) die Aufgabe Laute Auslassen gemeinsam mit den anderen Aufgaben auf einen Faktor ladt, ist dies bei Yopp (1988) nicht zu beobachten. Dies zeigt, daß hier entweder stichprobenabhängige oder aufgabenspezifische Unterschiede wirken. Die Befunde zeigen sehr wohl, daß Gemeinsamkeiten zwischen den Aufgaben existieren, es kann aber nicht davon ausgegangen werden, daß alle Aufgaben zur Phonologischen Bewußtheit als dem Konstrukt zugehörig betrachtet werden können. Dies zeigt nochmals deutlich, daß letztlich die spezifischen Aufgabenanforderungen bestimmt werden müssen, um entscheiden zu können, welche Gemeinsamkeiten und Unterschiede die Aufgaben aufweisen.
Valtin (1984) schlägt als Erklärungsmöglichkeit für diesen Befund vor,

daß für die Lösung einer Reimaufgabe eine bewußte Repräsentation linguistischer Einheiten wie das Phonem nicht notwendig ist. Die Konstruktvalidierungen zeigen, daß es sinnvoll ist, die Komponenten der unter 2.2.1 genannten Konstruktdefinition zu unterscheiden ((1) Art der zu betrachtenden sprachlichen Einheit, (2) Ausmaß ihrer bewußten Verfügbarkeit, (3) Ausmaß und Art der für ihre Analyse und Synthese notwendigen kognitiven Anforderungen). Die vierte Komponente ((4) die Bedeutung der Einheiten für den Schriftspracherwerb) betrifft die externe Konstruktvalidierung und ist deshalb hier nicht Gegenstand der Betrachtung.

Das Konstrukt Phonologische Bewußtheit ist heterogen im Sinne der vier Komponenten und ihrer weiteren Differenzierungen, gleichzeitig ist aber von interkorrelativen Beziehungen der Aufgaben untereinander auszugehen, die bei ähnlichen Aufgabentypen sehr hoch, bei unähnlichen Aufgabentypen (z.B. Reimaufgabe) sehr niedrig ausfallen können. Angesichts dieser Befundlage ist es notwendig, die aufgabenspezifischen Lösungsprozesse und Anforderungen einer genaueren Analyse zu unterziehen. Hierbei soll zunächst die erste Komponente der Konstruktdefinition, die Art der zu betrachtenden Einheit, diskutiert werden.

3. Strukturelemente gesprochener Sprache

In dem nun folgenden Kapitel werden die theoretischen Grundlagen und ausgewählte Befunde aus der Sprachwahrnehmungsforschung erörtert, die für das Verständnis lautanalytischer Leistungen im Vor– und Grundschulalter wichtig sind. Es wird zunächst das Phonem als wesentliche Beschreibungseinheit gesprochener Sprache definiert und der Unterschied zwischen Konsonanten und Vokalen herausgearbeitet. Es wird dargestellt, daß die Wahrnehmung der Artikulation und der akustischen Information für die Lautwahrnehmung wesentlich ist. Dabei wird der Frage nachgegangen, inwieweit Vorschul– und Schulkinder über unterschiedliche Fähigkeiten in der Lautwahrnehmung und –analyse verfügen und ob diese Unterschiede durch den Schriftspracherwerb bedingt erklärt werden können.

3.1 Die Phoneme

3.1.1 Das phonematische Prinzip der Schriftsprache

Die alphabetische Schrift repräsentiert durch ihre Grapheme im wesentlichen die phonematische Struktur gesprochener Sprache: "...die deutsche Schrift ist zunächst eine Phonemschrift" (Riehme 1974, S. 29).
Ein Phonem ist als kleinste bedeutungsunterscheidende lautliche Einheit gesprochener Sprache definiert. Wenn zwei Wörter (z.B. /kalt/, /halt/) unterschiedliche lautliche Elemente enthalten (hier /k/ und /h/), diese bedeutungsunterscheidende Funktion besitzen und nicht auf noch kleinere bedeutungsunterscheidende lautliche Elemente rückführbar sind, so werden diese lautlichen Einheiten als Phoneme bezeichnet.

Einem bestimmten Satz von Phonemen können Grapheme zugeordnet werden. Grapheme sind Buchstaben oder Buchstabengruppen (z.B. sch, ch), die ein Phonem repräsentieren. Phoneme und Grapheme sind

einander nicht immer in einem 1:1 Verhältnis zugeordnet. So kann das Phonem /o/ durch die Grapheme o (Pol), oh (Floh) und oo (Zoo) in Wörtern realisiert sein. Umgekehrt lassen sich zu einem bestimmten Graphem (z.B. e) verschiedene Phoneme zuordnen (/e/ (Esel), /ä./ (Elf), vgl. Bergk 1980).
Die in verschiedenen Wörtern konkret realisierten Phonem–Graphem–Zuordnungen sind überlagert von verschiedenen anderen Prinzipien. Riehme (1974) unterscheidet zwischen morphematischen, grammatischen, semantischen, historischen und graphisch–formalen Prinzipien, die die Phonem–Graphem–Beziehungen beeinflußt haben. Die Orthographie eines Wortes ist deshalb über das phonematische Prinzip hinaus durch weitergehende Prinzipien bestimmt (Maas 1989).

Für den frühen Erwerb des Lesens und Schreibens steht zunächst ein grundsätzliches Verständnis der Phonemstrukturierung der Sprache im Vordergrund:

"Jede alphabetische Schrift besteht aus Schriftzeichen – den Buchstaben –, welchen Einheiten der Lautstruktur unterhalb der Silbenebene zugeordnet sind. Der Erwerb der Schriftsprache erfordert also auf jeden Fall eine Differenzierung der Silbenstruktur. Die deutsche Orthografie ist überwiegend phonemisch, auf keinen Fall phonetisch bestimmt. Das bedeutet, daß es beim Schreibenlernen nicht darauf ankommt, eine sehr weitgehende, feine Analyse der konkreten Lautqualität von Silben vorzunehmen; vielmehr ist verlangt, die Phoneme als abstrakte Einheiten der Lautstruktur aus dem Fluß der gesprochenen Sprache herauszufiltern" (Andresen 1985, S. 24).

Das zentrale Problem, welches Kindern zu Beginn des Schriftspracherwerbs gegenübertritt, ist damit die phonematische Analyse der Sprechsprache. Diese ist durch das phonematische Organisationsprinzip der Schriftsprache bestimmt, so daß nicht eine beliebige lautliche

Analyse, sondern eine an diesem Prinzip orientierte Analyse gefordert ist.
Wenn auch die Phonem–Graphem–Beziehungen keine 1:1 Zuordnungen bilden, so weisen die Zuordnungen im schriftsprachlichen Kontext (Wort, Text) jedoch keine Freiheitsgrade auf. Innerhalb eines Wortes ist die Abfolge der Phoneme und die Abfolge der Grapheme eindeutig bestimmt und nicht frei wählbar.

In diesem Sinne ist der Schriftspracherwerb ein "Rekonstruktionsprozeß" (Valtin et al. 1986, S. 25) und kein Konstruktionsprozeß, bei dem Freiheiten in der Phonem–Graphem–Zuordnungen gegeben sind. Dies bedeutet nicht, daß beim Lesen– und Schreibenlernen keine konstruktiven Prozesse beteiligt sind, es bedeutet aber, daß das Ziel des Lesen– und Schreibenlernens ist, sich im Kontext definierter Phonem–Graphem–Beziehungen zu bewegen. Im Hinblick auf dieses Ziel ist zu fragen, wie Kinder "aus dem Fluß der gesprochenen Sprache" (Andresen 1985, S. 24) zu phonematischen Einheiten kommen können.

3.1.2 Die Demonstration lautlicher Minimalereignisse

Sprachliche Äußerungen können als eine Folge von Lauten aufgefaßt werden. Dies hängt von der nur scheinbar trivialen Tatsache ab, daß einzelne Laute demonstrierbar sind. Ganz unabhängig davon, welche zugrundeliegenden Wahrnehmungs– und Produktionprozesse für diesen Vorgang für notwendig erachtet werden, ist es möglich, minimale phonetische Ereignisse zu analysieren und sie intersubjektiv verfügbar zu machen (z.B. indem die Demonstration einer anderen Person vorgeführt, von dieser nachvollzogen und bestätigt wird).
Ein solches Vorgehen hat letztlich dazu geführt, daß gesprochene Sprache durch minimale distinktive lautliche Einheiten (Phoneme), die bedeutungsunterscheidende Funktion besitzen, vollständig beschreibbar ist (vgl. Kohrt 1985). Die Zeichen einer phonetischen oder phonemati-

schen Beschreibungssprache können, wie dies in der Schriftsprache der Fall ist, gelesen werden. Der "phonematische Leseprozeß" bildet die Kontrollfunktion, ob aus der verschrifteten Aneinanderreihung der Phoneme die Sprechsequenz reproduzierbar ist (Tillmann & Mansell 1980).

Daß phonematische und phonetische Beschreibungsprachen gelesen werden können, verführt häufig zu der Annahme, gesprochene Sprache sei aus einzelnen Lauten zusammengesetzt. Dies "beruht auf einer Verwechslung mit den faktisch demonstrierbaren Minimalereignissen. In Wirklichkeit sind die sogenannten Lautsegmente nur alphabetisch bezeichenbare Teile an zusammenhängenden Komplexen, ganz in diese integriert und nur als Ergebnis der symbolischen Beschreibung durch einen wahrnehmenden, alphabetisch notierenden Transkribenten datenmäßig gegeben. Erst durch die Notationssymbole der phonetischen Beschreibungssprache treten die Sprachlaute der lautsprachlichen Äußerung als isolierte Daten in Erscheinung" (Tillmann & Mansell 1980, S. 56).

3.1.3 Nähere Bestimmung der Analyseeinheit Phonem

Einzelne Phoneme lassen sich anhand artikulatorischer, akustischer und auditiver Merkmale bestimmen. Die artikulatorischen Merkmale realisieren sich im menschlichen Artikulationsapparat, der den Mundraum, Nasenraum, Rachenraum, Kehlkopf und Brustraum umfaßt. Akustische Merkmale sind Ergebnis der Aktivität des Artikulationsapparates und treffen als Luftdruckschwankungen auf das menschliche auditive System. Gesprochene menschliche Sprache, wie auch analysierte lautliche Einheiten, können im Kontext ihrer Produktion, ihrer akustischen Realisierung und ihrer wahrnehmungsmäßigen Verarbeitung beschrieben werden. Aufgrund spezifischer Besonderheiten lassen sich zwei Gruppen von Phonemen unterscheiden: Die Konsonanten und die Vokale.

3.1.3.1 Die Konsonanten

Konsonanten lassen sich durch Artikulationsparameter unterscheiden. In einem sehr vereinfachten Modell, das den Artikulationsapparat als dreidimensionalen Raum annimmt, kann die Menge der Konsonanten in den Dimensionen Artikulationsmodus (1), Artikulationsstelle (2) und artikulierendes Organ (3) unterschieden werden (Tillmann & Mansell 1980, S. 79 ff.). Die Konsonanten lassen sich als Vektoren mit drei artikulatorischen Parametern denken.

(1) Die Ausprägung des Parameters Artikulationsmodus orientiert sich an Öffnungsgrad und –art der Mundraumpassage, also daran, wie der vom Brustraum kommende Luftstrom gelenkt und/oder aufgehalten wird. Es können vier Ausprägungen des Artikulationsmodus unterschieden werden:

a) Der orale Verschluß, bei dem der Luftaustritt aus dem Mundraum unterbrochen wird (z.B. bei den Plosiven /p/, /b/, oder den Nasenlauten (Nasale) /n/, /m/).

b) Der frikativen Artikulationsmodus, bei dem der Luftstrom so gelenkt wird, daß die entweichende Luft Geräusche verursacht (Frikativlaute wie z.B. /sch/, /ch/, /f/,).

c) Der gerollte oder geschlagene Artikulationsmodus, bei dem die entweichende Luft bestimmte Bereiche des Artikulationsapparates aufgrund ihrer Elastizität zum Flattern oder Schlagen bringt (bei den /r/ – Lauten).

d) Dem lateralen Artikulationsmodus, für den das beidseitige Entweichen der Luft bei oben angelegter Zunge (/l/) chrakteristisch ist.

(2) Die Parameter Artikulationsstelle und artikulierendes Organ unterscheiden sich nach dem Grad ihrer Beweglichkeit. Die Artikulationsstellen befinden sich an den relativ unbeweglichen Teilen des Oberkiefers bis hin zur Luftröhre. Die Artikulationsstellen sind Kontaktstellen, die durch die beweglicheren Teile des Artikulationsapparates (z.B. die Zunge) aufgesucht werden können. Von den Lippen ausgehend lassen sich daher die oberen Kontaktstellen als labial (Lippen), dental (Zähne), alveolar (unmittelbar an die Zähne angrenzender Hautbereich der sogenannten Zahnfächer), palatal (der Gaumen oder die obere Wölbung des Mundraumes), velar (hinterer Teil des Gaumens, das Gaumensegel oder Velum) und pharyngal (Rachen) unterscheiden. Zur genaueren Kennzeichnug der Kontaktstellen werden auch Zwischenstufen (z.B. alveolarpalatal) eingeführt.

(3) Unter artikulierenden Organen sind die, relativ gesehen, beweglicheren Teile des Artikulationsapparates zu verstehen. Hier wird unterschieden zwischen labial (Unterlippe), apikal (Zungenspitze), dorsal (Zungenkörper), velar (weichen Gaumen), uvular (Zäpfchen des Weichen Gaumens) und glottal (Stimmlippen).

Die drei Paramter des konsonantischen Vektors definieren einen Konsonanten zwar hinreichend genau (ein kundiger Sprecher könnte bei Angabe der artikulatorischen Parameter einen Konsonanten demonstrieren), jedoch keineswegs vollständig. Es können noch weitere hinzugefügt werden, die eine vollständigere Beschreibung ermöglichen. Kennzeichnend für den Artikualtionsapparat ist, daß nur ein sehr geringer Teil der theoretisch möglichen Konsonanten tatsächlich produzierbar ist, da die Parameter der Vektoren nicht unabhängig voneinander sind und Werte in die einzelnen Vektoren nicht beliebig einsetzbar sind. Zur Beschreibung des Deutschen können 20 Konsonantenphoneme (Kohler 1977) eine ausreichende Beschreibungsgrundlage bilden.

3.1.3.2 Die Vokale

Die Artikulation der Grundvokale läßt sich ebenfalls in einem dreidimensionalen Raum beschreiben. Die Dimensionen des Raumes sind durch die Parameter Labialisierung (Art der Lippenrundung), Zungenhöhe (hoch – tief) und Zungenlage (vorn – hinten) bestimmt.
"Jeder Parameter ist durch zwei äußere Randpunkte begrenzt, die durch Extremvokale demonstriert werden können. So verläuft der Parameter der Labialisierung vom geschlossenen u: und y: zum entrundeten i und a, der Parameter der Zungenhöhe vom höchsten i oder u zum tiefsten a, der Parameter der Zungenlage vom vordersten i zum hintersten u" (Tillmann & Mansell 1980, S. 74).
Den Schnittpunkt der Diagonalen des Vokalraumes bildet der Ruhevokal oder Schwalaut. Innerhalb des Vokalraumes sind artikulatorisch kontinuierliche Übergänge von einem Vokal zum anderen möglich (Diphthonge /au/, /oi/, /ai/; zentrierende Diphthonge wie z.B. /o:a/ in Tor).
Wie bei den Konsonanten lassen sich auch hier zu den drei Beschreibungsdimensionen weitere hinzufügen, wie z.B. die Dauer (kurz – lang), die Nasalität oder die Tonhöhe.

3.1.3.3 Unterschiede in der Artikulation und Wahrnehmung von Konsonanten und Vokalen

Obwohl Konsonanten und Vokale durch drei artikulatorische Parameter beschrieben werden können, ist ihre Bestimmung unterschiedlich schwierig (Kohler 1977).
"...consonants and vowels are fundamentally different kinds of events. Vowels involve relatively slow and continuous changes in overall vocal tract shape, whereas consonants are produced as abrupt local constrictions of the vocal tract" (Diehl, Kluender, Foss, Parker & Gernsbach 1987, S. 569).

Die Wahrnehmung der hinteren Vokale ist dadurch erschwert, weil Unterschiede im hinteren Zungenbereich selbst für einen geschulten Phonetiker nur schwer wahrnehmbar sind (Kohler 1977).
Bei diesen Vokalen stimmen zudem die Artikulationsbewegungen nicht mit den akustisch meßbaren Parametern überein. Die lineare artikulatorische Abwärtsbewegung der vorderen Zunge bei den Vokalen /i/, /e/, /ä/ entspricht einer linearen Veränderung in den ersten Formanten (Frequenz mit der höchsten Ernergiekonzentration), bei den Vokalen /a/, /o/, /u/ verläuft die Anhebung der Zunge hingegen diskontinuierlich und entspricht nicht dem linear nachweisbaren akustischen Bild.

Eine zusätzliche Schwierigkeit bildet die Möglichkeit des Artikulationsapparates, "daß unterschiedliche Artikulationen durch Kompensation in verschiedenen Parametern bei Vokoiden zum selben akustischen Ergebnis führen können. Vor allem der Grad der Lippenöffnung bzw. —rundung und Verengung des Pharynx können sich gegenseitig ausgleichen; auch Kiefersenkung und Zungenhebung haben bei Vokoiden eine gewisse Unabhängigkeit voneinander" (Kohler 1977, S. 70 – 71).

Insbesondere die Bestimmung der hinteren Vokale anhand artikulatorischer Parameter ist daher schwieriger und nicht so eindeutig möglich wie für Konsonanten. Die Bestimmung der Vokale geschieht deshalb von Phonetikern eher über den Gehöreindruck. Aus folgendem Grund ist eine solche Einschätzung in der Regel valider: Im Gegensatz zu Konsonanten lassen sich Vokale anhand der akustischen Parameter erster und zweiter Formant bestimmen (Unter dem ersten Formanten ist die Frequenz mit der höchsten Ernergiekonzentration, unter dem zweiten Formanten die Frequenz mit der zweithöchsten Energiekonzentration zu verstehen). Die Vokale ordnen sich in einem zweidimensional–akustischen Raum ähnlich an, wie dies bei den artikulatorischen Dimensionen Zungenhöhe und –lage der Fall ist. Der Unterschied besteht jedoch darin, daß im akustischen Raum auch die hinteren Vokale linear eingeordnet werden können. Wesentlich ist nun, daß der subjektive Gehöreindruck, also die auditive Wahrnehmung, eher dem akustischen als dem artikulatorischen Raum entspricht.

"Die auditive Beurteilung von Vokoiden scheint also derselben Progression im vorderen und hinteren Bereich zu folgen, wie das auch für akustische Parameter gilt im Gegensatz zur artikulatorischen Diskontinuität. Während also bei Kontoiden (Konsonanten, Anm. d. Verf.) eine enge Beziehung zwischen artikulatorischen Parametern und der Wahrnehmung für die symbolphonetische Darstellung besteht, zeigen Vokoide eine solche Bindung nicht. Bei ihnen reflektiert die auditive Klassifikation nur die akustische Signalstruktur. Der Anknüpfungspunkt zur Meßphonetik für symbolphonetische Kategorien ist daher bei den Kontoiden mehr artikulatorisch, bei den Vokoiden akustisch bestimmt" (Kohler 1977, S. 74 – 75).

Die besondere Stellung der Vokale und ihre gegenüber den Konsonanten leichtere auditive Wahrnehmbarkeit, ist in der perzeptiven Phonetik eingehend untersucht worden. Beispielhaft sollen hier drei Befundmuster vorgestellt werden:

(1) Die vokalische Information kann einer Silbe auch dann noch mit relativer Sicherheit entnommen werden, wenn Teile des Vokalkerns der Silbe im akustischen Signal gelöscht und durch einen Zeitraum der Ruhe (silenced) ersetzt sind (Jenkins, Strange & Edman 1983, Strange, Jenkins & Johnson 1983, Rakerd & Verbrugge 1987).

(2) Vokale können innerhalb einer Silbe sicherer identifiziert werden als einzeln separiert (Diehl, McCuster & Chapman 1981, Macchi 1980, Strange, Verbrugge, Shankweiler & Edman 1976), wobei die Art der Konsonanten, die sich vor oder hinter dem Vokal befinden, die Vokalwahrnehmung nicht wesentlich beeinflußt.

(3) Die Analyse der Konsonanten ist von der Dauer des nachfolgenden Vokals beeinflußt. Diehl et al. (1987) fanden, daß die Reaktionszeiten der Konsonantenanalyse von /b/, /d/ und /g/ innerhalb einer KVK–Folge sich proportional zur Vokallänge erhöhten. Die Autorengruppe interpretiert diesen Befund dahingehend, daß die Verarbeitung der vokalischen Information für die Konsonantenanalyse Voraussetzung ist.

Für die Wahrnehmung von Vokalen ist der Gesamtbereich der Silbe relevant ("..listeners may rely on information spread throughout the entire syllable in order to identify vowels accurately"; Strange 1987, S. 555). Da die vokalische Information in der Regel auch dann erhalten bleibt, wenn ein Teil des vokalischen Kerns der Silbe aus dem akustischen Spektrum gelöscht worden ist, kann davon ausgegangen werden, daß nicht nur die Vokale selbst, sondern auch Konsonanten wesentlich zur Übermittlung der vokalischen Information beitragen. Da die Analysedauer für Konsonanten von zeitlichen Parametern des Vokals abhängig ist, kann vermutet werden, daß die vokalische Analyse vor der konsonantischen erfolgt.

Für Konsonanten ergibt sich hinsichtlich ihrer Perzeption eine völlig andere Lage. Liberman, Cooper, Shankweiler & Studdert–Kennedy (1967) haben nachgewiesen, daß aus den akustischen Spektrogrammen von gesprochenen Lautfolgen wie /di/, /da/ etc. das /d/ nicht separierbar ist. Für jede Lautfolge ergab sich nicht nur ein anderes Frequenzspektrum, sondern es zeigte sich auch, daß bei der akustischen Durchtrennung des Spektrums an verschiedenen Stellen sich niemals das /d/ ergab. Damit fehlt dem /d/ ein eindeutiges akustisches Äquivalent.
Die Analyse von Konsonanten beruht daher vorwiegend auf artikulatorischen Parametern, für Vokale sind akustische Parameter dominant. Entsprechend kann davon ausgangen werden, daß die Ananlyse von Vokalen eher akustisch und für Konsonanten eher artikulatorisch bestimmt ist.

3.1.4 Die Abstraktheit des Phonems und die Konkretheit seiner Demonstration

Nachdem die Phoneme nach phonetischen Kriterien genauer spezifiziert worden sind, läßt sich deren Abstraktheit näher erläutern. Hierbei ist die Unterscheidung wesentlich, daß die Demonstration selbst empirisch zugänglich ist. "Demgegenüber müssen wir ... die Abstraktheit der symbolischen Repräsentation betonen" (Tillmann & Mansell 1980, S. 67).

Wie gezeigt wurde, lassen sich Konsonanten und Vokale anhand von drei Parametern identifizieren. Auch die Produktion würde bei Angabe der Parameter (mit Ausnahmen) leidlich gelingen. Die Reduktion auf drei Parameter abstrahiert jedoch stark von der Komplexität des tatsächlich Gesprochenen. Mit den drei Parametern ist eine Annäherung, jedoch keine identische Rekonstruktion möglich.
Die phonematische Beschreibungssprache ist abstrakt, weil das gekennzeichnete Phonem (seine Verschriftung) nur auf eine Teilmenge der

phonetischen Ereignisse verweist, wobei aus dem Zeichen kein unmittelbarer Hinweis zur phonetischen Teilmenge entnehmbar ist. Auf welche Teilmenge letztlich verwiesen wird, kann nur im Kontext der gesamten Beschreibungssprache verstanden werden, da die Distinktheit der Phoneme ein Kennzeichen des Gesamtsystems ist und sich in der Art der phonetischen Teilmenge eines Phonems ausdrückt. Die symbolische Repräsentation des Phonems ist deshalb hochgradig abstrakt, da von einer Vielzahl phonetischer Parameter abstrahiert und nur eine Teilmenge phonetischer Parameter als Bestimmungsstücke zugelassen werden.

Im diesem Sinne sind Phoneme kategorial psychologische Einheiten (Savin & Bever 1970), die sich als Ergebnis von Reflexions– und Erfahrungsprozessen als abstrakte Denkeinheiten manifestieren.

Ob eine Person über die abstrakten Einheiten verfügt, ist letzlich nur durch Beispiele prüfbar. Hierbei sind zwei Möglichkeiten gegeben:

1. Eine Person kann aufgefordert werden, ein Wort in seine lautlichen Bestandteile zu zerlegen und die analysierten Bestandteile einer symbolischen Repräsentation zuzuordnen und
2. es kann die symbolische Repräsentation vorgegeben und eine Entscheidung darüber verlangt werden, ob sich der gemeinte Laut in dem Wort befindet oder nicht.

   Können solche Demonstrationen hinreichend oft wiederholt werden, so kann aus den richtigen Antworten geschlossen werden, daß diese Person über die abstrakte Einheit Phonem verfügt.

Phoneme sind damit nur indirekt empirisch zugänglich, für die Demonstration der Beispiele ist hingegen eine direkte empirische Prüfung möglich.

Infolgedessen kann die empirische Forschung zur Phonologischen Bewußtheit nur die Demonstrationen lautlicher Ereignisse, nicht aber ihre abstrakten Manifestierungen (Phoneme) untersuchen.

Eine Besonderheit der Aufgaben zur phonologischen Bewußtheit ist, daß das Ergebnis einer Analyse oder die Vorgabe von Lauten bei der Synthese sich nicht wie beim Lesen und Schreiben im Rahmen einer verschrifteten Symbolik vollzieht, sondern mündliche Antworten erwartet bzw. lautliche Einheiten vorgegeben werden. Durch die Verwendung einzelner Laute ändert sich jedoch nichts an dem grundlegenden Prinzip, daß es sich hierbei um alphabetisch bezeichnete Einheiten handelt.

3.1.5 Laute und das Problem ihrer Perzeption

3.1.5.1 Sprachwahrnehmung und Lautanalyse

Wenn die Aufgabe gestellt wird, einen bestimmten Laut aus einem Wort zu benennen, so sollte dies dann kein großes Problem darstellen, wenn die Sprachwahrnehmung und –produktion auf dem phonematischen Prinzip beruht, d.h. wenn gezeigt werden könnte, daß das auf das Ohr treffende akustische Signal eines Wortes zwar hochgradig komplex und nicht lautlich gegliedert, aber in der nächsten neuronalen Verarbeitungsstufe umgehend phonematischen Einheiten zugeordnet werden kann. Ein solches phonematisches Verarbeitungssystem wurde von Liberman et al. (1967) in der "Motortheorie der Sprachwahrnehmung" angenommen.

"Der Witz .... schien darin zu bestehen, daß man das an der Peripherie zu beobachtende kontinuierliche Artikulationsverhalten, das an sich ja nicht segmentiert erscheint, trotzdem auf faktisch zugrundeliegende alphabetisch–diskrete "Segmente" zurückführen konnte; es wurde nämlich für die Aktionen des Nervensystems eine quasialphabetische diskrete Form postuliert, bis hin zur Peripherie, die darauf dann allerdings zu langsam reagiert" (Tillmann & Mansell 1980, S. 201).

Der Kernpunkt dieser theoretischen Konzeption bestand also darin, das variantenreiche akustische Signal auf invariante artikulatorische (motorische) Parameter zurückzuführen.

Gegen die Auffassung, daß die Sprachwahrnehmung auf phonematisch-artikulatorischen Einheiten beruht, sind eine Reihe von Einwänden vorgebracht worden (MacNeilage 1970, Massaro 1987, Tillmann & Mansell 1980). Haupteinwand ist, daß das Artikulationsverhalten in gleicher Weise invariant ist wie das akustische Signal und deshalb mit Warren (1983) von einem "Motor-phonetischen Nichtinvarianzproblem" gesprochen werden muß.
Das Invarianzproblem ist in der Sprachwahrnehmungsforschung in zahlreichen Studien thematisiert worden (eine Übersicht gibt Repp 1984), wobei eine direkte Ableitung phonematischer Elemente aus Sprachwahrnehmungstheorien bis heute nicht schlüssig gelungen ist:
"The status of the phoneme-sized phonetic segment in speech perception and production is notoriously problematic" (Nittrouer, Studdert-Kennedy & McGowan 1989, S. 120).

Die Sprachwahrnehmungsforschung versucht, phonematische Elemente im Rahmen des Sprachverstehens und der Sprachproduktion zu begreifen. Bei Untersuchungen an Kindern werden Einflüsse des Schriftspracherwerbs in der Regel nicht explizit thematisiert (Repp 1984). Daß ein Teil der Befunde aus der Sprachwahrnehmungsforschung mit der Schriftspracherfahrung der Kinder konfundiert ist, kann beispielhaft an der bereits oben erwähnten Studie von Nittrouer et al. (1989) gezeigt werden:
Die Autoren untersuchten an 3, 4, 5, 7jährigen Kindern und 20 bis 21 Jahre alten Erwachsenen (8 Vpn je Gruppe) die akustisch spektralen Eigenschaften der von den englischsprachigen Versuchspersonen gesprochenen Sequenzen /schischi/, /sisi/, /schuschu/ und /susu/. Sie fanden, daß mit zunehmendem Alter die Frikative /sch/ und /s/ deutlich differenzierter gesprochen wurden und daß das Ausmaß der Koartikuliertheit (die Verschmelzung der Konsonanten und Vokale) der Frikative mit dem Vokal abnimmt. Dieses Ergebnis deutet darauf hin, daß die einzelnen Segmente einer gesprochenen Sequenz mit zunehmendem Alter deutlicher hervortreten. Dieser Befund ist für sich

genommen hoch interessant, da er zeigt, daß sich mit zunehmendem Alter auch die Sprechsprache anders strukturiert und sich Tendenzen größerer Distinkheit zwischen einzelnen Lauten zeigen. Gleichzeitig mit dem Alter korrespondiert aber die Einführung in die Schriftsprache, so daß letztlich nicht entscheidbar ist, ob es sich hier um eine reifungsbedingte Ausformung der Artikulation oder aber bereits um eine Auswirkung der Reflexion über Schriftsprache handelt. Es ist daher auch der Schluß in Frage zu stellen, daß sich hier ein natürlicher Zugang zum Phonemsystem vorbereitet.

Es erscheint zur Zeit die Annahme plausibler, daß Prozesse des Sprachverstehens und der Sprachproduktion nicht unmittelbar auf den Einheiten fußen, die z.B. bei der Lautanalyse in Erscheinung treten. Es ist "hervorzuheben, daß linguistische Beschreibungen, die sich auf kortikale Resultate beziehen, selbst solche Resultate sind, und zwar durchaus zusätzliche. Es geht also nicht um die "Reduktion der phonetischen Äußerungen auf das linguistisch Relevante", sondern es muß vernünftigerweise gefragt werden, wie es kommt, daß die konkreten kortikalen Bilder von Äußerungen einer weiteren Analyse zugänglich sind, die ihrerseits das kortikale Bild voraussetzt. Das Resultat dieser Aktivität besteht in durchaus neuartigen – "linguistischen" – kortikalen Resultaten, die mit den ursprünglichen Bildern assoziiert werden können. Etwas überspitzt wollen wir sagen, daß über die hirnphysiologische Realität linguistischer Einheiten erst dann zu sprechen ist, wenn das kortikale Bild einer linguistischen Theorie bekannt ist. Es ist klar, daß linguistisch analysierte Ausdrücke nur dann mit dem Bild einer demonstrierten Äußerung assoziiert werden können, wenn auch diese Ausdrücke selbst kortikal, und zwar primär wohl im visuellen Rindengebiet, repräsentiert sind" (Tillmann & Mansell 1980, S. 285).

Hiermit ist eine wichtige Unterscheidung getroffen: Es ist erstens davon auszugehen, daß das sprachliche Signal in nichtalphabetisch segmentierter Form repräsentiert ist und zweitens eine Analyse dieses sprachlichen Signals nach alphabetischen Kriterien ein zusätzliches System erfordert, das die alphabetisierten linguistischen Einheiten enthalten muß. Die Verbindung zwischen linguistischem System und Einheiten gesprochener Sprache ist assoziativ. Erst dann kann davon ausgegangen werden, daß ein minimales alphabetisches Ereignis demonstriert werden kann.

Wenn auf diesem Hintergrund die Aufgaben zur Lautanalyse einer genauen Betrachtung unterzogen werden, so wird bei Aufgaben mit explizitem Antwortmodus (explizite Benennung der einzelnen Laute) die Kenntnis der linguistischen Einheiten vorausgesetzt. Hat ein Kind die Aufgabe, die Laute des Wortes "Wal" zu nennen, so wird die Nennung von /w/, /a/ und /l/ erwartet. Sowohl die lautlichen Einheiten wie ihre assoziative Verknüpfung mit dem Wort sind eine Voraussetzung für diese Antwort.

Bei Aufgaben mit implizitem Antwortmodus, die mit dem Wort gleichzeitig die linguistische Einheit zur Verfügung stellen (z.B. Die Laut–zu–Wort–Vergleichsaufgabe: "Hörst du /a/ in /wal/?"), ist das Vorhandensein der linguistischen Einheiten nicht zwingend Voraussetzung, da die lautliche Einheit gleich mitgeliefert wird; ausreichend ist die Fähigkeit zur Assoziation zwischen Lautvorgabe und Wort. Es muß nicht angenommen werden, daß ein sekundäres linguistisches System vorhanden ist. Dies kann erst bei explizitem Antwortmodus geschlossen werden.

Das gleiche Problem stellt sich auch bei den Wortvergleichsaufgaben: Wenn angegeben werden kann, daß zwei Wörter sich lautlich gleichen, so kann angenommen werden, daß die Fähigkeit zur Assoziation gegeben ist (z.B. Laut – Haus), nicht aber, daß linguistische Minimalereignisse verfügbar bzw. demonstrierbar sind.

Hieran wird deutlich, daß die Fähigkeit zur Assoziation nicht auf die Beziehung zwischen dem sprachlichen Signal und linguistischen Minimalereignissen beschränkt ist, sondern auch zwischen größeren sprachlichen Einheiten zu beobachten ist.

3.1.5.2 Lautassoziationsfähigkeiten im Kindergartenalter

Mannhaupt & Jansen (1989) überprüften die Lautassoziationsfähigkeit von Kindergartenkindern mit einer Laut–zu–Wort–Vergleichsaufgabe. Fünf Vokale /a/, /i/, /o/, /u/, /au/ und fünf Konsonanten /k/, /m/, /n/, /t/, /sch/ wurden den Kindern jeweils mit Wörtern präsentiert, die den Laut am Anfang, in der Mitte und am Ende des Wortes enthielten. Zu jedem Wort wurde eine Alternative vorgegeben, die den Laut nicht enthielt. Die Ergebnisse zeigen, daß Kindergartenkinder bei Vokalen über das Zufallsniveau hinausreichende Leistungen erbrachten. Eine Assoziation zwischen Konsonanten und Wörtern konnte jedoch nur bei einigen wenigen Kindern beobachtet werden. Die Studie zeigt, daß vokalische Assoziationsprozesse im Vorschulalter bei Kindern ohne Schriftspracherfahrung dominieren.

Wenn Kindern im Vor– und Grundschulalter Wörter vorgegeben werden, die daraufhin zu beurteilen sind, ob sie sich reimen oder nicht (vgl. Kirtley et al. 1989, Knafle 1973, 1974, Lenel & Cantor 1981, MacLean et al. 1987), so ist dies in der Regel für Kinder eine sehr leichte Aufgabe, wenn die Kinder nicht durch eine zu hohe Anzahl an Alternativen überfordert werden (Schneider, Näslund & Weinert 1989). Sie können demnach gut zwei Wörter klanglich vergleichen, die im betonten Vokal und den ihnen nachfolgenden Konsonanten gleich sind. Auch hier ist zu vermuten, daß die Kinder vorwiegend die klangliche Gleichheit der Wörter im Vokal wahrnehmen und diese die Entscheidung, ob es sich um ein Reimwort handelt oder nicht, wesentlich bestimmt.

Daß die Entscheidung aber nicht ausschließlich auf dem Vergleich der vokalischen Information beider Wörter beruhen kann, zeigen die Befunde von Knafle (1973). An 189 Kindergartenkindern wurde geprüft, inwieweit sich Reimentscheidungen durch verschiedene konsonantische Endungen der Nichtreimalternative verändern. Zu KVK–Wörtern

wurde als Nichtreimalternative (1) ein KV.–Wort (”.” symbolisiert einen nichtübereinstimmenden Konsonanten) angeboten, bei KVKK–Wörtern die Nichtreimalternativen (2) KV.., (3) KV.K und (4) KVK. vorgegeben. Alle Nichtreimalternativen wiesen also den gleichen Anfangskonsonanten und den gleichen Vokal auf.
Die Ergebnisse zeigten, daß sich alle Kategorien signifikant voneinander unterschieden. Die Schwierigkeit, einen Reim sicher erkennen zu können, nahm in der oben genannten Reihenfolge (1 – 4) zu.
Kindergartenkinder reagieren offensichtlich auch auf Veränderungen in der Konsonantenübereinstimmung der Wörter. Je mehr Konsonanten umso schwieriger die Reimentscheidung. Lenel & Cantor (1981) konnten dieses Ergebnis auch mit Alternativen bestätigen, die einen unterschiedlichen Vokal enthielten.

Die Ergebnisse zeigen, daß Lautassoziationen im Kindergartenalter zwischen Lauten und Wörtern oder zwischen zwei Wörtern vorwiegend auf der Vokalinformation beruhen; konsonantische Assoziationsfähigkeiten sind in gleicher Höhe im Vorschulalter nicht zu beobachten, doch sind sie keineswegs gänzlich auszuschließen.
Damit zeigt sich, daß Aufgabenformen, die eine vokalisch–lautliche Assoziation prüfen, auch schon von Vorschulkindern bewältigt werden können. Welche Voraussetzungen für eine Analyse, d.h. für eine Ausgliederung von Lauten aus Wörtern, gegeben sein müssen und ob diese nur Schulkindern möglich ist, wird im weiteren zu dikutieren sein.

3.1.5.3 Lautanalyse und Schriftspracherwerb

Die Fähigkeit zur Lautanalyse wird hauptsächlich im Schriftsprachunterricht vermittelt. Dafür sprechen die hohen Korrelationen zwischen auditiven Segmentierungsleistungen und schriftsprachlichen Fertigkeiten (vgl.: Calfee, Lindamood & Lindamood 1973, Fox & Routh 1975,

Helfgott 1976, Rosner & Simon 1971), der sprunghafte Anstieg der auditiven Segmentierungsleistungen mit Beginn des schulischen Schriftspracherwerbs (Calfee et al. 1973, Liberman et al. 1974, Rosner & Simon 1971) und das geringe Ausgangsniveau vor Beginn des Schulunterrichts (Jansen 1985, Lundberg, Frost & Petersen 1988, Mannhaupt & Jansen 1989).

Damit scheinen lautanalytische Fertigkeiten erst mit dem Schriftspracherwerb zu entstehen und für Kindergartenkinder, die nicht explizit unterrichtet werden, außerhalb ihres Leistungsvermögens zu liegen. Von Lundberg (1985, S. 67–68) werden die Aktivitäten der Kinder in schwedischen Kindergärten ähnlich beschrieben, wie dies auch für deutsche Kindergärten angenommen werden kann: "By tradition the emphasis in Swedish child care service is on social, emotional, and esthetic development rather than on intellectual preparation for school work. Thus, a majority of Swedish children enter school by the age of 7 without any reading ability".
Dennoch waren in der von Lundberg et al. (1980) durchgeführten Studie substantielle Konfundierungen der auditiven Segmentierungsleistungen mit Schriftsprachkenntnissen nachweisbar (Valtin 1984b, Wagner & Torgesen 1987).
Dies zeigt, daß auch außerhalb des institutionalisierten Unterrichts schrift- und lautsprachliche Fertigkeiten angeeignet werden können und es deshalb aufgrund dieser Studie nicht möglich ist zu beurteilen, ob Kindergartenkinder über lautanalytische Fertigkeiten verfügen, ohne vorher mit der Schriftsprache konfrontiert gewesen zu sein.

Wird die Lesefähigkeit der Kindergartenkinder hingegen kontrolliert und ist keine Lesefähigkeit nachzuweisen, wie dies bei der mit dänischen Kindergartenkindern durchgeführten Studie von Lundberg et al. (1988) der Fall war, so sind auch die auditiven Segmentierungsleistungen sehr gering.

Es sind zwar immer noch Segmentierungsleistungen nachweisbar – bei 8 Items lag der Mittelwert bei M = 0.49 in der Experimentalgruppe (n = 235) und M = 1.46 in der Kontrollgruppe (n = 154) – doch zeigen solche Ergebnisse deutlich, daß eine Fähigkeit zur Lautanalyse nur bei sehr wenigen Kindern unterstellt werden kann. Weiterhin ist auch denkbar, daß ein Teil der Lösungen durch Raten zustande gekommen ist und der Vokal der Vorgabesequenz mit einem klanglich ähnlichen Wort assoziiert worden ist.
Dies spricht dafür, daß ohne schriftsprachliche Erfahrungen eine ausgebildete Lautanalysefähigkeit nicht unterstellt werden kann.

Dies bedeutet zwar nicht, daß Kindergartenkinder diese Fertigkeit nicht auch lernen könnten. Der Lernaufwand hierfür ist aber erheblich. In der Trainingsstudie von Olofsson & Lundberg (1983) konnte nur in einer von drei Experimentalgruppen mit gut ausgebildetem Lehrpersonal und hochstrukturierten und differenzierten Unterrichtseinheiten (3 bis 4 Unterrichtseinheiten pro Woche über einen Zeitraum von ca. zwei Monaten) eine Steigerung der Leistungen erreicht werden.
Für das Erlernen der Lautanalyse ist eine explizite Instruktion oder aber eine stark anregende Lernumwelt notwendig (Lundberg 1987b). Diese explizite Instruktion erfolgt in der Regel im Schriftsprachunterricht.

Hohe Leistungen in auditiven Segmentierungsaufgaben bei Kindergartenkindern sind deshalb dann zu beobachten, wenn, in Abhängigkeit von den Schulcurricula des jeweiligen Landes, schriftsprachliche Erfahrungen in dieser Altersstufe vermittelt worden sind (Bowey & Francis 1991). Während in deutschen Kindergärten keine Einführung in die Schriftsprache erfolgt, ist dies in den englischsprachigen Ländern (s. Richgels 1986) der Fall. Dies dürfte auch der Grund dafür sein, daß die auditiven Leistungen der Kindergartenkinder hier relativ hoch sind (z.B. Yopp 1988).

Die empirischen Befunde zeigen deutlich, daß ohne eine explizite Unterrichtung eine auf hohem Niveau ausgebildete Lautanalysefähigkeit bei Vorschulkindern nicht anzunehmen ist. Die Lautanalyse erfordert, Laute aus Wörtern herauszuhören und auszusprechen. Der Unterschied zwischen lautassoziativen Fertigkeiten, die für Vokale im Vorschulalter nachgewiesen werden können, und lautanalytischen Fertigkeiten besteht darin, daß bei der Lautanalyse die Analyseeinheiten als verfügbar vorausgesetzt werden. Es ergibt sich nun die Frage, ob diese Einheiten erst dann dem Kind verfügbar werden, wenn es die Schriftsprache bzw. Lautanalyse erlernt oder ob angenommen werden kann, daß die Einheiten schon früher angeeignet werden, bevor ein Verständnis über die Bedeutung und Funktion der Schriftsprache ausgebildet ist.

In der oben genannten Studie von Lundberg et al. (1988) wiesen die dänischen Kindergartenkinder mit einem Durchschnittsalter von 6 Jahren eine mittlere Buchstabenkenntnis von $M = 3.70$ in der Experimentalgruppe und $M = 4.39$ in der Kontrollgruppe auf, wobei die Standardabweichungen der Verteilungen erheblich ($s = 5.34$ bzw. $s = 5.49$) waren.
Skowronek & Marx (1989b) fanden bei gleichaltrigen deutschsprachigen Kindergartenkindern ($n = 1118$) ein Jahr vor Einschulung eine ähnlich hohe durchschnittliche Buchstabenkenntnis von $M = 4.19$ ($s = 6.06$). Ein großer Teil der Kindergartenkinder verfügt damit sehr früh über Buchstaben und deren Benennungen und zwar in der Regel lange vor dem Zeitpunkt, zu dem sie die Buchstaben schriftsprachrelevant einsetzen (Bialystok 1991).
In Zusammenhang mit den Ergebnissen von Mannhaupt & Jansen (1989), die nur sehr rudimentäre Segmentierungsleistungen bei deutschen Kindergartenkindern fanden, kann davon ausgegangen werden, daß eine wesentliche Voraussetzung für das Verständnis, daß gesprochene Sprache aus einzelnen Segmenten bestehend begriffen werden kann, bereits frühzeitig gegeben ist: Die Kenntnis der Buchstaben und

ihre lautliche Bezeichnung. Diese werden zunächst angeeignet und können die Grundlage für die nachfolgend zu erwerbende Fähigkeit bilden, Sprache in alphabetisch bezeichenbare Segmente zu gliedern. Separate Einheiten sind also in der Regel schon vor dem Erwerb der Segmentierungsfähigkeit vorhanden und müssen nicht aus dem sprachlichen Signal selbst abgeleitet werden.

Die bisherigen Überlegungen haben gezeigt, daß eine entwickelte Lautanalysefähigkeit nur dann ensteht, wenn die Kinder explizit instruiert werden oder sie die Möglichkeit haben, aus ihrer Lernumwelt Anregungen für die Ausbildung dieser Fähigkeit zu finden. Die Bezeichnungen für die lautlich separaten Elemente werden zwar früher gelernt, es kann bei Vorschulkindern ohne Schriftspracherfahrung aber nicht davon ausgegangen werden, daß die schriftlichen Symbole oder ihre lautlichen Bezeichnungen als konstituierende Segmente von Wörtern aufgefaßt werden.

Wie im vorherigen Abschnitt gezeigt werden konnte, sind Lautassoziationen ohne Beschulung möglich und vorwiegend vokalisch bestimmt. Aus den Befunden läßt sich aber nicht ableiten, daß zu diesem Zeitpunkt von einer vokalischen Lautanalysefähigkeit ausgegangen werden kann. Es kann aber vermutet werden, daß die lautlichen Elemente, die assoziativ einem Wort zugeordnet werden können, auch die sind, die lautanalytisch zuerst beherrscht werden. Obwohl diese Annahmen nur über längsschnittliche Untersuchungen geprüft werden können, weisen die Befunde von Skjelfjord (1987a,b) in die Richtung, daß die Analyse einzelner Vokale Schulkindern eher und sicherer gelingt als die von Konsonanten.

3.2 Suprasegmentelle Eigenschaften gesprochener Sprache

Lautliche Analysen gesprochener Sprache erfordern die Assoziation der akustisch–artikulatorischen Parameter eines alphabetisch bezeichenbaren lautlichen Elements mit einer sprachlichen Sequenz. Es wurde hervorgehoben, daß dies nur dann gelingen kann, wenn die entscheidenden Parameter der Vektoren beachtet und nichtrelevante Informationen ignoriert werden. Diese nichtrelevanten Informationen sind aber nur bei der Demonstration lautlicher Minimalereignisse unwichtig. Für die Wahrnehmung des Bedeutungsgehaltes der Sprechsprache sind diese Informationen jedoch sehr wesentlich.

Die Verschriftung einer sprachlichen Äußerung liefert nur Informationen darüber, welche unterscheidbaren Laute sich in einer Sprechsequenz befinden. Dabei wird "das Artikulationsverhalten nur insoweit berücksichtigt, wie es in seinem Ablauf tatsächlich alphabetisch geregelt ist. Doch alphabetisch geregelt ist es in seinem Ablauf nur so weit, daß gerade die entscheidbaren konsonantischen und vokalischen Prädikate erfüllt werden, sei es durch gleichzeitige oder durch aufeinanderfolgende Teilbewegungen. Von allen anderen wahrnehmbaren Eigenschaften haben wir abgesehen, insbesondere aber vom tatsächlichen Ablauf und Verlauf des Gesamtverhaltens, durch das sich der Sprecher äußert" (Tillmann & Mansell 1980, S. 108).
Durch die Aneinanderreihung demonstrierbarer lautlicher Minimalereignisse wird eine Sprechsequenz in ihrer lautlichen Abfolge rekonstruierbar, doch fehlen die wesentlichen prosodischen Merkmale wie Intonation und rhythmische Gliederung des Gesprochenen.

Bei einer Demonstration lautlicher Minimalereignisse ist dieser Gesamtkontext zu ignorieren. Dies bedeutet aber nicht, daß der Gesamtkontext keinen Einfluß auf die Demonstration bzw. die Wahrnehmbarkeit von lautlichen Elementen hat. Es ist in der Tat so, daß die Struktur von Einheiten höherer Ordnung (Suprasegmente) in einer sprachlichen Sequenz die Analyse von Einheiten niedriger Ordnung beeinflussen kann (Schreuder & van Bon 1989). Es ist deshalb notwendig, einige Bestimmungsstücke der höheren Ordnung zu betrachten.

3.2.1 Die Wohlartikuliertheit und rhythmische Gliederung einer sprachlichen Sequenz

Wird eine beliebige sprachliche Äußerung in der Weise verschriftet, daß das Auftreten von ein oder mehreren Konsonanten mit K und von Vokalen mit V gekennzeichnet wird, so entsteht eine ..KVKVKV.. Folge. Sprachliche Sequenzen strukturieren sich also in einer konsonantisch–vokalischen Abfolge, wobei die Vokale obligatorisch, die Konsonanten hingegen optional sind, d.h. sie können in einer Sprechsequenz auch fehlen. Eine Abfolge, die Vokale enthält, ist nach Tillmann & Mansell (1980) als wohlartikuliert zu bezeichnen (im Gegensatz zu einer ..KKKK..Folge). Die Wohlartikuliertheit beeinflußt das Erscheinungsbild (ihre Prosodie) einer sprachlichen Äußerung sehr wesentlich.

Tillmann & Mansell (1980) unterscheiden das prosodische Sprechverhalten in A–, B– und C–Prosodie. Unter A–Prosodie werden silbenübergreifende Phänomene wie Sprachmelodie und Akzentsetzung subsumiert, unter B–Prosodie wird die silbische Struktur der sprachlichen Äußerung und unter C–Prosodie werden lautliche Charakteristika innerhalb der Silben verstanden.
"Die zentrale Einheit, die zwischen C– und A–Prosodie vermittelt und damit im Zentrum aller prosodischen Erscheinungen steht, ist die Silbe" (Tillmann & Mansell 1980, S. 111). Wobei alle drei Prosodien in Abhängigkeit voneinander stehen.

Neben der A–Prosodie wird die B–Prosodie von Kindern sehr früh beherrscht (Wijnen 1988). Im Gegensatz zu den Elementen der

C–Prosodie sind Vor– und Schulkindern Silben perzeptuell leichter zugänglich als die Laute innerhalb der Silbe (Fox & Routh 1975, Hardy et al. 1973, Liberman et al. 1974, Treiman & Baron 1981, Walter 1988).
Obwohl Silben als "natürliche Einheiten" (Lenneberg 1986, erstmalig erschienen 1967) der Sprachproduktion und –wahrnehmung angesehen werden können, muß ihre Ausgliederung aus gesprochener Sprache gelernt werden (Scheerer–Neumann 1979). Sie sind im Gegensatz zu Lauten aber leichter zugänglich (Andresen 1985), da die silbische Struktur unmittelbar mit rhythmisch–motorischen Handlungen (z.B. Silbenklatschen) assoziiert werden kann.

3.2.2 Die interne Struktur der Silbe

Daß sich eine wohlartikulierte Konsonant–Vokal–Abfolge silbisch–rhythmisch gliedert, ist offensichtlich. Es bleibt jedoch die Frage, warum die Konsonanten (z.B. des Wortes "Strumpfhose") eindeutig der einen und nicht der anderen Silbe zugeordnet werden. Vokale und Konsonanten innerhalb einer Silbe müssen eine spezifische Struktur aufweisen, die dieses ermöglicht.
Menzerath & Lacerda (1933) führten zur Beschreibung der Silbenstruktur die Begriffe der Synkinese oder Koartikulation und der Steuerung ein. Der Begriff der Steuerung beschreibt folgendes Phänomen: "Man spreche sich einmal sinnlose Lautgebilde vor wie uf, uv, of, ov, af usw. und beobachte genau den Übergang des Vokals in den Konsonanten; der Vokal endet stets dann, wenn der Konsonant erreicht (artikulatorisch geformt) ist" (Menzerath & Lacerda 1933, S. 21).
Die vokalische Artikulation muß in Richtung auf den zu sprechenden Konsonanten verändert werden, sobald der Konsonant gesprochen wird, endet der Vokal. Der "Vokal entwickelt sich, vom folgenden Konsonanten gesteuert, in Dauerbewegung bis zu dem betreffenden

Konsonanten" (Menzerath & Lacerda 1933, S. 21).
Steht am Ende der Silbe ein Plosiv (z.B. /p/), dann beendet das /p/ den Vokal abrupt und steuert ihn hierdurch.
Steht der Konsonant hingegen am Anfang (z.B. /pu/), so sind beide Laute koartikuliert. Die Artikulation des /u/ wird bereits mit dem /p/ vorbereitet und ist für den Hörer nur als akustische Einheit mit der Öffnung der Lippen gegeben.

Innerhalb einer Sprechsequenz wird also jede Silbe "mit einer artikulatorischen Öffnungsbewegung auf die vokalische Zielkonfiguration hin produziert (koartikuliert, Anm. d. Verf.). Die zeitliche Ausdehnung und die tatsächliche Ausprägung der vokalischen Zielkonfiguration hängt ab vom Grad der Steuerung" (Tillmann & Mansell 1980, S. 98). Durch das antagonistische Zusammenspiel von Konsonanten und Vokalen ergibt sich aufgrund der unterschiedlichen Funktion der vorderen und hinteren Konsonanten eine Silbe, die in einer rhythmisch gegliederten Silbenfolge deutlich getrennt erscheint.

3.2.3 Die Wahrnehmung von Silbenstrukturen

Die Besonderheiten der Silbenproduktion legen die Vermutung nahe, daß sich auch auf der Ebene der Wahrnehmung von Untereinheiten der Silbe die gleichen Verhältnisse abbilden wie bei der Artikulation, d.h. der koartikulierte Silbenanfang eine kohärentere Einheit bildet als das Silbenende. Die Ergebnisse der sogenannten P–center Forschung weisen hier jedoch in eine andere Richtung.

Die P–center Forschung geht der Frage nach, welche perzeptuelle Einheit (P–center) der Silbe das rhythmische Empfinden steuert. Ausgehend von dem Phänomen, daß eine zeitlich gleich getaktete Vorgabe von Silben (gleiche zeitliche Abstände des Silbenbeginns) von Versuchspersonen als nicht rhythmisch empfunden werden (Morton,

Marcus & Frankish 1976), wurden verschiedene Strukturelemente von Silben untersucht.

Den Versuchspersonen wurden nach unterschiedlichen akustischen Kriterien zeitlich gleich getaktete Silben vorgegeben. In den Versuchsanordnungen bestand die Möglichkeit, mittels Knopfdruck den zeitlichen Abstand der Silben zu steuern, bis die Silbenfolge als rhythmisch empfunden wurde.

Je weniger die ursprüngliche Zeitvorgabe mit der adjustierten differiert, um so wahrscheinlicher handelt es sich um das wahrnehmungsrelevante P-center.

Nach Cooper, Whalen & Fowler (1988) lassen sich die bisherigen Ergebnisse der P-center Forschung wie folgt zusammenfassen: Das perzeptuelle Zentrum einer Silbe korrespondiert weder mit einem offensichtlichen akustischen Marker des Sprachsignals noch mit der Art des Vokals oder mit der Anzahl der Anfangskonsonanten vor dem Vokal. Die Wahrnehmung des perzeptuellen Zentrums ist aber beinflußt durch die Dauer der Anfangskonsonanten und zu einem geringeren Grad durch die Dauer der nachfolgenden Segmente. Nach Marcus (1981) läßt sich das Auftreten eines P-centers am günstigsten durch die Gliederung der Silbe in ihren konsonantischen Beginn (Onset) und ihren Reim beschreiben. Die besondere Rolle der Reimendung einer Silbe für die Rhythmuswahrnehmung wird auch durch die Befunde von Cooper et al. (1988) gestützt.

Damit zeigt sich, daß die Wahrnehmung der rhythmischen Gliederung gesprochener Sprache von zeitlich strukturellen Eigenschaften der Silbe abhängig ist.

Die perzeptuellen Eigenschaften sind aber nicht mit den bei der Produktion unterschiedenen Einheiten identisch. Dieser Widerspruch ist nur scheinbar, da Menzerath & Lacerda (1933) die Veränderung des Vokals durch die Konsonanten fokussieren, die P-center Forschung den (gesteuerten) Vokal und damit die konstanten Aspekte der vokalischen Information.

Der Einfluß der silbischen Gliederung in konsonantischen Beginn und nachfolgende Reimendung auf die Leistungen in lautanalytischen Aufgaben ist bei Erwachsenen (Treiman 1983, 1984, 1986, 1988) und Kindern (Schreuder & van Bon 1989, Treiman 1985) untersucht worden.

Treiman (1985, Experiment 1) wies an 48 Kindern im Alter von 7 bis 9;4 Jahren den Einfluß von Onset–Rime Strukturierungen innerhalb von KVK–(Konsonant–Vokal–Konsonant) und KKV–Silben (Konsonant–Konsonant–Vokal) nach. In einer Lautersetzungsaufgabe hatten die Kinder jeweils die ersten beiden oder die letzten beiden Laute zu ersetzen. Es wurde angenommen, daß den Kindern eine Ersetzung dann besonders schwer fällt, wenn die Onset–Rime–Grenze verletzt wird. Bei KVK–Silben sollten deshalb VK–Elemente leichter zu ersetzen sein als KV–Elemente. Bei KKV–Silben sollte sich zeigen, daß die beiden Anfangskonsonanten leichter durch ein KK–Element ersetzt werden können als die hinteren beiden Laute durch ein KV–Element.
Die Ergebnisse bestätigen die oben gemachten Annahmen. Dieser Befund ist in einer Reihe von Untersuchungen bestätigt worden (Bruck & Treiman 1990, Schreuder & van Bon 1989, Experiment 1 Skjelfjord 1976, 1987b, Treiman 1985, Experiment 2 und 3).

Während die Onset–Rime–Gliederung einer Silbe als gesichert angenommen werden kann, bestehen hinsichtlich der Kohärenz von Onset und Rime, wenn sie nicht aus einem Laut bestehen, noch zahlreiche offene Fragen. Auch sind sie bei Kindern im Vor– und Grundschulalter noch wenig untersucht. Allgemein läßt sich aus den oberen Befunden schließen, daß sowohl die Laute des Onset wie auch des Silbenendes (Rime) schwer zu trennen sind. Die Kohärenz von Onset und Rime scheinen aber wiederum von den in ihnen enthaltenen Lauten und ihrer Anordnung abhängig zu sein. Treiman & Bruck (1990) fanden, daß der Anfangskonsonant des Onset leichter zu analysieren ist

als der zweite Konsonant. Damit scheint für den Anfangskonsonanten in einem mehrgliedrigen Onset die gleiche Prominenz zu bestehen, wie dies für ein eingliedriges Onset gefunden wurde. Anfangskonsonanten sind leichter zu analysieren als Konsonanten am Ende oder in der Mitte eines Wortes (Skjelfjord 1987b). Weiterhin ist in Rechnung zu stellen, daß die Art der Konsonanten die Schwierigkeit der Onsetanalyse beeinflußt. Deutliche Unterschiede zeigen sich z.B. zwischen Dehnkonsonanten (z.B. /m/, /n/) und Plosiven (z.B. /p/) in der Anfangsposition (Skelfjord 1987b).
Treiman & Baron (1981) fanden eine leichtere Analysierbarkeit von Frikativen als von Plosiven in Wörtern mit drei Phonemen, konnten dies aber bei zweiphonemigen Wörtern nicht bestätigen. Der Status einzelner Konsonanten ist damit keineswegs abgeklärt.
Das gleiche kann für die Analysierbarkeit der Endkonsonanten gesagt werden. Auch hier sind die Befunde noch recht uneinheitlich (Skjelfjord 1987a,b).
Bei Erwachsenen konnte Treiman (1984) zeigen, daß die Konsonanten, die dem Vokal in der Reimendung nachfolgen, eine unterschiedliche Kohärenz aufweisen. Bei VKK–Endungen zeigte sich, daß der erste Konsonant vom unmittelbar nachfolgenden Konsonanten am leichtesten zu trennen ist, wenn es sich bei den ersten Konsonanten um Liquide (/l/, /r/) handelt, die Schwierigkeit aber mit Nasalen (/m/, /n/) zunimmt und bei Obstruenten (/f/, /d/, /k/) nach dem Grad ihrer Verschlußbildung am höchsten ist. Die Befunde werden von der Autorin mit Bezug auf die sogenannte Sonoritätstheorie erklärt.
Diese von Sievers (1901) entwickelte Theorie besagt, daß die Charakteristik einer Silbe durch die Schallfülle der einzelnen Laute bestimmt ist. Alle Laute können nach dem Grad ihrer Schallfülle in eine Rangordnung gebracht werden: "Zunächst haben alle Dauerlaute ... den Vorrang vor den Explosiven. Innerhalb der Dauerlaute stuft sich die Schallfülle sodann einmal nach dem Grade ab, in welchem die Stimme zur Geltung kommt, sodann nach der Größe der Ausflußöffnung. Es stehen also alle *stimmhaften Dauerlaute* den *stimmlosen* voraus, und

unter ihnen die Sonoren den stimmhaften Geräuschlauten" (Sievers 1901, S. 204).
Laute lassen sich bezüglich ihrer Schallfülle nach Kohler (1977, S. 80) in folgende Reihenfolge bringen: Offene Vokale, geschlossene Vokale, Liquide, Nasale, stimmhafte Frikative, stimmlose Frikative, Plosive. In diese Reihenfolge lassen sich die Befunde von Treiman (1984) problemlos einordnen. Die Autorin geht davon aus, daß die dem Vokal unmittelbar nachfolgenden Konsonanten mit dem Grad der Schallfülle eine Kohärenz zum Vokal aufweisen, wobei bei hoher Schallfülle eine hohe Kohärenz gegeben ist. Ob sich diese Rangfolge bei Kindern replizieren läßt, ist bisher nicht geprüft.

3.3 Zusammenfassung der Befunde zur Wahrnehmung lautlicher Einheiten

Die einzelnen lautlichen Strukturelemente einer Silbe lassen sich hinsichtlich des Schwierigkeitsgrades ihrer Perzipierbarkeit und Analysierbarkeit in eine hierarchische Struktur bringen. Hierbei lassen sich 5 Ebenen unterscheiden:

(1) Silbe. Die Silben sind gegenüber allen anderen Strukturelementen am leichtesten wahrnehmbar. Geprüft wurde bisher der Unterschied zwischen Silben- und Einzellautwahrnehmung (Fox & Routh 1975, Hardy et al. 1973, Liberman et al. 1974, Lundberg et al. 1988, Treiman & Baron 1981, Walter 1988).

(2) Alliterationen und Reim. Unterstrukturen der Silbe, die einen Vokal beinhalten, sind generell leichter perzipierbar als rein konsonantische Strukturen (Lenel & Cantor 1981), wobei der Reim leichter zu perzipieren ist als die Alliteration (Jusczyk 1977, MacLean et al. 1987).

(3) Vokal. Vokale sind leichter perzipierbar als Konsonanten (Lenel & Cantor 1981, Mannhaupt & Jansen 1989, Skjelfjord 1987b), aber schwerer als Alliterationen (Lenel & Cantor 1981).

(4) Onset und Konsonantencluster. Endkonsonantencluster beeinflussen eine Reimentscheidung mehr als nur ein Konsonant (Knafle 1973, 1974). Eine leichtere Perzipierbarkeit von Konsonantenclustern gegenüber einzelnen Konsonanten kann daher angenommen werden. Ihre Stellung zu den anderen Elementen ist noch ungeklärt. Es ist aber zu vermuten, daß das Onset aufgrund der Gliederung der Silbe in Onset und Rime, leichter wahrzunehmen ist als das Endkonsonantencluster.

(5) Konsonanten. Konsonanten sind wesentlich schwieriger zu perzipieren als alle anderen Elemente. Nachgewiesen ist die schwierigere Perzipierbarkeit gegenüber Silben und Vokalen (S. Punkt (1) und (3)). Die Schwierigkeit ihrer Perzeption ist abhängig von der Art des Konsonanten und seiner Stellung in Onset oder Rime.

4. Lautsynthetische Verarbeitungsprozesse im Vor– und Grundschulalter

Im Gegensatz zur Lautanalyse, die das Erkennen und Benennen einzelner Lautbestandteile eines Wortes verlangt, geht es bei der Lautsynthese darum, einzelne Lauteinheiten zu einem Wort zu verbinden. Folgt man den Vorstellungen von Coleman (1970, S. 16), so kommt der Lautsynthese in der Frühphase des Leseerwerbs eine wichtige Rolle zu:
"The steps .... are as follows: (a) the child analyzes the printed word into two letters, i and t, (b) he gives the sound associated with each letter /i, t/, and (c) he blends the two isolated sounds into the word *it*". Auf der Grundlage dieser Vorstellung kann der Lautsynthese eine enge Beziehung zum Lesen unterstellt werden, während die Lautanalyse enger mit dem Schreibenlernen verbunden gesehen werden kann:
"Synthesis of phonemes and syllables is one of the components of word–decoding subskill and a strategy to attack new words. Segmentation into syllables and phonemes is a component of spelling, at least of that spelling strategy that may be characterized as relying on letter–sound rules" (Valtin 1984b, S. 227).

Haben Kinder Schwierigkeiten, unbekannte Wörter zu lesen, so wird dies wesentlich durch Lautsyntheseschwierigkeiten mitbedingt gesehen:
"Die Unfähigkeit zur Synthese (die BLEIDICK schon vor 25 Jahren treffend als die Crux jeder Leselernmethode gekennzeichnet hat) ist nach weitgehender übereinstimmender Meinung der mit Fragen des Schriftspracherwerbs beschäftigten Pädagogen, Psychologen und Linguisten das zentrale Problem für Kinder mit Schwierigkeiten bei der Aneignung alphabetisch strukturierter Schriftsprachsysteme"(Günther 1989–90, S.27).
Eine Möglichkeit, Lautsyntheseschwierigkeiten unabhängig von der Schrift zu erfassen, ist die, Kindern einzelne Laute vorzusprechen und verbinden zu lassen (z.B. Angermaier 1974a, Chall et al. 1963).

Aus der Tatsache, daß separat gesprochene Einzellaute den Lauten innerhalb eines Wortes nicht gleich sind, ergibt sich sowohl für das Lesen wie auch für das Lauteverbinden ein Grundproblem:
"Many critics have emphasized the fact that the sounds /ke>/–/ä./–/te>/ (e> = Schwalaut; ä. = kurzes ä; Anm. d. Verf.), for example, blend together to make not 'cat' but some fractured non–word" (Roberts 1979, S. 49). Eine additive Aneinanderreihung einzelner Laute ergibt eine "Laut–Undsumme" (Bosch 1937, S. 52), nicht jedoch das korrekt ausgesprochene Wort.

Unter welchen Bedingungen und Voraussetzungen eine Lautsynthese dennoch erfolgreich gelingen kann, ist Gegenstand von Lautsynthesemodellen.
Ein genuin für Vorschulkinder entwickeltes Lautsynthesemodell wurde von Marx (1990b) vorgelegt. Die theoretischen Annahmen und die Untersuchungsergebnisse (Marx 1990a,b, 1991a,b, Marx & Jansen 1991) sprechen dafür, daß der vorschulische Lautsyntheseprozeß qualitativ anders verläuft als der unter schulischen Bedingungen zu beobachtende.
Das Lautsynthesemodell von Perfetti et al. (1987) versucht, den schulischen Lautsyntheseprozeß zu erklären. Dieses Modell integriert die bei anderen Autoren (z.B. Balmuth 1971, Chall et al. 1963, Coleman 1970, Desberg, Marsh, Schneider & Duncan–Rose 1979, Haddock 1976, Mayo 1971, Roberts 1975, 1979, Torgesen et al. 1989, Torgesen & Morgan 1990) häufig nur vereinzelt diskutierten Bestimmungsstücke des Lautsyntheseprozesses und bildet deshalb im weiteren den Ausgangspunkt, Komplexität und Wirkungsweise von Lautsyntheseprozessen aufzuzeigen.
Daran anschließend werden einige zusätzliche Überlegungen zum schulischen Lautsyntheseprozeß dargestellt.

4.1 Der vorschulische Lautsyntheseprozeß

Zur Erfassung der Lautsynthesefähigkeit sind standardisierte Testverfahren entwickelt worden, die sowohl im Kindergartenalter wie auch in der Schulzeit angewendet werden können (Angermaier 1974a, Chall et al. 1963, Kirk, McCarthy & Kirk 1968). Damit wird die Fähigkeit zur Lautsynthese auch bei Kindergartenkindern, die noch nicht schriftsprachlich unterrichtet werden, unterstellt. Tatsächlich zeigen Untersuchungsergebnisse, daß bereits zu diesem Zeitpunkt korrekte Lösungsergebnisse auftreten (Röhr 1978, Torgesen et al. 1989). Kann man aber hieraus schließen, daß eine Lautsynthese ohne Schriftspracherfahrung möglich ist?

Für die von Torgesen et al. (1989) untersuchten Kindergartenkinder ist dies in Zweifel zu ziehen. 28 Kindergartenkindern wurden 80 zwei– bis sechsgliedrige Lautfolgen zum Verbinden vorgegeben. Je zur Hälfte ergaben die Wörter ein sinnvolles oder ein Pseudowort, weiterhin wurden zwei verschieden lange Pausen zwischen den einzelnen Lauten einer Lautfolge realisiert. Je nach Bedingung schwankte der Anteil derjenigen Kinder, die kein oder nur ein Wort verbinden konnten, zwischen 11 (39 %) und 19 (68 %). Ein sehr hoher Anteil der Kindergartenkinder war damit nicht in der Lage, Laute zu synthetisieren. Gleichzeitig werden aber substantielle Korrelationen zwischen der Leseleistung und den Leistungen im Lauteverbinden berichtet. Bei den Kindern, die Lautsyntheseleistungen zeigen, waren diese bereits im Kindergartenalter mit Schriftsprachkenntnissen konfundiert. Vorschulkinder scheinen also dann keine Laute verbinden zu können, wenn sie nicht gleichzeitig über Schriftsprachkenntnisse verfügen.

Die Befunde von Marx (1990a,b, 1991a,b) und Marx & Jansen (1991) zeigen aber sehr deutlich, daß korrekte Lösungen auch bei Kindern ohne Schriftspracherfahrung zu beobachten sind, wenn die Kinder nur zweigliedrige Lautfolgen zu verbinden haben und/oder die Wortfin-

dung mit Bildmaterial unterstützt wird, doch scheinen korrekte Lösungen nicht durch eine Lautsynthese zustande zu kommen:
Kinder verfügen im Vorschulalter in der Regel nur über die Fähigkeit zu vokalischen Assoziationen (Mannhaupt & Jansen 1989). Es ist deshalb naheliegend, daß diese Fähigkeit auch dem Lösungsprozeß beim Lauteverbinden zugrunde liegt. Wenn nur zweigliedrige Lautfolgen bearbeitet werden müssen, ist "im deutschen Wortschatz ... der Suchraum von sinnvollen Zwei–Phonem–Wörtern mit Langvokal sehr begrenzt und über Alliteration und Reim voll ausschöpfbar" (Marx 1990a, S. 336). Wird nur das vokalische Element für den Lösungsprozeß herangezogen und dieses mit einem Wort im Suchraum assoziiert, so ist die Wahrscheinlichkeit für eine korrekte Lösung zwar abhängig von der Größe des Suchraumes, bei zweigliedrigen Lautfolgen sind aber korrekte Ergebnisse nicht unwahrscheinlich. Die Befunde von Marx (1990b) zeigen, daß Vorschulkinder sich vornehmlich nach dem Vokal oder der Konsonant–Vokal–Gruppe in einer Vorgabesequenz richten und diese assoziativ mit einem Wort in Verbindung bringen. Gleichzeitig ist die Qualität der Lösungen von der Art der im Suchraum befindlichen Wörter abhängig.

Marx & Jansen (1991) gaben Kindergartenkindern eine Lautsyntheseaufgabe mit vier Bildantwortalternativen vor. Zeitgleich mit der lautlichen Vorgabe (ein einmalig getrenntes Wort, z.B. Sch–uh) wurden vier Bildalternativen mit verschiedenen lautlichen Übereinstimmungen (hier: Schuh, Kuh, Schi und Tor) angeboten. Von den Kindern wurden gleich häufig und nahezu ausschließlich die Antwortalternativen mit gleichem Vokal gewählt (hier: Schuh, Kuh). Auch hier zeigt sich, daß im Vorschulalter ein Lautsyntheseergebnis durch vokalische Lautassoziationen und nicht durch eine Synthese zustande kommt. Die Korrektheit des Ergebnisses war in dieser Studie auch maßgeblich durch die Eindeutigkeit der Bildinformation bestimmt, d.h. die Kinder machten ihre Bildinterpretationen zur Grundlage des Suchprozesses. Lösungen außerhalb des durch Bilder definierten Suchraumes traten hingegen kaum auf. Der vorschulische Lösungsprozeß ist damit hochgradig abhängig von Zusatzreizen, die den Kindern angeboten werden.

4.2 Der schulische Lautsyntheseprozeß

4.2.1 Das Lautsynthesemodell von Perfetti et al. (1987)

Das Lautsynthesemodell von Perfetti et al. (1987) steht in der Tradition der reizgesteuerten bottom–up Modelle. Die Lautvorgabe durchläuft eine Reihe von Verarbeitungsstufen, bis ein Syntheseergebnis vorliegt. Als wesentliche Komponenten des Modells sind die Reizaufnahme, die geordnete Speicherung der Elemente im Arbeitsgedächtnis, ihre Umformung in sogenannte prototypische Phoneme, ihre Synthese und der Vergleich des Syntheseergebnisses zu Eintragungen im Lexikon zu nennen.

Die entscheidende Organisations– und Steuerungsarbeit der für die Synthese notwendigen Verarbeitungsschritte übernimmt ein Synthesizer: "Notice what the synthesizer has to do. It must hold Segment 1 while it encodes Segment 2. It must then, in many cases, preprocess Segment 1, that is, clean it up. By analogy with preprocessing by template models (Neisser, 1967), the input must be made to conform with the prototype phoneme in question. This is no problem with vowels, but it is with stop consonants which must be stripped of their minimal vocalic support (the schwa). All this complexity must be dealt with by the child and detailed models of the synthesizer are necessary to describe the process" (Perfetti et al. 1987, S. 301).

Der Synthesizer bildet das Kernstück des Lautsynthesemodells. Seine Funktionsweise ist nach eigener Einschätzung der Autoren noch nicht hinreichend geklärt.
Mit der Prototypenannahme wird das Grundproblem der Lautsynthese zu lösen versucht, daß Stopkonsonanten (wie das /d/) ohne den Schwa–Laut einzeln nicht sprechbar sind und sich in Form eines /de>/ (e> = Schwalaut) realisieren. In den synthetisierten Wörtern darf der Schwa–Laut aber nicht berücksichtigt werden, da dies zu

einer falschen Aussprache der Wörter führen würde. Der eingehende Laut muß daher, so die Schlußfolgerung, vom Schwa—Laut gereinigt werden ("clean it up", Perfetti et al. 1987, S. 301).

Es ist nun zu fragen, was unter einem Prototyp zu verstehen ist, da dieser von Perfetti et al. (1987) nicht genau definiert, sondern in Analogie zu semantischen Repräsentationsmodellen beschrieben wird. Die Verwendung des Begriffs Prototyp legt nahe anzunehmen (vgl. Lindsay & Norman 1981), daß hiermit eine Markierung im Langzeitgedächtnis gemeint ist, die eine Klasse von Lauten repräsentiert. Vermutlich entsprechen die Prototypen nach der oben gemachten Aussage ("clean it up") den akustisch—artikulatorischen Merkmalsvektoren von Phonemen (Tillmann & Mansell 1980), denn diese definieren die Zugehörigkeit einzelner Laute zu einer Klasse nicht nur eindeutig, sondern ihre Beschränkung auf nur wenige definierende Parameter löst auch das Schwa—Laut—Problem. Da für das /d/ der Parameter "früher Stimmtoneinsatz" (Kohler 1977), nicht aber die Qualität der Stimmhaftigkeit entscheidend ist, liegt dieser Parameter im Merkmalsvektor praktisch in einer Null—Eins—Kodierung vor. In diesem Fall wäre die lautliche Vorgabe als vom Schwa—Laut "gereinigt" anzusehen.

Die Lösung des Schwa—Laut—Problems scheint mit der Prototypenannahme geglückt, das Syntheseproblem ist hierdurch jedoch keineswegs gelöst. Im Syntheseergebnis muß nämlich die Qualität der Stimmhaftigkeit des /d/ wieder berücksichtigt werden, die durch den nachfolgenden Vokal bestimmt ist. Wie eine solche Synthese ausgeführt werden soll, ist unklar, da den Prototypen selbst keine Information darüber zu entnehmen ist, wie sich die Parameter der Vektoren konkret zeitlich und in ihrer Abfolge realisieren sollen. Hierzu müßte zusätzlich ein Monitor angenommen werden, der ein vorliegendes Sprechprogramm von /di:/ aktiviert. Die Lautsynthese wäre damit aber lautassoziativ erklärt. Die Laute müßten in diesem Fall lediglich einer vorhandenen lexikalischen Eintragung zugeordnet werden, und eine Synthese wäre gar nicht mehr notwendig. Eine weitere Möglichkeit wäre, daß der Monitor Verbindungsregeln, etwa im Sinne von Bierwisch (1976), bereithält, die den Artikulationsvorgang steuern. Damit ist in Zweifel zu ziehen, daß es sinnvoll ist, den Syntheseprozeß mit Rückgriff auf vermittelnde Prototypen beschreiben zu wollen. Durch die Annahme, daß die Synthese erst auf einer abstrakten Ebene von Prototypen stattfindet, wird der Lautsyntheseprozeß nicht geklärt, sondern nur verlagert. Es bleibt offen, auf welcher Grundlage der Prozeß beruht.

4.2.2 Phonemsynthese oder Lautsynthese?

Die von Perfetti et al. (1987) gemachte Prototypenannahme bildet den Versuch, das Hauptproblem der Synthese (das Schwa–Laut–Problem) mit Rückgriff auf ein phonematisches Repräsentationssystem zu lösen. Der Lösungsprozeß verläuft so, daß nicht die konkret vorgesprochenen Einheiten verbunden werden, sondern bereits vom Schwa–Laut gereinigte Einheiten. Das bedeutet, daß das Schwa–Laut–Problem bereits dann als gelöst angenommen wird, bevor die einzelnen Einheiten synthetisiert werden. Da diese gereinigt sind, entspricht das Syntheseergebnis dem angestrebten Zielwort. Die Prototypen sind abstrakt, weil vom Schwa–Laut gereinigte Einheiten nicht demonstriert werden können.

Die Annahme, daß es sich bei der Lautsynthese um einen abstrakten Prozeß handelt, wird auch von Günther (1989–1990, S. 30) vertreten: "Für sich genommen wirkt ein isoliert dargebotener Stopkonsonant äußerst unnatürlich, obwohl er als unbetonte Nebensilbe im Deutschen recht häufig vorkommt. Noch gravierender aber ist, daß vom lautierten Stopkonsonanten ausgehend eine unmittelbare Synthese durch Verschleifung physiologisch unmöglich ist – /te>/ + /a/ + /l/ –, die Synthese vielmehr eine Elimination des /e>/ verlangt".

Weiterhin kritisiert der Autor "die von der Leselerndidaktik ziemlich durchgängig gemachte Annahme, daß das Prinzip des Lesens erfaßt ist, wenn die einzeln lautierten Phoneme eines Wortes in der Synthese zusammengeschliffen werden können, die entscheidende Leistung, die dabei vom lesenlernenden Kind gefordert wird – nämlich abstrakte linguistische Einheiten, Phoneme, in einem metalinguistischen Akt wieder zu natürlichen sprachlichen Einheiten zu transformieren und zusammenzufassen – überhaupt nicht erkennt oder sie,..., ohne überzeugende Belege verharmlost".

In der vorgetragenen Argumentation wird nicht zwischen der abstrakt linguistischen Beschreibungsebene und der Beispielebene unterschieden. Wie bereits bei der Erörterung des Phonembegriffs herausgestellt wurde, ist die Unterscheidung zwischen einem linguistisch definierten Repräsentationssystem und der Demonstration lautlicher Minimalereignisse deshalb sinnvoll, weil die Demonstration empirisch nachvollziehbar ist (Tillmann & Mansell 1980), auf die phonematische Repräsentationsebene hingegen nur indirekt Bezug genommen werden kann. Die konkreten Demonstrationen sind Beispiele für die phonematische Repräsentationsebene, jedoch nicht mit ihr identisch.
Der Stopkonsonant mit seinem Schwa–Laut ist nur dann als ein sehr unnatürliches lautliches Element anzusehen, wenn er von einem kundigen Sprecher als Repräsentant eines Phonems angesehen wird. Ansonsten ist dieses lautliche Element, wie von Günther (1989–1990) betont, häufig und als Silbe ein natürliches Element gesprochener Sprache.
Betrachtet man die Lautsynthese nicht auf der abstrakten Beschreibungsebene, sondern faßt sie als eine artikulatorisch zu formende Verbindung der konkret realisierten Laute auf, so ist unverständlich, warum eine solche Silbe nicht mit einem nachfolgenden Vokal verbunden werden kann. Physiologisch ist dies gerade deshalb möglich, weil es sich hier um eine Konsonant–Vokal–Silbe handelt, die mit einem weiteren Vokal verbunden werden kann. Wird zum Beispiel der

Schwa-Laut beim Verbinden gedehnt, handelt es sich um eine Artikulationsformung, die im Vokalraum stattfindet und hier übergangslos möglich ist.
Das Problem, das hier beschrieben wird, ist nicht das Problem der artikulatorischen Synthese von Lauten, sondern das Problem, wie eine intendiert korrekte Aussprache eines Wortes möglich wird. Wenn ein Kind vor die Aufgabe gestellt wird, die oben angegebene Lautfolge zu verbinden und es nicht bereits Erfahrung mit dem Verbinden dieser Lautfolge hat, so ist es hochwahrscheinlich, daß die konkret realisierten Laute verbunden werden. Denn woher soll das Kind im Vorhinein wissen, was zu beachten und was wegzulassen ist? D.h. das Lösungsergebnis wird /te>al/ und nicht /tal/ sein. Gemessen an der Lautrealisierung in der Lautfolge ist /te>al/ nicht nur korrekt synthetisiert, sondern auch korrekt ausgesprochen. Die Aussprache ist jedoch nicht mit der von schriftsprachkundigen Erwachsenen intendierten Wortaussprache identisch. Hieraus wird der Fehlschluß gezogen, eine Synthese sei nicht möglich.

Es ist somit denkbar, daß der Lautsyntheseprozeß in der Weise verläuft, daß die Kinder mit "Laut-Undsummen" (Bosch 1937) operieren, d.h. mit solchen Lautgebilden, die sich unmittelbar aus den konkret vorgesprochenen Lauten ableiten. Daß die Bildung einer "Laut-Undsumme" ein schwieriges Unterfangen ist, soll nicht bezweifelt werden. Trainingsstudien, in denen die Lautsynthese mit Kindern eingeübt wurde, zeigen, daß die Transferleistungen der Kinder auf unbekanntes Wortmaterial minimal sind (Haddock 1976, Mayo 1971, Williams 1980). Dies deutet darauf hin, daß die Einheiten, die in einer Lautsynthese zu bilden sind, den Kindern bekannt sein müssen oder aber bei anders strukturierten Lautfolgen neu eingeübt werden müssen.
Die Schwierigkeit einer Lautsynthese scheint aber nicht nur vom Ausmaß der Übung abhängig, sondern auch von der Art und Reihenfolge der einzelnen lautlichen Einheiten.

Nach Menzerath & Lacerda (1933) haben Konsonanten am Silbenanfang und –ende unterschiedliche Funktionen. Anfangskonsonanten sind mit dem Vokal koartikuliert und Endkonsonanten steuern den Vokal. Die Befunde von Helfgott (1976) und Williams (1980) zeigen, daß KV–K–Vorgaben leichter zu verbinden sind als K–VK–Vorgaben.
Coleman (1970) hat zeigen können, daß Kinder wesentlich mehr Schwierigkeiten haben K–V–Vorgaben zu verbinden als V–K–Vorgaben. Dies belegt, daß artikulatorische Steuerungen leichter auszuführen sind als Koartikulationen. Weiterhin zeigen die Ergebnisse von Coleman (1979), daß je nach Art des zu verbindenden Konsonanten oder Vokals die Schwierigkeit einer Synthese variiert. Allerdings können diese Ergebnisse nicht uneingeschränkt als Ausdruck unterschiedlich schwieriger artikulatorischer Prozesse aufgefaßt werden. Wie bereits bei der Diskussion des vorschulischen Lautsynthesemodells gezeigt werden konnte, können korrekte Ergebnisse bei zweigliedrigen Lautfolgen auch durch Lautassoziationen zustande kommen.

Wenn angenommen wird, daß der Lautsyntheseprozeß auf der Bildung einer "Laut–Undsumme" beruht, bei der die konkret realisierten Laute verbunden werden, so bleibt die Frage, wie eine korrekt intendierte Wortaussprache möglich wird. Es ist denkbar, daß die "Laut–Undsumme" den Ausgangspunkt für einen lexikalischen Suchprozeß bildet. Der Zugriff auf die korrekte Artikulation und Wortbedeutung hängt dann von der Ähnlichkeit des Syntheseproduktes mit der Lexikoneintragung ab.
Ist das Syntheseprodukt hochgradig unähnlich, so ist auch die Sinnerfassung erschwert. Für die Sinnerfassung muß ein, gemessen an der intendierten Wortaussprache, verfremdetes Syntheseprodukt mit dem Zielwort assoziiert werden (Scheerer–Neumann 1989b). Es ist dabei auch denkbar, daß Kinder in zunehmendem Maße lernen, verfremdete Syntheseprodukte und intendiert korrekte Wortaussprachen als äquivalent aufzufassen und eine "Pilotsprache" (Betz & Breuninger 1987) entwickeln.

Zusammenfassend läßt sich feststellen, daß die Synthese von Lauten unterschiedlich schwierig, aber möglich ist und zwar als eine artikulierende Formung des tatsächlich Vorgesprochenen. Diese Artikulationsformung führt in der Regel nicht zu korrekt intendierten Wortaussprachen, auch ist anzunehmen, daß sie viel Übung erfordern. Hiermit ist noch nichts darüber gesagt, ob es sinnvoll ist, dies den Kindern beizubringen (Günther 1989–1990) und unter welchen Umständen eine Synthese erfolgreich verläuft und sie zur korrekt intendierten Wortaussprache führt. Wenn Kinder aber synthetisieren, so scheint es sinnvoller, den Synthesevorgang als "Laut–Undsummenbildung" (Bosch 1937) aufzufassen und die Sinnerfassung als Lautassoziationsprozeß zwischen einem Syntheseergebnis und den intendiert korrekten Wortaussprachen zu begreifen. Das Schwa–Laut–Problem dadurch lösen zu wollen, daß "Prototypen" (Perfetti et al. 1987) angenommen werden oder "abstrakt linguistische Einheiten" (Günther 1989–1990) synthetisiert werden müssen, trägt nicht zur Erklärung bei und entzieht sich zudem der empirischen Prüfung.

4.2.3 Kann der schulische Lautsyntheseprozeß auch als lautassoziativer Prozeß aufgefaßt werden?

Da Perfetti et al. (1987) keine expliziten Annahmen über die Voraussetzungen und den Vorgang der Lautsynthese machen, sind Aussagen über die Gültigkeit dieses Modells nicht möglich. Durch die Prototypenannahme wird die Synthese auf eine abstrakte Ebene verlagert, die empirisch nicht zu prüfen ist und theoretisch das Lautsyntheseproblem nicht löst. Durch die Prototypenannahme wird nicht plausibler, warum das Ergebnis der Synthese in ein korrekt ausgesprochenes Wort münden soll.

Das Modell kann nur eine beschränkte Zahl von Fehlern erklären. So ist es zwar möglich, unvollständige Synthesen auf eine fehlgeschlagenen Enkodierung und Speicherung der Laute zurückzuführen; welcher

Teilprozeß der Synthese für einen solchen Fehler verantwortlich sein könnte, ist dem Modell aber nicht zu entnehmen.

Die von Perfetti et al (1987) durchgeführte Fehleranalyse zeigt, daß offensichtlich ein großer Teil der Fehler darin besteht, daß ein Wort genannt wird, welches nur einige Laute der vorgegebenen Lautfolge enthält. Um diese Fehler erklären zu können, führen die Autoren zusätzlich einen lautassoziativen Erklärungsansatz ein. Lautassoziative Zuordnungsprozesse werden dann angenommen, wenn der Syntheseprozeß gescheitert und ein unvollständiges Syntheseergebnis mit im Lexikon vorhandenen Wörten oder Wortteilen in Verbindung gebracht wird.

Ein solcher Erklärungsansatz wird von Marx (1990b) für Vorschulkinder präferiert.
Die Wahrscheinlichkeit für eine korrekte Lösung ist hier abhängig

1. von der Beherrschung lautassoziativer Fertigkeiten, da einzelne Laute lexikalischen Eintragungen zugeordnet werden müssen, und
2. von der Größe des aktivierten Suchraumes, d.h. je mehr Alternativen den Lauten zugeordnet werden können, um so schwieriger wird es, das korrekte Wort zu finden.

Überträgt man diese Modellvorstellungen auf den schulischen Bereich, so ist auch denkbar, daß nicht nur ein Element einer Lautfolge, sondern alle Laute mit Lexikoneintragungen assoziiert werden.
Würde die lexikalische Suche direkt nach Verarbeitung des 1. Elementes gestartet, könnte dieses Element Wörter oder Wortfragmente aktivieren, die mit dem gleichen Laut beginnen. Nach Enkodierung des 2. Elementes erfolgt eine spezifischere Suche innerhalb der aktivierten Liste usw., bis alle Elemente abgearbeitet sind. Zumindest bei zwei– und dreigliedrigen Lautfolgen ist denkbar, daß diese Silben aktivieren, ohne daß eine Synthese lautlicher Einheiten notwendig ist.

Ein solcher lautassoziativer Erklärungsansatz impliziert eine frühzeitige Interaktion der Lautvorgabe mit lexikalischen Eintragungen. Das Schwa–Laut–Problem tritt hier nicht auf, wenn vorausgesetzt wird, daß Kinder phonematische Repräsentationen demonstrieren können, d.h. das /d/ sicher einem /d/ in einem Wort oder Wortfragment zuordnen können, d.h. die Schulkinder sollten in der Lage sein, lautliche Minimalereignisse zu demonstrieren, bzw. über analytische oder lautassoziative Fertigkeiten verfügen.

Empirische Evidenz für einen engen Zusammenhang zwischen Lautanalyse und –synthese zeigen korrelative Befunde. Synthese– und Segmentierungsleistungen korrelieren zu Beginn des Schriftspracherwerbs, wenn Lautassoziationsfertigkeiten angeeignet und geübt werden, besonders hoch miteinander (Jansen 1985, Lundberg et al. 1980, Torneus 1984, Williams 1980). Korrelationen lassen jedoch keine Rückschlüsse auf die Gerichtetheit der Beziehung zu, d.h. sie sagen nichts darüber aus, ob Lautsyntheseleistungen erst dann beherrscht werden, wenn die Lautanalyse ausgebildet ist.
Dies könnte aber dann angenommen werden, wenn die Lautanalyse besser beherrscht wird als die Lautsynthese. Eine Abschätzung des Schwierigkeitsniveaus beider Aufgabentypen ist aufgrund vorliegender empirischer Befunde nicht sicher möglich. Es wurde sowohl ein höherer Schwierigkeitsgrad von Segmentierungsaufgaben (Goldstein 1976, Helfgott 1976, Leroy–Boussion 1975 (zitiert n. Valtin 1984b), Roberts 1975, Yopp 1988) wie auch von Lautsyntheseaufgaben nachgewiesen (Backman 1983, Bus 1986, Olofsson & Lundberg 1985, Torneus 1984, Williams 1980).
Ursache dieser widersprüchlichen Ergebnisse ist die unterschiedliche operationale Ausgestaltung der Lautsynthese– und Lautanalyseaufgaben. Besonders nachteilig wirkt sich aus, daß sich die KV–Struktur der verwendeten Wörter und die Art der verwendeten Laute in beiden Aufgabenformen zum Teil erheblich unterscheiden.

Wird der schulische Lautsyntheseprozeß durch Lautassoziationen erklärt, so ensteht hier die Frage, wie Pseudowörter verarbeitet werden können, da hierfür keine lexikalische Eintragung gegeben ist.
Das Pseudowörterproblem ist im Rahmen der Alternativerklärung nur lösbar, wenn auf Wortfragmente, wie Silben oder silbenähnliche Einheiten zurückgegriffen werden kann. Diese natürlichen Sprecheinheiten (Lenneberg 1986) werden dann zusammengefügt und ausgesprochen.
Das Grundproblem der Lautsythese wird hiermit nicht auf eine nächst höhere Ebene verlagert, da den silbischen Einheiten in der Sprechplanung und –produktion eine zentrale Rolle zukommt (Neumann 1980, Tillmann & Mansell 1980) und sie innerhalb einer Sprechsequenz relativ eigenständige, abgeschlossene Einheiten bilden, was sich daran zeigt, daß Silben auch für Vorschulkinder leicht zugänglich sind (Hardy et al. 1973, Olofsson & Lundberg 1985, Walter 1988).

Obwohl die Sprachproduktionsmechanismen auf silbischen Einheiten beruhen, ist damit nicht gleichzeitig eine separate Verfügbarkeit und ein flexibler Umgang mit Silben gegeben (s. Scheerer–Neumann 1979), die für die Konstruktion eines unbekannten oder Pseudowortes angenommen werden müssen.
Diese Fähigkeiten müssen gelernt werden (Andresen 1985) und erfordern einen reflexiven und bewußten Umgang mit Silben (Lundberg & Høien 1990).
Unter der zusätzlichen Voraussetzung der flexiblen Verfügbarkeit von lautlichen Einheiten höherer Ordnung, kann mit einem lautassoziativen Erklärungsansatz auch die Bildung von Pseudowörtern erklärt werden.

4.2.4 Zusammenfassung und einleitende Überlegungen zu den eigenen empirischen Untersuchungen

Es wurde herausgearbeitet, daß Lautverbindungen auf der Grundlage artikulationsformender oder lautassoziativer Prozesse gebildet werden

können. Für einen lautassoziativen Erklärungsansatz sprechen die Ergebnisse zum Lauteverbinden im Vorschulalter. Das Lauteverbinden während der Schulzeit kann aufgrund bisher vorliegender Befunde nicht eindeutig durch eines der beiden Modelle erklärt werden. Auch ist denkbar, daß lautassoziative und artikulationsformende Prozesse interagieren.
Bei deutschen Schulkindern sind Dehnlesungen zu beobachten, (Scheerer-Neumann 1989b), die auf ein synthetisierendes Vorgehen beim Lesen schließen lassen. Inwieweit ein solches Verhalten allerdings durch spezifische didaktische Unterrichtskonzeptionen bedingt ist (vgl. Günther 1987b, Stott 1973), muß an dieser Stelle offen bleiben. Zumindest die für deutsche Schulkinder konzipierten Fibellehrgänge und neuere didaktische Ansätze (z.B. Brügelmann 1989b) verzichten in der Regel nicht auf Syntheseübungen, so daß artikulationsformende Lösungsstrategien in Rechnung gestellt werden müssen.

Die eigenen empirischen Untersuchungen verfolgen unter anderem das Ziel, die beim Lauteverbinden möglichen lautassoziativen und artikulationsformenden Lösungsprozesse im Vorschul- und frühen Grundschulalter zu untersuchen.

Die bisherigen Erörterungen zielten darauf ab, Vorstellungen darüber zu entwickeln, wie der Prozeß des Lauteverbindens erklärt werden kann. Es wurde aber noch nicht diskutiert, inwieweit es berechtigt ist anzunehmen, daß eine Lauteverbindenaufgabe, bei der den Kindern Lautfolgen akustisch präsentiert werden, geeignet ist, Syntheseschwierigkeiten beim Lesen anzuzeigen, und wann es sinnvoll ist, eine solche Aufgabe einzusetzen.
In der Aufgabenform Lauteverbinden sind auch immer aufgabenspezifische Anforderungen zu bewältigen, die durch die konkrete Operationalisierung enstehen. So wird z.B. angenommen, daß die sukzessiv akustische Vorgabe beim Lauteverbinden zu einer erhöhten Gedächtnisbelastung gegenüber dem Lesen führt (Venezky 1972). Weiterhin ist

unklar, ob Lautverbindungen eher gebildet werden können, wenn Laute rein akustisch oder, wie beim Lesen, durch Buchstaben vermittelt sind. Diese aufgabenspezifischen Unterschiede werden eingehend in den nachfolgenden empirischen Studien diskutiert und empirisch geprüft.

Die Leistungen in beiden Aufgaben werden aber nicht nur durch aufgabenspezifische Faktoren beeinflußt, sondern auch vom Untersuchungszeitpunkt, da die Lautsynthese im Leseprozeß erst dann wichtig wird, wenn Wörter dekodiert werden, d.h. wenn das Lesen auf der Verarbeitung von Untereinheiten des Wortes beruht. Wann dies bei deutschen Schulkindern möglich ist, wird im Rahmen der empirischen Studien erörtert. Der folgende Überblick gibt zunächst stichwortartig die Zielsetzungen und die Untersuchungszeitpunkte wieder.

5 Überblick und Kurzbeschreibungen der empirischen Untersuchungen

Die eigenen empirischen Untersuchungen fokussieren die Entwicklung lautsynthetischer Prozesse im Vorschul- und frühen Grundschulalter. Diese Prozesse verlaufen im Vorschulalter anders als bei Schulkindern, die schriftsprachliche Kenntnisse erwerben. Um die Unterschiede zwischen der Vor- und Grundschulzeit zu erfassen, sind die Untersuchungen vor der Einschulung (Meßzeitpunkt T1, s. Abb. 1) und kurz nach der Einschulung (Meßzeitpunkte T2 und T3, nach 10 und 19 Wochen Schulunterricht) an einer Gruppe von Kindern in einem längsschnittlich angelegten Design durchgeführt worden.
Den Kindern wurden zu diesen Meßzeitpunkten unterschiedliche Aufgaben zur Lautsynthese vorgegeben. In den einzelnen Studien werden diese Aufgaben unter verschiedenen theoretischen Gesichtspunkten betrachtet. Da der schulische Lautsyntheseprozeß nicht unabhängig vom Schriftspracherwerb gesehen werden kann, werden die zu den schulischen Meßzeitpunkten erhobenen Daten zu den relevanten schriftsprachlichen und lautanalytischen Leistungen in Beziehung gesetzt.

Studie 1. Die Leistungen im Lauteverbinden sind im Vorschulalter sehr niedrig. Dennoch deuten spezifische Itemeffekte darauf hin, daß bestimmte Items besser gelöst werden können als andere. In Studie 1 sollen diese vorwiegend im englischsprachigen Raum gefundenen Effekte repliziert werden. Dabei wird gefragt, ob die Itemeffekte Ausdruck lautassoziativer oder artikulationsformender Lösungsprozesse sind.
Erste Hinweise für die Art der zugrundliegenden Lösungsstrategie werden mit einer Fehleranalyse gewonnen. Es wird davon ausgegangen, daß primär lautassoziative Lösungsprozesse nachzuweisen sind.
Studie 2. In Studie 2 wird der Frage nachgegangen, ob die Erklärung der Itemeffekte über eine lautassoziative Lösungsstrategie stimmig ist.

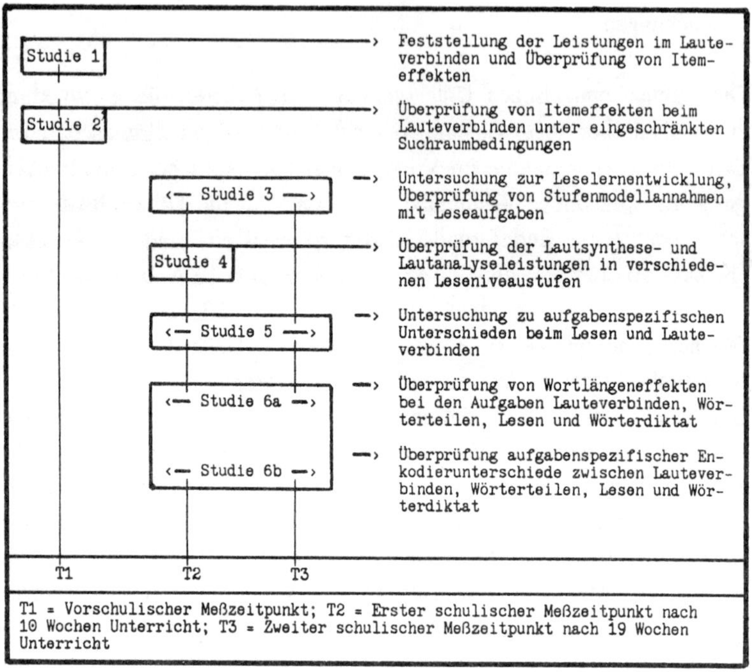

Abb. 1: Schema der durchgeführten Untersuchungen und Themenschwerpunkte

Hierbei spielen lexikalische Zugriffswahrscheinlichkeiten für einzelne Wörter eine große Rolle. Mit einer Lauteverbindenaufgabe, bei der speziell entwickeltes Bildmaterial eingesetzt wird, soll der Suchraum gesteuert und Aufschluß darüber gewonnen werden, wie sich die Itemeffekte unter diesen Bedingungen verändern. Aus den Ergebnissen ist dann ablesbar, ob der vorschulische Lautsyntheseprozeß tatsächlich nur lautassoziativ bestimmt ist.

Studie 3. Mit Studie 3 beginnen die Untersuchungen, die während der Schulzeit durchgeführt worden sind. Da die Lautsynthese als abhängig von der Leselernentwicklung verstanden wird, soll diese hier zunächst beschrieben werden. Da keineswegs Einigkeit darüber besteht, wie die

Leselernentwicklung verläuft, soll die sehr bekannte und einflußreiche Stufenmodellvorstellung von Frith (1985) anhand von Leseaufgaben zu beiden schulischen Meßzeitpunkten überprüft werden.

Studie 4. Diese Studie knüpft unmittelbar an die in Studie 3 gewonnenen Ergebnisse an und setzt lautanalytische und –synthetischen Leistungen mit verschiedenen Leseniveaustufen in Beziehung.

Studie 5. Es wird thematisiert, welche aufgabenspezifischen Unterschiede zwischen einer Lauteverbindenaufgabe und einer Leseaufgabe bestehen. Es wird geprüft, ob die theoretisch angenommenen Unterschiede auch zu unterschiedlichen Leistungen in beiden Aufgaben führen und welche Beziehung zwischen ihnen besteht.

Studie 6. Vermutlich ist die Beanspruchung des Arbeitsgedächtnisses beim Lauteverbinden höher als beim Lesen (vgl. Venezky 1972), Analysieren oder Schreiben von Wörtern. Es werden deshalb die Lösungshäufigkeiten von zwei– bis fünfgliedrigen Lautfolgen beim Lauteverbinden mit denen bei den anderen drei Aufgaben verglichen. Weiterhin wird geprüft, ob spezifische Unterschiede in der Enkodierung der zu verarbeitenden Einheiten zwischen den vier Aufgabenformen nachgewiesen werden können. Der Übersichtlichkeit halber werden beide Einflußgrößen (Arbeitsgedächtnisbelastung und Enkodierprobleme) getrennt erörtert und geprüft. Die Studie ist deshalb in 6a und 6b untergliedert.

6 Stichprobenbeschreibung und Untersuchungsanlage

Die Untersuchung wurde in einer durch landwirtschaftliche, klein- und mittelständische Betriebe geprägten Kleinstadt Ostwestfalens (ca. 9000 Einwohner) durchgeführt. Zum Einzugsbereich der beiden Grundschulen des Ortes gehören 3 Kindergärten.

Im Frühjahr 1987 wurden die Eltern der im Herbst des Jahres einzuschulenden Kindergartenkinder um das Einverständnis zur Teilnahme an der Untersuchung gebeten. 68 Eltern erklärten sich bereit, ihre Kinder an der Untersuchung teilzunehmen zu lassen. Gemessen an der Anzahl der neu einzuschulenden Kinder (n = 93) entspricht dies einer Teilnahmequote von 73 %.

Kindergarten	1	2	3
Anzahl	17	26	24
Mädchen/Jungen	9/8	14/12	10/14
Alter M	76.71	78.27	79.00
(s)	(3.77)	(3.75)	(3.96)

Klasse	1	2	3	4	5
jeweils aus den Kindergärten 1	3	1	8	-	5
2	5	9	2	-	10
3	-	1	-	21	1
Anzahl gesamt	8	11	10	21 +1	16
Mädchen/Jungen	6/2	6/5	3/7	9/13	9/7
Alter M	77.63	77.73	70.40	79.43	78.71
(s)	(1.69)	(5.04)	(4.38)	(3.57)	(3.60)

M = Mittelwert; (s) = Standardabweichung

Tab. 1: Stichprobenunterteilung nach Kindergärten und Klassen

Die Kindergartenkinder verteilen sich auf fünf Klassen der beiden Grundschulen (s. Tab. 1). Ein Kind besuchte keinen der drei Kindergärten und wurde in Klasse 4 eingeschult (+1 in Tab. 1). Ein anderes

Kind wurde vor Beginn des 1. Schuljahres in den Schulkindergarten überwiesen.
Fast alle Kinder des Kindergartens 3 wurden in die Klasse 4 eingeschult.
Prüfungen der Altersverteilungen zwischen den Kindergärten und den Schulklassen ergeben weder zwischen den Kindergärten ($F_{(2,64)}$ = 1.88) noch zwischen den Klassen ($F_{(4,64)}$ = 1.24) signifikante Altersunterschiede. Es zeigen sich ebenfalls keine signifikanten Unterschiede in den Anteilen von Jungen und Mädchen zwischen den Kindergärten ($F_{(2,62)}$ = 0.49) und Schulklassen ($F_{(4,62)}$ = 1.16).

Meßzeitpunkt	T1	T2	T3
Unterrichtswoche	-	10	19
Anzahl der Sitzungen	2	1	1
Dauer der Sitzungen in Minuten	15-20	45	45
Anzahl untersuchter Kinder	65	65	64
Anzahl Mädchen/Jungen	32/33	32/33	32/32
Alter in Monaten M	78.19	82.52	84.97
(s)	(3.92)	(3.66)	(3.85)
M = Mittelwert; (s) = Standardabweichung			

Tab. 2: Stichproben- und Untersuchungskenndaten

Die vorliegende Studie ist als Längsschnittuntersuchung mit einem vorschulischen und vier schulischen Meßzeitpunkten konzipiert worden. Aufgrund der inhaltlichen Ausrichtung, den zeitlichen Übergangsbereich der Vorschul– und frühen Grundschulzeit zu analysieren, beschränken sich die Ausführungen auf den vorschulischen Meßzeit-

punkt T1 und die beiden schulischen Meßzeitpunkte T2 (nach 10 Wochen Unterricht) und T3 (nach 19 Wochen Unterricht).
Aus Tab. 2 sind die wesentlichen Stichprobenkennwerte, die Untersuchungszeiten und die Anzahl und Dauer der Untersuchungssitzungen zu entnehmen.
Die Untersuchungen in den Kindergärten fanden kurz vor Beginn der Sommerferien statt. Innerhalb von drei Wochen wurden die Kinder von zwei Versuchsleitern und einer Versuchsleiterin in jeweils zwei Einzelsitzungen von ca. 15 bis 20 Minuten Dauer in ruhigen Räumen des Kindergartens untersucht.
Während der Schulzeit wurden Einzelsitzungen von 45 Minuten Dauer (eine Schulstunde) pro Meßzeitpunkt durchgeführt. Die Untersuchungen fanden während der Unterrichtszeit in ruhigen und separaten Räumen der Grundschulen statt. Pro Meßzeitpunkt führten jeweils 4 Versuchsleiter und Versuchsleiterinnen die Untersuchungen innerhalb einer Woche durch.

7 Studie 1. Lautsynthese im Vorschulalter: Replikation itemspezifischer Befunde und Fehleranalyse

7.1 Fragestellung

Werden Vorschulkindern einzelne Laute zum Verbinden angeboten, so verläuft der Lösungsprozeß nach Marx (1990b, S. 38–39) wie folgt:

"Bei rein akustischer Präsentation sind folgende Verarbeitungsprozesse zu unterscheiden:

1. Selektionsprozeß. Bei Konfrontation mit den Lautfolgen wird eine Lauteinheit oder ein Element der Lautfolge ausgewählt.
2. Klangassoziationsprozeß. Es wird eine Abfrage an das Langzeitgedächtnis nach Wörtern gestartet, die in einer klangassoziativen Beziehung zu der ausgewählten Lauteinheit stehen.

Die Richtigkeit der Antwort hängt im wesentlichen von zwei Einflußgrößen ab:

(a) von der Prominenz der Lauteinheit. Je größer die Lauteinheit ist, desto eingeschränkter ist die Anzahl der möglichen Klangassoziationen und desto höher ist die Wahrscheinlichkeit, aus dem Gedächtnis das richtige Wort abzurufen.

(b) von der Anzahl der Assoziationsmöglichkeiten. Je mehr Klangassoziationen zu einem ausgewählten Lautelement möglich sind, desto offener ist der Suchraum im Gedächtnis und desto geringer ist die Wahrscheinlichkeit für eine richtige Lösung".

Daß der Lösungsprozeß beim Lauteverbinden durch ein "prominentes" Element bestimmt ist, kann dadurch erklärt werden, daß die Lautassoziationsfertigkeiten von Vorschulkindern vorwiegend auf Vokale beschränkt sind (Mannhaupt & Jansen 1989). Werden Vorschulkindern Antwortalternativen angeboten, die den Vokal oder einen Konsonanten der Lautvorgabe enthalten, so wird immer die vokalische Alternative bevorzugt gewählt (Marx & Jansen 1991).

Nach Marx (1990b) ist die Wahrscheinlichkeit für eine korrekte Lösung durch die Größe des Vorgabeelementes und des aktivierten Suchraumes bestimmt.
Werden mehr als zwei lautliche Einheiten präsentiert, so ist eine richtige Lösung wenig wahrscheinlich. Im Gegensatz zu zweigliedrigen Lautfolgen können Vorschulkinder dreigliedrige Lautfolgen nicht verbinden (Lundberg et al. 1988, Marx 1990a), soweit sie nicht bereits über schriftsprachliche Kenntnisse verfügen und damit in der Lage sind, mehrere lautliche Elemente zu verarbeiten.
Korrekte Lösungsergebnisse sind bei zweigliedrigen Lautfolgen dann zu beobachten, wenn die Vorgabesequenz ein größeres lautliches Element enthält, wie z.B. bei KV–K– oder K–VK–Lautfolgen (Bus 1986, Helfgott 1976, Williams 1980), da für diese die Anzahl möglicher Klangassoziationen mit Wörtern des Lexikons eingeschränkter ist. Gleichzeitig sind bei KV–K–Lautfolgen häufiger richtige Lösungen zu beobachten als bei K–VK–Lautfolgen. Dieser Effekt ist dadurch erklärbar, daß für die KV– und VK–Elemente eine unterschiedliche Anzahl an Assoziationsmöglichkeiten zur Verfügung steht. Durch das initiale KV–Element ist der Zugang zum richtigen Wort im Lexikon weitgehend vorbestimmt und läßt nur wenige Wahlmöglichkeiten zwischen lexikalischen Eintragungen zu. Bei einem VK–Element, das als Reimendung eine größere Anzahl von Alternativen aufweist, liegt die Wahrscheinlichkeit einer korrekten Lösung niedriger. Die im Vorschulalter zu findenden Unterschiede in den Lösungshäufigkeiten zwischen strukturell verschiedenen Lautfolgen lassen sich damit als Konsequenz eines lautassoziativen Lösungsprozesses auffassen.

Diese Unterschiede sind aber auch im Rahmen eines artikulationsformenden Ansatzes erklärbar. Hierbei wird angenommen, daß die einzelnen Elemente einer Lautfolge artikulatorisch soweit verändert werden, daß ein gesprochener, artikulatorischer Übergang zum nächsten Element gebildet werden kann. Die Stellung einzelner Laute in einer Lautfolge bestimmt wesentlich den Schwierigkeitsgrad einer artikula-

tionsformenden Synthese. Aufgrund der unterschiedlichen Funktion der Anfangs– und Endkonsonsanten innerhalb einer Silbe ist zu erwarten, daß der Endkonsonant mit einem vorauslaufenden Vokal leichter synthetisiert werden kann. Nach Menzerath & Lacerda (1933) beendet der Endkonsonant die Aussprache des Vokals (der Vokal wird vom Endkonsonanten gesteuert). Bei einer Steuerung unterliegen die Vokal– und Konsonantenaussprache zwar auch Veränderungen, doch sind diese weniger ausgeprägt als bei einer Koartikulation (die Verbindung eines Anfangskonsonanten mit einem nachfolgendem Vokal).
Eine Koartikulation ist deshalb besonders schwierig zu bilden, weil im Lösungsergebnis die Parameter der Artikualtionsvektoren des Konsonanten und des Vokals nicht nacheinander, sondern innerhalb der initialen Sequenz gemeinsam realisiert werden müssen.

Werden die bei Vorschulkindern zu beobachtenden itemspezifischen Unterschiede auf dem Hintergrund eines artikulationsformenden Lösungsprozesses betrachtet, so zeigt sich, daß richtige Lösungen im Lautverbinden nicht (z.B. bei dreigliedrigen K–V–K–Lautfolgen) oder nur in geringem Ausmaß (bei K–VK–Lautfolgen) beobachtet werden können, weil eine Koartikulation verlangt wird. Ohne Übung und Demonstration eines solchen Lösungsweges, wie dies in der Schulzeit der Fall ist, kann eine Koartikulation offensichtlich nicht ausgeführt werden. KV–K–Lautfolgen werden hingegen häufiger richtig gelöst. Dies deutet darauf hin, daß artikulatorische Steuerungen auch im Vorschulalter möglich und leichter auszuführen sind.

Sowohl der lautassoziative wie auch der artikulationsformende Ansatz können die bei Vorschulkindern auftretenden Itemeffekte erklären. Inwieweit der ersten oder der zweiten Erklärungsalternative zuzustimmen ist, ist Thema dieser und der nachfolgenden Studie 2.
In Studie 1 wird zunächst versucht, die in der Literatur zu findenden Itemeffekte zu replizieren. Im weiteren werden die von den Kindern produzierten Falschlösungen bei K–V–K–, K–VK– und KV–K–Lautfolgen analysiert.

Wenn die Lösungsstrategien der Vorschulkinder auf vokalischen Lautassoziationen beruhen, so sollten bei K–V–K–Items die produzierten Falschlösungen den Vokal der Vorgabesequenz enthalten. Konsonanten sollten nicht in gleicher Weise systematisch berücksichtigt werden können. Da aber jedes Wort aus einer Abfolge von Konsonanten und Vokalen besteht, sind zufällige konsonantische Übereinstimmungen mit der Lautvorgabe zu erwarten.
Bei K–VK– und KV–K–Items ist anzunehmen, daß die Falschlösungen das VK– oder KV–Element enthalten. Da das initiale KV–Element bei KV–K–Items eine sicherere Zuordung zum korrekten Wort ermöglicht, führt dies zu einem erhöhten Anteil an richtigen Lösungen und einer deutlich niedrigeren Anzahl an Falschlösungen. Da Vorschulkinder in der Regel über eine gut entwickelte Reimassoziationsfähigkeit verfügen (Bradley & Bryant 1985, Lenel & Cantor 1981, Skowronek & Marx 1989a), sind hingegen bei K–VK–Items Reimantworten als Falschlösungen in erhöhtem Ausmaß zu erwarten.

Wird ein artikulationsformender Lösungsprozeß angenommen, so ist es zwar unwahrscheinlich, daß Koartikulationen im Vorschulalter beobachtet werden können, es sollte sich aber zeigen, daß Steuerungen möglich sind. Falls zu diesem Zeitpunkt Ansätze für eine artikulationsformende Strategie vorhanden sind, so sollten bei dreigliedrigen K–V–K–Vorgaben VK–Verbindungen als Teillösung nachzuweisen sein. Ist auch die Fertigkeit zur Steuerung nicht ausgebildet, sollten Vorschulkinder entweder keine Antwort geben oder sich auf andere Weise der Aufgabe entledigen, indem sie z.B. die Lautsequenz nur nachsprechen. Ein Überwiegen dieses Antwortverhaltens ist bei K–VK–Items zu erwarten, da hier die Bildung von Koartikulationen verlangt wird. Es ist nicht zu erwarten, daß die Falschlösungen aus Reimantworten bestehen. Weiterhin sollten auch die bei KV–K–Items zu beobachtenden Falschlösungen nicht das KV–Element enthalten. Es ist vielmehr anzunehmen, daß entweder eine artikulatorische Steuerung gelingt und damit ein richtiges Lösungsergebnis produziert oder kein Lösungsergebnis ausgesprochen wird.

7.2 Hypothesen

Replikation itemspezifischer Befunde:

1. Vorschulkinder sind nicht in der Lage, eine dreigliedrige K–V–K–Vorgabe zu synthetisieren.

2. Zweigliedrige KV–K– oder K–VK–Lautfolgen werden häufiger richtig verbunden als K–V–K–Lautfolgen.

3. KV–K–Lautfolgen werden in höherem Ausmaß richtig gelöst als K–VK–Lautfolgen.

Analyse des Antwortverhaltens:

4. Ist im Vorschulalter nur eine vokalische Assoziationsfähigkeit zu unterstellen, weisen die Falschantworten ausnahmslos Übereinstimmungen mit dem Vokal oder den KV– und VK–Elementen der Vorgabesequenz auf. Die einzelnen Konsonanten der Vorgabesequenzen werden nicht berücksichtigt.

5. Beruhen die Falschlösungen hingegen auf einem artikulationsformenden Lösungsprozeß, treten keine vokalischen Übereinstimungen zwischen Lautfolge und Falschlösung auf. Es wird lediglich erwartet, daß bei K–V–K–Lautfolgen synthetisierte (gesteuerte) VK–Elemente zu beobachten sind. Da K–V–Lautfolgen im Vorschulalter nicht koartikuliert werden können, ist bei K–V–K– und K–VK–Items ein hoher Anteil an Nichtantworten registrierbar.

7.3 Aufgabenbeschreibung

Lauteverbinden. Den Kindern wurden 4 Beispiel–, 8 Übungs– und 8

Testitems ein– oder zweimalig unterteilt vom Kassettenrecorder vorgegeben. Um das Aufgabenverständnis zu erhöhen (s. Hoogeveen & Smeets 1988), wurden zunächst 4 silbisch gegliederte Beispielitems (Bau–stein, Po–li–zei, Schu–le, Bahn–hof) und 8 Übungsitems vorgegeben (Mal–stift, Fuß–ball–tor, Sep–tem–ber, Schnee–mann, Faust–hand–schuh, Lei–ter, Na–se, Ok–to–ber).
Danach folgte die Vorgabe der 8 kritischen Testitems. Hierbei handelte es sich um einsilbige, KVK strukturierte Wörter, die zweimalig (K–V–K, 4 Items) oder einmalig getrennt (K–VK und KV–K, je 2 Items) vorgegeben wurden. Die Items lauteten (Vorgabeposition in Klammern): Bei–l (9), Boo–t (12), L–aus (14), M–ann (15), Sch–au–m (10), W–ei–n (13), W–a–l (11), S–oh–n (16).

Instruktion (Beispielitems): "Schau mal, dies ist ein Roboter (Vl zeigt das Bild eines Roboters). Der Roboter ist eine Maschine, die auch sprechen kann. Der Roboter spricht die Wörter aber ganz komisch. Hör dir das einmal an." (Vl spielt das erste Beispielitem vom Kassettenrecorder vor). "Hast du verstanden, was er gesagt hat?"
Eine falsche Antwort des Kindes wurde korrigiert und nochmals vorgesprochen. Dann: "Der Roboter spricht die Wörter ganz abgehackt. Er sagt Bau–stein. Wenn du ihn verstehen willst, dann mußt du Bau–stein zusammen hintereinander sprechen. Dann wird aus Bau–stein Baustein. Hören wir uns das nächste Wort einmal an."
Dann folgten die drei weiteren Beispielitems, bei denen falsche Antworten des Kindes korrigiert wurden. Die Übungs– und Testitems wurden ohne weitere Instruktion und Korrektur vorgegeben. Die Antworten des Kindes wurden auf einem zweiten Kassettenrecorder aufgezeichnet und vom Vl protokolliert.

7.4 Ergebnisse

7.4.1 Vergleich richtiger Lösungen zwischen K–V–K, K–VK und KV–K strukturierten Items

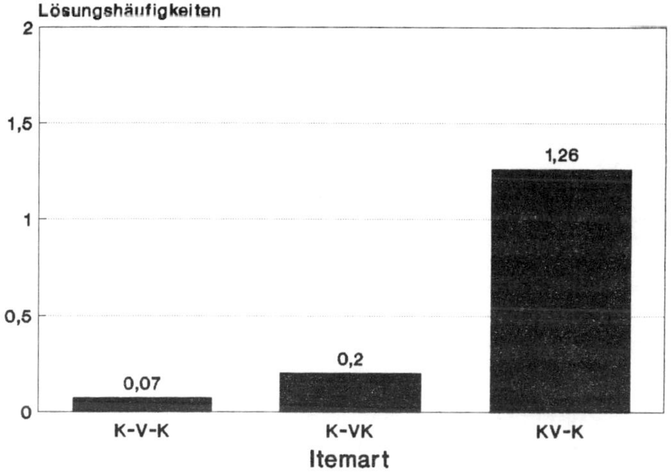

Abb.2: Mittelwerte der Aufgabe Lauteverbinden zum Meßzeitpunkt T1 getrennt nach Itemarten

Die Lösungshäufigkeiten (s. Abb. 2) der drei Itemarten unterscheiden sich hochsignifikant voneinander ($F_{(2,128)} = 132.19$, $p < .01$; K–V–K–Items mit 0.5 gewichtet). Post–hoc Scheffé–Vergleiche zeigen zudem hochsignifikante Unterschiede zwischen den einzelnen Itemtypen. Damit können Hypothese 1 und 2 bestätigt werden. K–V–K–Items sind schwieriger zu bewältigen als die nur einmalig getrennten Vorgaben und liegen mit einem Anteil von 3.5 % richtiger Lösungen nahe Null. Mit 10 % ist dieser Anteil bei den K–VK–Items signifikant erhöht, erreicht jedoch bei weitem nicht den Anteil von 63 %, wie er bei den KV–K–Items zu beobachten ist.

Es wurde weiterhin geprüft, ob der massive Unterschied zwischen den KV–K– und K–VK–Items nicht durch ein spezifisches Item bedingt ist (so bestehen für das Item "Boo–t" weniger Wortalternativen zur Verfügung als für das Item "Bei–l"). Tatsächlich zeigen die Itemmittelwerte, daß "Boo–t" mit M = 0.82 nahezu doppelt so häufig richtig gelöst wurde wie das Item "Bei–l" mit M = 0.44. Für die K–VK–Items ist bei "L–aus" ein Mittelwert von M = 0.14 und für "M–ann" von M = 0.06 zu beobachten. Der Mittelwertsunterschied zwischen "Bei–l" (das KV–K–Item mit dem geringsten Mittelwert) und "L–aus" (das K–VK–Item mit dem höchsten Mittelwert) ist hochsignifikant ($T = 4.70$, $p < .01$). Dies zeigt, daß das Ausmaß der Mittelwertsunterschiede itemspezifisch variiert, der auf der unterschiedlichen Konsonant–Vokal–Struktur beruhende Unterschied zwischen KV–K– und K–VK–Items aber hiervon unberührt bleibt.

7.4.2 Analyse des Antwortverhaltens: K–V–K–Items

Es dominieren Antworten, bei denen entweder ein oder mehrere lautliche Elemente der Vorgabe nur nachgesprochen werden (34.8 %, s. Tab. 3), oder bei denen nichts gesagt wurde (27.0 %). Dieses Antwortverhalten macht damit einen hohen Anteil von knapp Zweidrittel (61.8 %) der Antworten aus.

Wenn jedoch mit einem Wort geantwortet wird, so ist der Anteil der Wörter, die keinen lautlichen Bezug zur Vorgabe aufweisen, sehr gering (1.5 %), hingegen weisen 33.3 % aller Antworten einen lautlichen Bezug auf.

Werden nur die Antworten mit lautlichem Bezug zur Vorlage betrachtet, dann stimmen der Vokal der Lautvorgabe und der der Antwort in 54.1 % der Fälle überein. Eine ausschließlich konsonantische Übereinstimmung findet sich hingegen fast nie (2.3 %).

Wenn Konsonanten der Lautvorgabe berücksichtigt werden, so geschieht dies gemeinsam mit dem Vokal (41.4 %). Dabei sind Vokal und Konsonant in der Regel nicht nebeneinanderstehend. Dies ist nur

	M	%1	%2
Benutzte Elemente der K-V-K-Vorgabe:			
1. nur 1. Element (K)	0.00	0.0	0.0
2. nur 2. Element (V)	0.72	18.0	54.1
3. nur 3. Element (K)	0.03	0.8	2.3
4. 1. und 2. Element (K+V)	0.23	5.7	17.2
5. 1. und 3. Element (K+K)	0.00	0.0	0.0
6. 2. und 3. Element (V+K)	0.32	8.0	24.1
7. 1.,2.,3. Element und zusätzliche Elemente (K+V+K+x)	0.03	0.8	2.3
8. Keine Antwort	1.08	27.0	
9. Vorgabe nur nachgesprochen	1.39	34.8	
10. Kein lautlicher Bezug zur Vorgabe	0.06	1.5	
11. Richtiglösungen	0.14	3.5	
Summen:	4.00	100.0	100.0

Tab. 3: Gemittelte absolute (M) und prozentuale (%1) Anteile der Richtig- und Falschlösungen bei den 4 K-V-K-Items in der Aufgabe Laute Verbinden und prozentuale (%2) Anteile derjenigen Falschantworten, bei denen ein oder mehrere Elemente der lautlichen Vorgabe in der Lösung berücksichtigt wurden (bezogen auf die Gesamtanzahl der in diesen Fehlerkategorien registrierten Antworten).

bei 3 % der Falschantworten zu beobachten. Dies zeigt, daß VK- oder KV-Teilverbindungen nur in vernachlässigbar geringem Ausmaß nachgewiesen werden können.

7.4.3 Analyse des Antwortverhaltens: K-VK- und KV-K-Items

Die Kategorien "Keine Antwort" und "Vorgabe nur nachgesprochen" machen bei den KV-K-Items 12.5 % und bei den K-VK-Items

50 % der Antworten aus (s. Tab. 4). Wiederum ist der Anteil derjenigen Antworten, bei denen ein Wort gesagt, aber kein lautlicher Bezug zur Vorlage vorhanden ist, vernachlässigbar gering (1.0 % versus 6.0 %).

Wenn die Falschantworten eine lautliche Übereinstimmung zwischen Vorgabe und dem von den Kindern genannten Wort aufweisen, dann ist dies bei KV–K–Items in knapp der Hälfte (46.8 %) der Antworten eine KV–Übereinstimmung. Bei 49.0 % ist eine Veränderung der KV–Einheit beobachtbar. Diese beruht fast ausnahmslos auf der Veränderung des Diphthongs /ai/ der Vorgabe /bai–l/. Die Kinder antworteten auf dieses Item mit /ball/.

Eine lautliche Übereinstimmung nur im Enkonsonanten ist in nur 4.2 % der Antworten beobachtbar.

Ein ähnlich niedriger Prozentsatz zeigt sich auch bei den K–VK–Items (2.9 %). Hier werden kaum Veränderungen der VK–Einheit vorgenommen (5.9 %). Mit 91.2 % werden fast ausnahmslos Reimantworten gegeben, d.h. Wörter mit gleichem VK–Element, aber unterschiedlichem Anfangskonsonanten genannt.

Von den Falschantworten waren bei den KV–K–Items 88.5 % und bei den K–VK–Items 93.7 % sinnvoll.

7.5 Diskussion der Ergebnisse

Mit der vorliegenden Studie konnten die in der Literatur (Bus 1986, Helfgott 1976, Williams 1980) zu findenden Itemeffekte zwischen K–V–K–, KV–K– und K–VK–Vorgaben repliziert werden. Es ist Vorschulkindern nahezu unmöglich eine K–V–K–Sequenz zu verbinden. Auch wenn das VK–Element bereits verbunden vorgegeben wird, erhöhen sich die Leistungen zwar signifikant, doch verbleiben sie auf relativ niedrigem Niveau.

Wie schwierig es Vorschulkindern offensichtlich fällt, eine Lautsyntheseaufgabe zu bearbeiten, zeigt sich daran, daß der Anteil der Antwor-

	KV-K M	KV-K $\%_1$	KV-K $\%_2$	K-VK M	K-VK $\%_1$	K-VK $\%_2$
Benutzte Elemente der KV-K-Vorgabe:						
1. nur 1. Elem. (KV)	0.22	11.0	46.8			
2. nur 2. Elem. (K)	0.02	1.0	4.2			
3. 1. und 2. Element benutzt, aber VK-Element verändert	0.23	11.5	49.0			
Benutzte Elemente der K-VK-Vorgabe:						
4. nur 1. Elem. (K)				0.02	1.0	2.9
5. nur 2. Elem. (VK)				0.62	31.0	91.2
6. 1. und 2. Element benutzt, aber VK-Element verändert				0.04	2.0	5.9
7. Keine Antwort	0.05	2.5		0.37	18.5	
8. Vorgabe nur nachgesprochen	0.20	10.0		0.63	31.5	
9. Kein Bezug zur Vorgabe	0.02	1.0		0.12	6.0	
10. Richtiglösungen	1.26	63.0		0.20	10.0	
Summen:	2.00	100.0	100.0	2.00	100.0	100.0

Tab. 4: Gemittelte absolute (M) und prozentuale Anteile ($\%_1$) der Richtig- und Falschlösungen bei den KV-K und K-VK-Items in der Aufgabe Lauteverbinden und prozentuale ($\%_2$) Anteile derjenigen Falschantworten, bei denen ein oder mehrere Elemente der lautlichen Vorgabe in der Lösung berücksichtigt wurden (bezogen auf die Gesamtanzahl der in diesen Fehlerkategorien registrierten Antworten)

ten, bei denen nur nachgesprochen oder nichts gesagt wird, bei K-V-K- und K-VK-Items sehr hoch liegt.

Daß die KV-K-Items hier eine Ausnahme bilden, war sowohl im

Rahmen des artikulationsformenden wie auch des lautassoziativen Erklärungsansatzes zu erwarten.
Die durchgeführte Fehleranalyse fällt zugunsten des lautassoziativen Erklärungsansatzes aus.
Bei allen drei Itemarten dominiert der Vokal oder die vokalische Einheit die Falschlösung. Es läßt sich kein Hinweis dafür finden, daß Konsonanten in ähnlicher Weise berücksichtigt werden. Selbst wenn sie, wie bei den K–V–K–Items, in erhöhtem Maße gemeinsam mit dem Vokal auftreten, kann dies aufgrund der vernachlässigbar geringen Auftretenshäufigkeit von tatsächlich verbundenen KV– und VK–Elementen nicht als Hinweis für einen artikulationsformenden Vorgang gewertet werden. Es ist plausibler anzunehmen, daß durch die vokalische Assoziation hervorgerufene Wortnennungen auch Konsonanten beinhalten, die zufällig mit den Konsonanten der Vorgabe übereinstimmen.
Itemspezifische Fehler (bei /bai/, /l/ wird mit /ball/ geantwortet) zeigen, daß Vorgabeinformationen verändert werden, wenn sie nicht mit der lexikalischen Eintragung in Übereinstimmung zu bringen sind. Der Abruf des Wortes /ball/ wirft jedoch Fragen nach der Gültigkeit des eingangs postulierten, rein auf vokalischen Lautassoziationsfähigkeiten beruhenden Lösungsprozesses auf. Wurde hier der Konsonant /l/ in gleicher Weise berücksichtigt oder hat das KV–Element allein die Aktivierung bewirkt?
Wenn letzteres gilt und das /i/ von /bai/ nicht beachtet werden konnte, der Suchprozeß also mit /ba/ durchgeführt wurde, so ist zu fragen, warum dann nicht auch andere Wörter (z.B. Bach, Bank) aktiviert worden sind. Es ist aber auch denkbar, daß in einem sehr eingeschränkten Suchraum, der durch das vokalische Element aktiviert worden ist, auch Konsonanten einem Wort zugeordnet werden können. Weiterhin besteht die Möglichkeit, daß unter diesen Bedingungen artikulationsformende vokalische Steuerungen durch den Endkonsonanten ausgeführt werden können, d.h. die lautlichen Elemente tatsächlich synthetisiert worden sind und das Syntheseprodukt in Interaktion mit den Wörtern des Lexikons verändert worden ist.

Der Aussagebereich einer Fehleranalyse beschränkt sich naturgemäß auf die von den Kindern gemachten Fehler. Wie die richtigen Lösungen zustande gekommen sind, dafür liefert die Fehleranalyse zwar Hinweise, doch eindeutig erklärt werden können diese Lösungen dadurch nicht. Es ist davon auszugehen, daß vokalische Lautassoziationen wesentlich am Zustandekommen richtiger Lösungen beteiligt sind und daß lexikalische Zugriffswahrscheinlichkeiten eine dominante Rolle spielen.

Ob aber der massive Itemeffekt zwischen K–VK– und KV–K–Items allein auf diesen beiden Einflußgrößen beruht, ist nicht eindeutig zu entscheiden. Dieser Frage wird in Studie 2 nachgegangen.

8 Studie 2. Lautsynthese im Vorschulalter bei eingeschränktem lexikalischen Suchraum

8.1 Fragestellung

Die Ergebnisse in Studie 1 zeigen, daß Vorschulkinder nicht in der Lage sind eine Lautfolge zu verbinden, wenn ein Anfangskonsonant mit einer nachfolgenden vokalischen Einheit koartikuliert werden muß. Die Anzahl richtiger Lösungen liegt bei K–V–K–Items nahe Null. K–VK–Items werden zwar signifikant häufiger richtig gelöst, doch im Vergleich zu KV–K–Items ist dieser Anteil immer noch sehr gering. Der zwischen KV–K– und K–VK–Items zu beobachtende Effekt ist aufgrund der in Studie 1 durchgeführten Analyse nicht eindeutig einem lautassoziativen oder einem artikulationsformenden Prozeß zuzuordnen. Der Effekt könnte einerseits darauf hindeuten, daß Vorschulkinder in der Lage sind, einen Vokal mit einem nachfolgenden Konsonanten zu verbinden (vokalische Steuerung). Andererseits besteht die Möglichkeit, daß der durch das initiale KV–Element aktivierte lexikalische Suchraum sehr klein ist, so daß nur ein oder wenige Wörter als Antwort in Frage kommen und hierdurch die erhöhte Anzahl richtiger Lösungen bedingt ist.

In Studie 2 wird deshalb in dieser Frage eine Entscheidung zu treffen versucht. Wenn der Itemeffekt auf ungleich großen lexikalischen Suchräumen beruht, so sollte dieser Effekt nicht zu beobachten sein, wenn für beide Itemarten der Suchraum klein und gleich groß gehalten wird, d.h. für die vokalische Einheit die gleiche Zuordnungswahrscheinlichkeit besteht. Selbst wenn angenommen wird, daß unter eingeschränkten Suchbedingungen die Berücksichtigung des Konsonanten möglich ist, so sollte dies nur zu einer Erhöhung richtiger Lösungen bei beiden Itemarten führen, nicht jedoch zu Unterschieden zwischen den Itemarten.

Bliebe allerdings der Unterschied zwischen den Itemarten erhalten,

d.h. KV–K–Items werden häufiger richtig gelöst als K–VK–Items, so spräche dies für die Fähigkeit zur Artikulationsformung im Vorschulalter.
Bildalternativen dienen in Studie 2 dazu, den Suchraum einzuschränken.

8.2 Die Steuerung des Suchraumes durch Bildalternativen

Der Einsatz von Bildmaterial in Lautsyntheseaufgaben oder in Trainingsstudien, in denen die Lautsynthese eingeübt wird, ist weit verbreitet (Angermaier 1974a, Goldstein 1976, Helfgott 1976, Hoogeveen & Smeets 1988, Lundberg et al. 1980, Kirk, McCarthy & Kirk 1968). Allgemein wird angenommen, daß Bilder die Aufgabenstellung erleichtern, nicht aber den Lösungsprozeß qualitativ verändern. Eine Prüfung des Einflusses von Bildern ist in diesen Studien nicht vorgenommen worden. Es erscheint in der Tat plausibel anzunehmen, daß die Lautsynthese nicht durch Bilder beeinflußt wird, wenn sie erst gezeigt werden, nachdem das Lösungsergebnis vom Kind genannt wurde und sie lediglich als Rückmeldung über die Richtigkeit des Ergebnisses eingesetzt werden (z.B. Lundberg et al. 1980).
Werden jedoch gleichzeitig mit der lautlichen Vorgabe mehrere Bildalternativen vorgegeben (Lundberg et al. 1988, McNinch & Richmond 1972, Mulder & Curtin 1955), bei denen zu entscheiden ist, welches Bild die richtige Lösung repräsentiert, dann ist das Lösungsergebnis in hohem Maße durch Bilder beeinflußt (Marx 1990a,b, 1991a,b, Marx & Jansen 1991). Die Eindeutigkeit der angebotenen Bilder, die Art der lautlichen Übereinstimmung des Bildwortes mit der lautlichen Vorgabe und die Anzahl der Bildalternativen bestimmen das Lösungsergebnis. Die Anzahl der Antworten, die außerhalb des durch Bildalternativen definierten Suchraumes liegen, ist gering.
Durch die Vorgabe von Bildalternativen ist der Suchraum, der für eine Lautassoziation zur Verfügung steht, bestimmbar. Es ergibt sich damit die Möglichkeit, den zwischen KV–K– und K–VK–Items festgestellten Itemeffekt unter definierten Suchraumbedingungen zu prüfen.

8.3 Konstruktionsprinzipien der Lautsyntheseaufgabe mit Bildalternativen und Bildeindeutigkeitsbestimmung

Um eine sichere Bestimmung des Suchraumes durch Bilder im vorhinein vornehmen zu können, ist es unerläßlich, daß dies mit eindeutigen Bildern geschieht, die keinen weiteren Interpretationsspielraum für das Kind zulassen. Es wird deshalb auf die Lauteverbindenaufgabe des Bielefelder Screeningverfahrens (Skowronek & Marx 1989a) zurückgegriffen, für die die Eindeutigkeit der Bildinformation geprüft worden ist (Marx & Jansen 1991). Es wird auf diejenigen Items Bezug genommen, für die eine hohe Bildeindeutigkeit nachgewiesen ist.

In der Lauteverbindenaufgabe des Bielefelder Screeningverfahrens werden zu jeder Lautvorgabe (KV–K–, K–VK– und K–V–Vorgaben) 4 Bilder angeboten. Eine Bildalternative repräsentiert das richtige Lösungswort (vollständige lautliche Übereinstimmung mit der Lautvorgabe), eine weist Übereinstimmung im vokalischen Kern (V–, KV– und VK–Übereinstimmungen), eine im Konsonanten und die vierte Alternative keine lautliche Übereinstimmung mit der Lautvorgabe auf.

Marx & Jansen (1991) prüften an 48 deutschen Kindergartenkindern das Ausmaß korrekter Bildbenennungen (= Übereinstimmung mit der bei der Konstruktion intendierten Wortbedeutung) für die Bilder der Lauteverbindenaufgabe des Bielefelder Screeningverfahrens (Items s. Tab. 6 in der Aufgabenbeschreibung). Bei drei Items (See, Wurm und Kahn; Item–Nr. 3, 8, 10) befanden sich unter den vier Bildalternativen extrem uneindeutige Bilder. Zur Prüfung des Itemeffektes zwischen KV–K– und K–VK–Items verbleiben daher pro Itemtyp jeweils 3 Items, die eine hohe Bildeindeutigkeit in allen vier Alternativen aufweisen. Tabelle 5 gibt die mittleren prozentualen Benennhäufigkeiten wieder.
Die Aufgabe erfüllt damit für die hier interessierende Fragestellung, inwieweit der Unterschied zwischen KV–K– und K–VK–Items

	Art der lautlichen Übereinstimmung der Bildalternativen mit der Lautfolge			
Item-art	völlig	Vokal oder Vokal + Konsonant	Konsonant	keine
KV-K	94.7	94.7	87.0	93.3
K-VK	95.3	99.3	94.0	100.0

Tab. 5: Mittlere prozentuale Benennhäufigkeiten für die KV-K-(Item-Nr. 1, 4 und 5) und K-VK-Bildalternativen (Item-Nr. 2, 6, 7; berechnet aus Tab. 2: Marx & Jansen 1991)

durch unterschiedliche lexikalische Zugriffswahrscheinlichkeiten bedingt ist, drei wesentliche Bedingungen:

1. Die Eindeutigkeit der Bilder ist sichergestellt.
2. Der Suchraum wird für jeden Itemtyp gleichgehalten und
3. die Wortauswahl stellt sicher, daß für jedes lautliche Element der Vorgabe Lautassoziationen zu 2 Bildwörtern möglich sind, die es erlauben, Zufallslösungen von nicht zufälligen Entscheidungen zu trennen.

8.4 Hypothesen

1. Wenn der Lautsyntheseprozeß bei Vorschulkindern ausschließlich durch lautliche Assoziationen bestimmt ist, dann ist bei einem eingeschränkten und gleich großen Suchraum kein Unterschied in der Anzahl richtiger Lösungen zwischen KV–K– und K–VK–Items zu beobachten.

2. Wenn der lautassoziative Prozeß ausschließlich auf vokalische Einheiten beschränkt ist, dann verteilen sich die Antworten bei beiden Itemtypen zufällig auf die richtige und die Antwortalternative mit gleichem vokalischen Element.

3. Sind unter eingeschränkten Suchraumbedingungen auch konsonantische Assoziationen möglich, so wird die richtige Antwortalternative bei beiden Itemarten in gleich hohem Ausmaß gewählt.

4. Wenn der Lösungsprozeß hingegen durch artikulationsformende Fertigkeiten bestimmt ist, d.h. Vorschulkinder in der Lage sind, einen Vokal durch einen Endkonsonanten zu steuern, so ist, unter eingeschränkten Suchraumbedingungen, zu erwarten, daß KV–K–Items häufiger richtig gelöst werden als K–VK–Items.

8.5 Aufgabenbeschreibung

Lauteverbinden mit Bildvorgabe. 2 Beispiel– (Ei–s, Z–ange) und 10 Testitems wurden vom Kassettenrecorder vorgegeben. 4 Testitems waren zwischen Konsonant und Vokal–Konsonantgruppe (K–VK–Items) getrennt (M–aus, F–isch, N–uß, W–urm) und 4 Testitems zwischen Konsonant–Vokalgruppe und Endkonsonant (KV–K–Items; Bu–ch, Hu–t, Scha–l, Kah–n). Weiterhin wurden 2 K–V–Items vorgegeben (S–ee, Sch–uh).
Zu jedem Item wurden auf einer Karte 4 Bildalternativen gezeigt. Die Art der lautlichen Übereinstimmung der Bildwörter mit der Lautvorgabe ist Tab. 3 zu entnehmen.
Instruktion: "Wir machen nun ein Ratespiel. Ich sage dir jetzt etwas und du sollst raten, was das wohl ist. Du sagst es mir dann und zeigst es mir." (Vl zeigt Bildkarte) "Nun hör zu: Ei–s. Von was habe ich gesprochen?"
Die Falschantworten des Kindes wurden bei den Beispielitems vom Vl korrigiert. "Nun hörst du das, was du raten sollst, vom Kassettenre-

		Art der lautlichen Übereinstimmung mit der Vorgabe			
Item Nr.	Lautliche Vorgabe	völlig	Vokal oder Vokal + Konsonant	Konsonant	keine
1	Bu-ch	Buch	Bus	Dach	Eule
2	M-aus	Maus	Haus	Mond	Leiter
3	S-ee	See	Reh	Sau	Jacke
4	Hu-t	Hut	Huhn	Bett	Doktor
5	Scha-l	Schal	Schaf	Pfeil	Trompete
6	F-isch	Fisch	Tisch	Fuß	Kerze
7	N-uß	Nuß	Bus	Nest	Hammer
8	W-urm	Wurm	Turm	Wal	Herz
9	Sch-uh	Schuh	Kuh	Schi	Tor
10	Kah-n	Kahn	Kamm	Bein	Teddy

Tab. 6: Testitems der Aufgabe Lautverbinden mit Bildvorgabe. Lautliche Vorgabeelemente und Wörter der Bildalternativen geordnet nach Art der Übereinstimmung mit der lautlichen Vorgabe (Unterstreichungen).

corder. Wenn ich auf die Stopptaste drücke, dann sagst du mir was es ist und zeigst es mir dann." Gewertet wurde die lautliche Antwort des Kindes.

8.6 Ergebnisse

8.6.1 Antwortverhalten und Itemeffektprüfung

Aus Abb. 3 und 4 sind die Verteilungen der Antworten auf die vier Bildalternativen für die KV–K– und K–VK–Items zu entnehmen. Es zeigt sich erwartungsgemäß, daß die Kinder fast ausnahmslos die korrekte oder die mit dem KV– oder VK–Element übereinstimmende Alternative gewählt haben. Der mittlere Anteil der Bildantworten, die

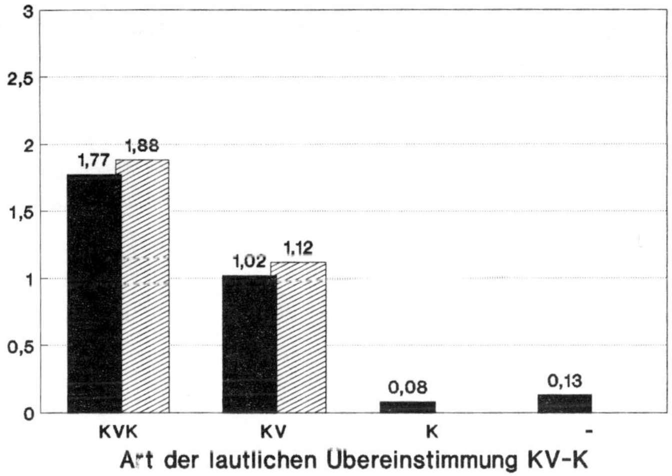

Abb. 3: Mittlere Bildalternativwahlen bei drei KV-K strukturierten Lautvorgaben in der Aufgabe Lauteverbinden mit Bildvorgabe und gewichtete Mittelwerte für die richtige und die vokalische Antwortalternative

keine lautliche Übereinstimmung mit der Lautvorgabe oder eine Übereinstimmung im Konsonanten aufweisen, beträgt bei den KV–K–Items M = 0.22 und bei den K–VK–Items M = 0.14. Die Mittelwerte sind nicht signifikant unterschiedlich (T = 1.15). Dies zeigt, daß bei beiden Itemarten diese Antwortalternativen in gleich geringem Ausmaß gewählt werden.

Um Unterschiede zwischen KV–K– und K–VK–Items und die Gleichverteilungsannahme bei beiden Itemtypen prüfen zu können, wurde pro Bildantwort, die keine lautliche oder eine konsonantische Übereinstimmung mit der Vorgabe aufwies, ein Wert von 0.5 bei der korrekten und der vokalischen Antwortalternative zugewiesen.

Hierdurch erhöhen sich die Mittelwerte der korrekten und der vokalischen Alternative innerhalb einer Itemkategorie (K–VK oder KV–K) in gleichem Ausmaß und beinflussen somit nicht die Gleichverteilungsprüfung. Zwischen den beiden Itemtypen sind aufgrund der geringen

und nichtsignifikanten Mittelwertsunterschiede bei den Bildantworten mit keiner und konsonantischer Übereinstimmung nur geringfügig unterschiedliche Mittelwertssteigerungen gegeben (s. Abb. 3 und 4). Die mittlere Anzahl der korrekten und vokalischen Bildwahlen berechnet sich somit aus der Anzahl der Bildwahlen (= 1) und der Anzahl der auftretenden 0.5—Werte geteilt durch die Itemgesamtanzahl von 3.
Durch diese Mittelwertskorrektur liegen zwei komplementäre Ausprägungen (korrekte und vokalische Bildalternative) des Lösungsergebnisses vor. Die statistische Prüfung erfolgt über die Mittelwertsverteilung der korrekten Lösungen.

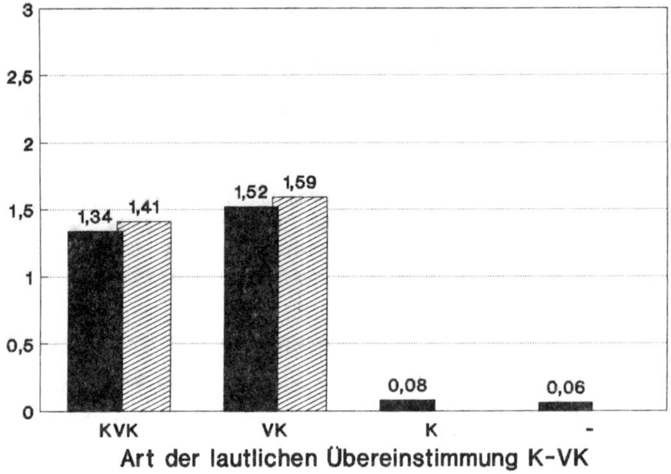

Abb. 4: Mittlere Bildalternativwahlen bei drei K-VK strukturierten Lautvorgaben in der Aufgabe Lauteverbinden mit Bildvorgabe und gewichtete Mittelwerte für die richtige und die vokalische Antwortalternative

Mit M = 1.88 (s = 0.93) werden die KV—K—Items hochsignifikant häufiger korrekt gelöst als die K—VK—Items mit M = 1.41 (T = 3.08, $p < .01$). Um zu prüfen, ob sich die beobachteten Mittelwerte von dem theoretisch wahrscheinlichen Mittelwert von M = 1.5 unterscheiden, wurden z–Werte berechnet. Bei den KV–K–Items ist der zu beobachtende Mittelwert hochsignifikant unterschiedlich von M = 1.5 (z = 3.28, p < .01), während bei den K–VK–Items kein Unterschied festzustellen ist (z = 0.89). Dies zeigt, daß auch unter eingeschränkten Suchraumbedingungen KV–K–Items überzufällig häufiger richtig gelöst werden als K–VK–Items.

8.7 Diskussion der Ergebnisse

Die Befunde zeigen deutlich, daß die Lautsynthese im Vorschulalter durch einen rein lautassoziativen Erklärungsansatz nicht hinreichend erklärt werden kann. Es wurde angenommen, daß die vokalischen Einheiten assoziativ einer Lexikoneintragung zugeordnet werden. Auf der Grundlage dieses Erklärungsansatzes wäre sowohl für KV–K und K–VK–Items bei gleichem und eingeschränktem Suchraum eine Gleichverteilung auf die korrekte und die vokalische Bildalternative zu erwarten gewesen.

Es kann weiterhin die Annahme als widerlegt gelten, daß Vorschulkinder in keiner Weise konsonantische Informationen verarbeiten können. Aufgrund der nachgewiesenen Itemeffekte ist es aber auch nicht zulässig, eine konsonantische Assoziationsfähigkeit anzunehmen, denn dann hätte sich für KV–K– und K–VK–Items in gleicher Weise eine Ungleichverteilung zugunsten der korrekten Alternative ergeben müssen.

Es kann deshalb gefolgert werden, daß artikulationsformende Prozesse diesen itemspezifischen Unterschied bewirken. Allerdings muß die Interpretation der Ergebnisse unter dem Vorbehalt erfolgen, daß trotz der relativ hohen Eindeutigkeit der verwendeten Bilder nicht ganz auszuschließen ist, daß diese von den Kindern in dieser Stichprobe auch anders interpretiert worden sein könnten bzw. spezifische Bildbevorzugungen eine Rolle spielen (vgl. Marx & Jansen 1991).

Wenn gilt, daß eine vokalische Einheit leichter zu steuern als zu koartikulieren ist, dann scheint auch plausibel, daß die Fähigkeit zur Vokalsteuerung in ihrer zeitlichen Entwicklung der Koartikulationsfähigkeit vorausläuft. Offensichtlich sind bereits Vorschulkinder zu einer solchen artikulationsformenden Steuerung in der Lage.
Die Fähigkeit zur vokalischen Steuerung scheint aber abhängig von der Größe des Suchraumes zu sein, der durch die Vorgabe aktiviert wird. Da keine konsonantische, sondern nur eine vokalische Assoziationsfähigkeit unterstellt werden kann, ist nach wie vor anzunehmen, daß die Größe des Suchraumes durch die Anzahl der vokalischen Alternativen bestimmt wird. Zumindest zeigt die in Studie 1 durchgeführte Fehleranalyse, daß bei K–V–K–Items, für die der Suchraum sehr groß ist, keine vokalischen Steuerungen beobachtbar waren.
Dies bedeutet, daß ein Zusammenspiel vokalischer Lautassoziationsprozesse und artikulatorischer Steuermechanismen anzunehmen ist. Denkbar ist, daß durch die vokalische Assoziation eine überschaubare Anzahl von Alternativen aktiviert wird und diese als artikulatorische Beispiele für das anzustrebende Lösungsergebnis fungieren. Das Kind könnte diese Beispiele dafür nutzen, die vorgesprochenen Einheiten äquivalent zu artikulieren. Stimmen Artikulationsbeispiel und die neu produzierte Artikulationsfolge überein, dann wird diese Alternative gewählt.
Mit dieser Modellvorstellung wird ein Brücke zwischen einem rein lautassoziativem und einem rein artikulationsformenden Lautsynthesemodells geschlagen, sie modifiziert sowohl die Vorstellungen von Marx (1990b) wie auch die von Perfetti et al. (1987).
Das Modell von Marx (1990b) muß in der Weise korrigiert werden, als hier artikulationsformende, und zwar nur den Vokal steuernde Prozesse in Rechnung gestellt werden müssen.
Eines der größten Probleme des von Perfetti et al. (1987) aufgestellten Lautsynthesemodells ist es, daß es durch seine konsequente Abfolge zu durchlaufender Verarbeitungsstufen vom Input zum lexikalischen Zugriff nicht erklären kann, woher die Information bezogen werden soll,

wie die Artikulationsformung auszuführen ist. Nehmen wir an, daß lexikalische Zugriffe nicht erst nach einer Lautsynthese, sondern bereits früher, aufgrund vokalischer Assoziationen erfolgt, dann ist damit das Monitorproblem obsolet. Frühzeitig aktivierte Lexikoneintragungen, sofern sie in ihrer Menge beschränkt sind, stellen artikulatorische Ausführungsmöglichkeiten zur Verfügung, die an dem bereitgestellten Lautmaterial erneut ausgeführt und auf Übereinstimmung geprüft werden können.

Daß Vorschulkindern nur vokalische Steuerungen, nicht aber Koartikulationen gelingen, kann durch den höheren Schwierigkeitsgrad bei der Bildung von Verbindungen zwischen Konsonanten und Vokalen und dem Grad der Nichtübereinstimmung von hintereinander gesprochenen Einzellauten mit der korrekt artikulierten Wortaussprache erklärt werden ("Laut – Undsummen" – Problem). Wenn der Suchraum nicht zusätzlich durch Bilder eingeschränkt ist, kommt erschwerend hinzu, daß aufgrund der Vielzahl der Alternativen ein adäquates Artikulationsbeispiel nicht gefunden und genutzt werden kann.

9 Studie 3. Qualitative Unterschiede in der frühen Leselernentwicklung

9.1 Fragestellung

Die Ergebnisse von Studie 1 und 2 belegen, daß Vorschulkinder den Leselernunterricht nicht voraussetzungslos beginnen. Es ist vielmehr davon auszugehen, daß sie über rudimentäre Lautassoziations– und Synthesefertigkeiten verfügen. Diese sind jedoch auf vokalische Assoziationen und den Vokal steuernde Synthesefertigkeiten beschränkt. Die folgenden Studien fokussieren nun die weitere Entwicklung der Synthesefertigkeit im frühen Schriftspracherwerb.

Daß diese weitere Entwicklung lautsprachlicher Fertigkeiten mit Beginn des Leseunterrichts in einer engen Beziehung zur Schriftsprachentwicklung gesehen werden muß, wird deutlich, wenn man den Leselehrgang "Lesestart" (Thiele & Ricke 1986) und die zugehörigen Handbücher betrachtet, die für die Unterrichtsplanung und –durchführung in allen fünf Klassen in der hier untersuchten Stichprobe herangezogen worden sind.
Neben lautanalytischen Fertigkeiten, dem Kennenlernen neuer Buchstaben, Buchstabenkombinationen und Wörter, werden in diesem Leselehrgang auch Synthesefertigkeiten an Buchstaben eingeübt. Auf Arbeitsblättern werden den Kindern Buchstabenverschmelzungsübungen (visuell unterstützt durch Verbindungshinweise: m ––> o mo) unmittelbar nach Einführung der Buchstaben und vorbereitender Lautanalyseübungen angeboten.

Theoretisch wird eine enge Beziehung zwischen lautsynthetischen Fertigkeiten und Lesen angenommen (Valtin 1989b). Die Korrelationen zwischen Aufgaben zum Lauteverbinden und Leseaufgaben schwanken jedoch zwischen verschiedenen Studien erheblich (Eine Übersicht geben: Hammill & Larsen 1974, Harber 1981, Richardson,

DiBenedetto & Bradley 1977). Die Gründe für diese Unterschiede sind nur schwer zu ermitteln, da den Studien nicht nur unterschiedliche Stichproben zugrunde liegen, sondern auch unterschiedliche Lese- und Lauteverbindenaufgaben verwendet wurden.

Ein wesentlicher Grund für die unterschiedlichen Korrelationen scheint aber der zu sein, daß den Kindern unterschiedlich ausgerichtete Lernangebote gemacht werden. So ist die Beziehung zwischen lautsprachlichen Fertigkeiten dann besonders eng, wenn analytisch ausgerichtete Leselehrgänge ("phonics approach") verwendet (Alegria, Pignot & Morais 1982, Bruce 1964, Johnston & Thompson 1989, Valtin 1984b) und weniger ausgeprägt, wenn Sichtwortschätze vermittelt werden (Seymour & Elder 1986).
Da Lautanalyse und -synthese als sogenannte "word-attack skills" (Fox & Routh 1976) bedeutsam für die Dekodierung von unbekannten Wörtern sind (Valtin 1984b), ist naheliegend, daß die korrelativen Beziehungen zwischen lautsprachlichen Aufgaben und Leseaufgaben je nach Bekanntheitsgrad des Wortmaterials in der Leseaufgabe variieren. Es kann gezeigt werden (Baron 1979, Treiman 1980, Treiman & Baron 1981), daß lautanalytische Leistungen dann hoch mit Leseleistungen korrelieren, wenn das Lesen der Wörter eine Dekodierung verlangt. Werden hingegen Sichtwörter angeboten, so fällt die Beziehung deutlich niedriger aus. Experimentelle Ergebnisse zeigen zudem, daß das Lesen von Sichtwörtern kaum von der Lautanalysefähigkeit beeinflußt scheint (Yopp 1985).

Die Beziehung zwischen Lautsynthese und Lesen hängt damit in hohem Maße von der Art des von den Kindern gezeigten Leseverhaltens ab. Nach den Stufenmodellen der Leselernentwicklung (vgl. Frith 1985, 1986, Günther 1986, 1987a, Høien & Lundberg 1988, Marsh, Friedman, Welch & Desberg 1981, Scheerer-Neumann 1989a,b, Scheerer-Neumann, Kretschmann & Brügelmann 1986, Seymor & McGregor 1984) wäre anzunehmen, daß sich Kinder mit Beginn des

Leseerwerbs vorwiegend visueller Entschlüsselungsstrategien beim Lesen bedienen.

In der von Frith (1985) angenommenen logographischen Eingangsstufe werden Wörter an hervorstechenden visuellen Merkmalen erkannt und diese Merkmale direkt mit der Bedeutung und der Aussprache des Wortes assoziiert. Der Erkennensprozeß ist hochgradig selektiv und nicht als "Wortbildlesen" zu verstehen (s. Scheerer–Neumann 1986, 1987), so daß die Worterkennung dann fehlerhaft wird, wenn Wörter die gleichen visuellen Merkmale aufweisen. Hat ein Kind z.B. gelernt, das Wort 'Mutter' an den beiden 'tt' in der Mitte zu erkennen, so wird es dann Lesefehler produzieren, wenn diese Buchstabenkombination auch in anderen Wörtern wiedergefunden werden kann (z.B. Futter, hatte, etc.).
Der logogographischen Eingangsstufe nachfolgend ist die alphabetische Stufe. Sie ist dadurch gekennzeichnet, daß die einzelnen Buchstaben von links nach rechts abgearbeitet, die zugehörigen Graphem–Phonem–Korrespondenzen gebildet und über die lautlichen Komponenten des Wortes ein Leseergebnis erreicht wird. Durch diese Lesestrategie werden auch unbekannte Wörter lesbar. Erst in dieser Stufe werden lautanalytische und –synthetische Fertigkeiten wichtig.
Neben der Fähigkeit, unbekannte Worter lesen zu können, sind nach Scheerer–Neumann (1989a) alphabetische Lesestrategien in der frühen Phase des Leseerwerbs an dem Leseverhalten der Kinder zu erkennen. Dehnlesungen, Leseversuche, in denen Untereinheiten des zu lesenden Wortes produziert werden, sprechen für zugrundeliegende synthetisch–analytische Leseprozesse.

Es stellt sich aber die Frage, ob unter den eingangs erwähnten Instruktionsbedingungen (frühzeitige Einübung von lautanalytischen und –synthetischen Fertigkeiten) und lautsprachlichen Voraussetzungen (vokalische Assoziations– und Steuerungsfähigkeit) eine logographische Eingangstufe überhaupt wahrscheinlich ist.

Tatsächlich wird eine logographische Eingangsstufe in Zweifel gezogen (Eichler 1986, Stuart & Coltheart 1988, Wimmer, Hartl & Moser 1990). Auch Ehri (1985) geht davon aus, daß bereits mit Beginn des Lesenlernens keine reinen visuellen Lesestrategien, sondern nur visuell–phonetische nachweisbar sind.

Neben unterschiedlichen Instruktionsbedingungen scheint das Auftreten einer logographischen Stufe von der Art der zu lernenden Schriftsprache abzuhängen. So geht Nyikos (1990) davon aus, daß der Komplexitätsgrad der Phonem–Graphem–Beziehungen die Dekodierung von Wörtern erleichtert oder erschwert. Die Autorin untersuchte die Relationen zwischen Phonemen und Graphemen im Englischen und im Deutschen.

Es wurden vier amerikanische Wörterbücher (u.a. das "Merriam Webster's Ninth New College Dictionary") und drei deutsche Lexika ("Kinderduden", "Witte Kinderlexikon" und "Meyers Kinderknigge") analysiert. Die Autorin fand in den englischen Wörterbüchern 40 Phoneme, die durch 511 Grapheme repräsentiert wurden. Dies entspricht einem Mittel von 12.8 Graphemen pro Phonem. In den deutschen Wörterbüchern wurden 46 Phoneme gefunden, die von 170 Graphemen repräsentiert wurden. Dies entspricht einem Mittel von 3.7 Graphemen pro Phonem. Hierbei ist zusätzlich zu berücksichtigen, daß die deutschsprachigen Lexika eingedeutschte Wörter enthielten (z.B. "Teenager").

Nach Nyikos (1990) wird durch die extreme Irregularität der englischen Schriftsprache ein logographisches Lesen nahegelegt, da eine sukzessive Dekodierung eines Wortes in der Regel nicht zu einer korrekten Wortaussprache führen kann. In der deutschen Schriftsprache hingegen führt das alphabetische Lesen eher zu einer dem Kind verständlichen Lesung.

Wenn deutschsprachigen Schulkindern durch eine entsprechende Instruktion eine alphabetische Lesestrategie nahegelegt wird, so sollte diese auch mit Beginn des Leseunterrichts angewendet werden. Gestützt wird diese Ansicht durch die empirischen Befunde von Wimmer et al. (1990). Die Autoren fanden hohe Pseudowortleseleistungen bei deutsprachigen Kindern nach 8 Monaten Beschulung. Die logographische Phase kann daher nur sehr kurz oder aber gar nicht vorhanden sein.

Da die Beziehung zwischen lautsprachlichen und schriftsprachlichen Fertigkeiten wesentlich durch die Qualität der Lesestrategie mitbestimmt ist, wird in Studie 3 geprüft, ob eine logographische Lesestufe nachweisbar ist, wenn zeitlich frühere Meßzeitpunkte als bei Wimmer et al. (1990) gewählt werden. Die Leseleistungen der Kinder wurden nach 10 und 19 Wochen (also nach zweieinhalb und knapp sechsmonatiger) Beschulung erhoben. Aufgrund der in dieser Studie gewonnenen Ergebnisse wird dann in Studie 4 die Beziehung zwischen lautanalytischen und –synthetischen Fertigkeiten und den Leseleistungen dargestellt.

9.2 Definition logographischer und alphabetischer Lesestrategien

Um logographische und alphabetische Lesestrategien nachweisen zu können, werden in Studie 3 sowohl die Anzahlen richtiger Lösungen als auch das Leseverhalten beim Lesen von bekannten Fibelwörtern und unbekannten Wörtern herangezogen. Die "logographische" und die "alphabetische" Lesestufe sollten an folgenden Merkmalen zu unterscheiden sein:

1. Wenn Kinder bekannte Fibelwörter lesen können, aber nicht unbekannte Wörter, ist dies ein Kennzeichen logographischen Lesens. Können unbekannte Wörter korrekt gelesen werden, so ist dies ein Kennzeichen alphabetischen Lesens.

Kinder, die ein logographisches Leseverhalten zeigen, haben nach den Modellvorstellungen bei unbekannten Wörtern nur die Möglichkeit, eine Assoziation zwischen spezifischen visuellen Merkmalen des unbekannten Wortes und gleichen spezifischen visuellen Merkmalen von ihnen bekannten Wörtern zu bilden. Wenn sie eine solche Übereinstimmung finden, sollte mit einem ihnen bekannten Wort geantwortet werden.

2. Eine logographische Lesestrategie ist dann anzunehmen, wenn bei unbekannten Wörtern nur Falschlesungen produziert werden, die aus sinnvollen und bekannten Wörtern bestehen. Teillösungen und nicht sinnvolle Falschlesungen würden hingegen für eine alphabetische Lesestrategie sprechen.

Im Gegensatz zu logographisch lesenden Kindern zeigen die alphabetisch lesenden Kinder Leseversuche, die eine Strukturierung und Einheitenbildung nach alphabetischen Prinzipien erkennen läßt. Diese Leseversuche bestehen aus dem Vorsprechen von Buchstaben und Buchstabengruppen des vorliegenden Wortes bevor die letztlich gültige Lesung ausgesprochen wird.

3. Wenn bei Fibel- und unbekannten Wörtern Leseversuche zu beobachten sind, dann ist dies als Kennzeichen alphabetischen Lesens zu werten.

4. Das sogenannte Dehnlesen, bei dem die Kinder, im Gegensatz zur normalen Sprechgeschwindigkeit des Wortes, einzelne Laute über Gebühr dehnen, ist kennzeichnend für eine synthetisierende alphabetische Strategie. Wird sie beobachtet, so ist eine alphabetische Lesestrategie anzunehmen.

Anhand dieser Kriterien soll eine Unterteilung in logographisch und alphabetisch lesende Kinder vorgenommen werden.

9.3 Hypothese

1a. Wenn Schulkinder die vorher aufgeführten Kriterien logographischen Lesens erfüllen, dann ist eine logographische Eingangsstufe des Lesenlernens anzunehmen.

1b. Da die Art des Unterrichts (lautanalytische und –synthetische Übungen), die deutsche Schriftsprache (relativ lauttreu) und die bisher vorliegenden Befunde (s. Wimmer et al. 1990) eine logographische Lesestrategie nicht nahelegen, ist zu erwarten, daß die Schulkinder auch zu einem sehr frühen Zeitpunkt die Kriterien logographischen Lesens nicht erfüllen und nur alphabetische Lesestrategien nachzuweisen sind.

9.4 Aufgabenbeschreibungen

Leseaufgabe. Den Kindern wurden jeweils 6 Fibelwörter (Mama, Umi, im, Uli, Uta, mit) und 6 nicht zum Fibelwortschatz gehörende Transferwörter (amt, ulm, mut, tal, alm, mal) vorgegeben. Alle Fibelwörter und Buchstaben der Transferwörter waren bis zum Meßzeitpunkt T2 Unterrichtsgegenstand. Die Transferwörter wurden mit kleinen Anfangsbuchstaben vorgegeben, da einige Großbuchstaben im Unterricht noch nicht eingeführt waren.
Die zu lesenden Wörter befanden sich jeweils auf einzelnen Karten, die in einem Ringordner in der oben angegebenen Reihenfolge eingeordnet waren. Alle Wörter wurden in Druckbuchstaben in dem Schrifttyp der Fibel "Lesestart" (Thiele & Ricke 1986) präsentiert. Das Kind wurde aufgefordert, die einzelnen Wörter auf den Wortkarten laut vorzulesen, dabei wurde das Umklappen der Wortkarten vom Versuchsleiter übernommen.
Die Lesungen der Kinder wurden protokolliert und auf einem Kassettenrecorder aufgenommen.

Buchstaben Benennen. Auf drei DIN–A4–Seiten waren insgesamt 63 Grapheme in der in der Fibel verwendeten Grafik (s. Anhang) aufgedruckt. Die Kinder wurden aufgefordert diejenigen Buchstaben zu benennen, die sie schon kennen.

9.5 Ergebnisse

9.5.1 Analyse richtiger Fibel– und Transferwörterlesungen zu den Meßzeitpunkten T2 und T3

Die Verteilungen richtiger Fibel– und Transferwörterlesungen zu den Meßzeitpunkten T2 und T3 sind den Abbildungen 5 – 8 zu entnehmen. Weiterhin sind dort die Mittelwerte und Standardabweichungen der Verteilungen aufgeführt. Mit einem 2 x 2 Meßwiederholungsdesign mit den Faktoren Itemart und Meßzeitpunkt wurden die Mittelwerte auf Unterschiedlichkeit geprüft. Sowohl für den Faktor Itemart ($F_{(1,63)} = 117.64$, $p < .01$) und Meßzeitpunkt ($F_{(1,63)} = 94.95$, $p < .01$) ergeben sich hochsignifikante Unterschiede bei ebenfalls hochsignifikanter Interaktion ($F_{(1,63)} = 28.26$, $p < .01$). Die Signifikanz der Interaktion beruht auf der überproportionalen Steigerung der Leistungen im Transferwörterlesen von Meßzeitpunkt T2 zu T3, während für das Fibelwortlesen aufgrund der bereits hohen Leseleistungen zu T2 eine geringfügigere meßzeitpunktabhängige Steigerung zu beobachten ist.

Verteilungen richtiger Fibelwortlesungen. Die Mehrzahl der Kinder (92.3 %) lesen zum Meßzeitpunkt T2 (s. Abb. 5) 3 und mehr Fibelwörter richtig. Nur ein Kind kann nach 10 Wochen Unterricht keines der Fibelwörter lesen. Die Verteilung zeigt jedoch, daß Fibelwörter, die alle während der ersten 10 Wochen Unterichtsgegenstand waren, keineswegs perfekt gelesen werden. Nur insgesamt 15 Kinder (23.1 %) lesen alle 6 Fibelwörter richtig.
Neun Wochen später, zum Meßzeitpunkt T3 (s. Abb. 7), ist eine

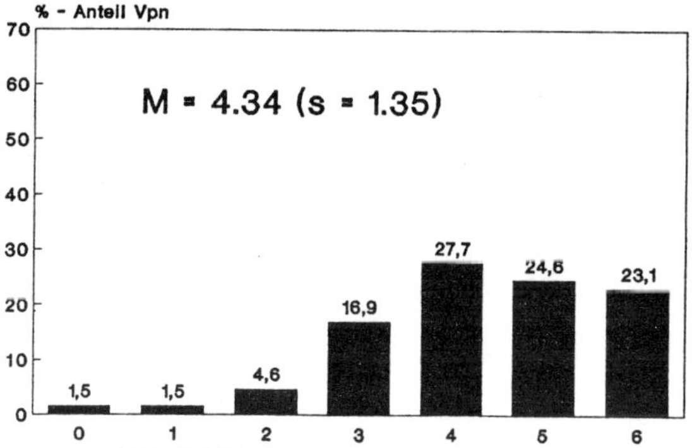

Abb. 5: Richtige Lesungen Fibelwörter T2

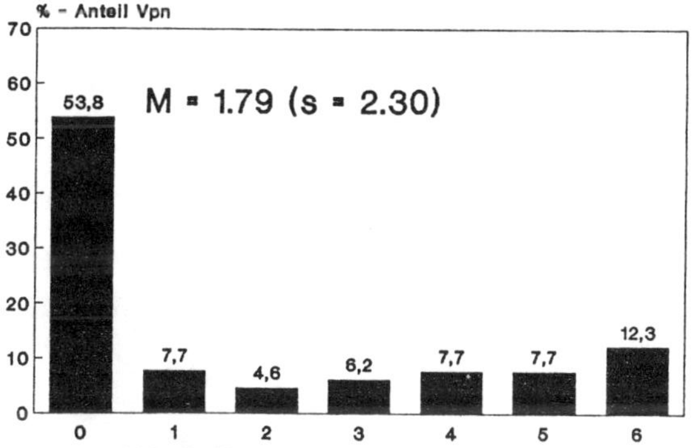

Abb. 6: Richtige Lesungen Transferw. T2

Abb. 5-6: Mittelwerte, Standardabweichungen und Verteilung richtiger Fibel- und Transferwörterlesungen zum Meßzeitpunkt T2

deutliche Zunahme richtiger Fibelwortlesungen zu verzeichnen. Von den 64 untersuchten Kindern lesen 42 (65.6 %) alle Fibelwörter richtig. Die Verteilung weist damit deutliche Deckeneffekte auf. Allerdings zeigt sich auch, daß die vor mehr als 10 Wochen eingeführten Fibelwörter auch zum Meßzeitpunkt T3 nicht von allen Kindern souverän beherrscht werden. Sieben Kinder (10.9 %) lesen nur 3 oder 4 der sechs Fibelwörter richtig und 15 Kinder (23.4 %) machen zu diesem Zeitpunkt noch einen Lesefehler.

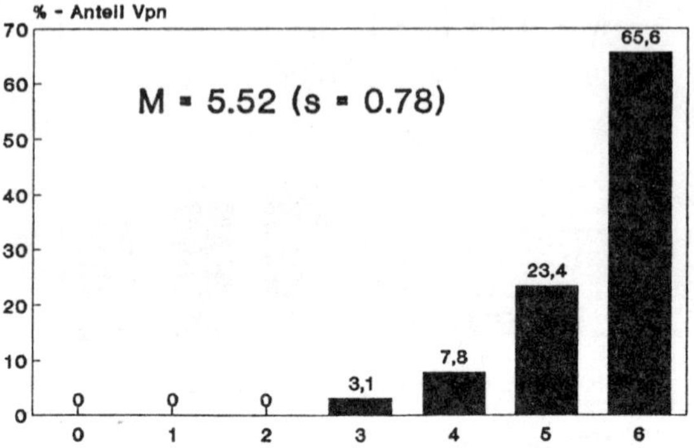

Abb. 7: Richtige Lesungen Fibelwörter T3

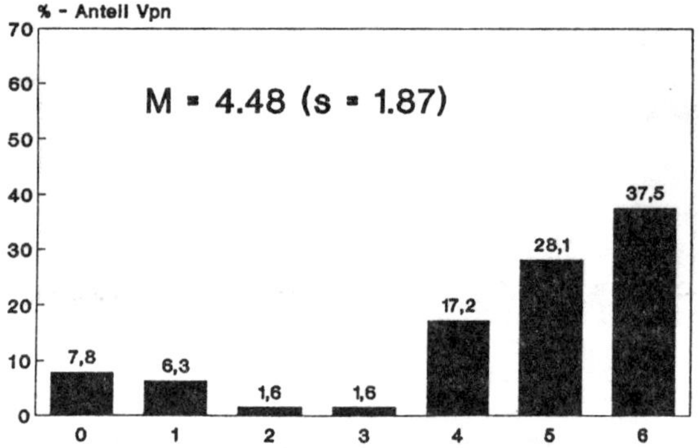

Abb. 8: Richtige Lesungen Transferw. T3

Abb. 7-8: Mittelwerte, Standardabweichungen und Verteilung richtiger Fibel- und Transferwörterlesungen zum Meßzeitpunkt T3

Verteilungen richtiger Transferwörterlesungen. Zum Meßzeitpunkt T2 (s. Abb. 6) sind 35 Kinder (53.8 %) nicht in der Lage, ein Transferwort richtig zu lesen. Die Leseleistungen der restlichen Kinder verteilen sich gleichmäßig über alle Punktwerte.

Damit erfüllen über 50 % der Kinder die erste Bedingung (unbekannte Wörter können nicht erlesen werden) einer anzunehmenden logographischen Lesestufe. 46.2 % der Kinder erfüllen diese Bedingung aber schon nach 10 Wochen Unterrichtszeit nicht mehr.
Neun Wochen später (s. Abb. 8) schrumpft der Anteil der Kinder, die kein Transferwort lesen können, auf 7.8 % (5 Kinder). Die Mehrzahl der Kinder (82.8 %) erreicht Punktwerte von 4 bis 6, wobei 24 Kinder (37.5 %) alle Transferwörter richtig lesen können. Dies bedeutet, daß nur noch ein minimaler Anteil von Kindern als potentiell logographisch lesend eingestuft werden kann.

9.5.2 Überprüfung des Antwort- und Leseverhaltens der Kinder, die kein Transferwort richtig lesen können

Um Kinder als logographisch lesend einzustufen, ist nicht nur Voraussetzung, daß sie keine unbekannten Wörter lesen können, sondern es ist auch notwendig zu prüfen, ob sie keine sinnlosen Falsch- und Teillesungen, keine Leseversuche und keine Dehnlesungen produzieren. Treten diese Merkmale im Leseverhalten auf, so kann dies als Zeichen für eine alphabetische Lesestufe gewertet werden. Für den Meßzeitpunkt T2 gibt Abbildung 9 die Anzahl der Kinder wieder, die kein Transferwort richtig gelesen haben, aber alphabetisches Leseverhalten zeigen. Von den 35 Kindern, die kein Transferwort korrekt lesen konnten, zeigen 21 (60 %) Kinder Merkmale alphabetischen Leseverhaltens. Legt man die Anzahl der Kinder in der Gesamtstichprobe zugrunde, können nur 21.5 % der Kinder als logographische Leser eingestuft werden.
Zum Meßzeitpunkt T3 ist kein Kind mehr zu finden, das der logographischen Stufe zugeordnet werden kann. Damit können weitere zu prüfende Unterschiede zwischen logographisch und alphabetisch lesenden Kindern nur für den Meßzeitpunkt T2 durchgeführt werden.
Auf der Grundlage der Ergebnisse lassen sich drei Leseniveaugruppen zum Meßzeitpunkt T2 unterscheiden, die den weiteren Auswertungs-

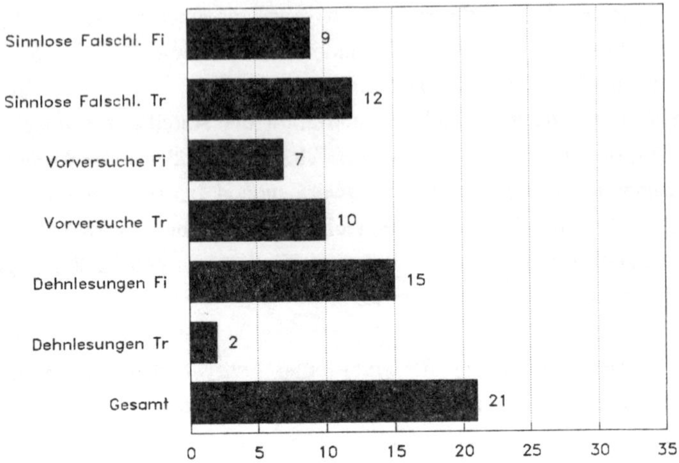

Abb. 9: Anzahl derjenigen Kinder, die kein Transferwort richtig gelesen haben und alphabetisches Leseverhalten zeigen (Getrennt nach Art des alphabetischen Leseverhaltens und Gesamtanzahl der Kinder) zum Meßzeitpunkt T2 (Fi = Fibelwörter; Tr = Transferwörter)

schritten zugrundegelegt werden können. Leseniveaugruppe 1 kann im klassischen Sinne als die Gruppe logographisch lesender Kinder bezeichnet werden, die Kinder können keine unbekannten Wörter lesen, produzieren nur sinnvolle Falschlesungen und zeigen keine Leseversuche oder Dehnlesungen. Leseniveaugruppe 2 bildet eine Übergangsgruppe, bei der zwar keine richtigen Transferwörterlesungen beobachtet werden können, sich aber in unterschiedlichem Ausmaß Merkmale alphabetischen Leseverhaltes zeigen. Der Leseniveaugruppe 3 werden Kinder zugeordnet, die Transferwörter lesen können und bei denen alphabetisches Leseverhalten nachgewiesen werden kann.

9.5.3 Unterschiede der Leseniveaugruppen im Fibelwortlesen und in der Buchstabenkenntnis zum Meßzeitpunkt T2

Logographisch lesende Kinder sollten, da der Lesewortschatz nach 10 Wochen Unterricht noch sehr eingeschränkt ist, bekannte Fibelwörter nicht schlechter lesen können als die Kinder der Leseniveaugruppe 2 und die alphabetisch lesenden Kindern der Leseniveaugruppe 3. In Leseniveaugruppe 1 werden mittlere Fibelwortleseleistungen von M = 3.64 (s = 0.84), in Leseniveaugruppe 2 von M = 3.48 (s = 1.37) und in Leseniveaugruppe 3 von M = 5.27 (s = 0.87) erreicht ($F_{(2,62)} = 21.89$; $p < .01$). Dies zeigt, daß nur alphabetisch lesende Kinder die Fibelwörter nahezu fehlerlos lesen können. In den Leseniveaugruppen 1 und 2 liegen die Leseleistungen signifikant niedriger. Da sich die Leistungen der Leseniveaugruppen 1 und 2 nicht unterscheiden (T = 0.45), ergibt sich kein kontinuierlicher Anstieg des Leseniveaus über die drei Gruppen.

Es wurde weiterhin geprüft, ob die Unterschiede in den Fibelwortleseleistungen nicht durch unterschiedlich ausgeprägte Buchstabenkenntnisse in den drei Leseniveaugruppen mitbedingt sein könnten. Mit der Aufgabe Buchstaben Benennen wurde die korrekte Benennhäufigkeit der sieben in der Leseaufgabe verwendeten Buchstaben (a, i, U, l, M, m, t) erhoben. In Leseniveaugruppe 1 wurden mittlere Benennhäufigkeiten von M = 5.64 (s = 1.22), in Leseniveaugruppe 2 von M = 5.62 (s = 1.36) und in Leseniveaugruppe 3 von M = 6.53 (s = 0.73) erreicht ($F_{(2,62)} = 5.72$; $p < .01$). Zwischen Leseniveaugruppe 1 und 2 ist kein signifikanter Unterschied (T = 0.06) festzustellen. Dies zeigt, daß in der alphabetischen Leseniveaugruppe 3 die Buchstaben sicherer beherrscht werden als in den beiden anderen Gruppen.

Für das dekodierende Lesen ist die Kenntnis der Buchstaben eines Wortes unabdingbar, wenn ein korrektes Leseergebnis erreicht werden soll. Bei einer logographischen Lesestrategie ist dies nicht notwendi-

gerweise der Fall, da hier eine korrekte Lesung auch über spezifische visuelle Wortmerkmale (z.B. herausragende Teilmerkmale von Buchstaben in einer bestimmten räumlichen Anordnung) erreicht werden kann.
Tab. 5 gibt die Mittelwerte der Fibelwortlesungen, unterteilt nach der Buchstabenkenntnis (alle Buchstaben des Wortes bekannt bzw. nicht alle bekannt) und der Korrektheit des Leseergebnisses (korrekt bzw. nicht korrekt oder keine Lesung), wieder.

LNG	Bu+, Le+ M (s)	Bu+, Le- M (s)	Bu-, Le+ M (s)	Bu-, Le - M (s)
1	2.43 (1.65)	1.14 (0.95)	1.21 (1.25)	1.22 (1.31)
2	2.81 (0.95)	1.10 (1.09)	0.67 (1.20)	1.42 (1.69)
3	4.60 (1.52)	0.53 (0.73)	0.67 (1.09)	0.20 (0.55)

Tab. 7: Mittelwerte und Standardabweichungen der Fibelwortlesungen, unterteilt nach korrekten (Le+) bzw. nicht korrekten Lesungen (Le-; einschließlich der Antworten bei denen nichts gesagt wurde) und der Buchstabenkenntnis für die zu lesenden Wörter (Bu+ bzw. Bu-) in den Leseniveaugruppen (LNG) 1 - 3

Es zeigt sich, daß in allen drei Leseniveaugruppen korrekte Fibelwortlesungen auch dann zu beobachten sind, wenn die Buchstaben der Wörter nicht alle benannt werden können. In der Leseniveaugruppe 1 gehen 40.5 % der Fibelwortlesungen mit nicht ausreichender Buchstabenkenntnis einher: Etwa die Hälfte der Wörter wird falsch gelesen, oder es wird nichts gesagt (20.3 %; M = 1.22); ein nahezu gleich hoher Anteil von 20.2 % (M = 1.21) wird korrekt gelesen (s. Tab. 7: Bu−, Le+ und Bu−, Le−).
In der Leseniveaugruppe 2 beträgt der Anteil an Antworten, bei denen nicht gleichzeitig eine Kenntnis aller Buchstaben der Wörter gegeben ist, 34.8 %. 11.2 % (M = 0.67) der Fibelwörter werden richtig gele-

sen, obwohl nicht alle Buchstaben der Wörter bekannt sind. 23.6 % (M = 1.42) der Lesungen sind fehlerhaft oder es wird keine Antwort gegeben.
In Leseniveaugruppe 3 wird gegenüber Leseniveaugruppe 2 ein gleich hoher Anteil (11.2 %, M = 0.67) der Wörter richtig gelesen, deren Buchstaben nicht alle bekannt waren. Der Anteil der Falschlesungen bei nicht ausreichender Buchstabenkenntnis beträgt 6 % (M = 0.20).

Legt man die korrekten Fibelwortlesungen in den Leseniveaugruppen 1 bis 3 zugrunde (s. Tab. 7: Bu−, Le+ und Bu+, Le+), so betragen die relativen Anteile korrekter Fibelwortlesungen, für die keine ausreichende Buchstabenkenntnis (mindestens ein Buchstabe des Wortes wurde bei der Aufgabe Buchstaben Benennen nicht erkannt) nachgewiesen werden kann, in den Leseniveaugruppen 33,2 %, 19.3 % bzw. 12.7 %. Die relativen Anteile sind nicht signifikant unterschiedlich ($F_{(2,62)}$ = 2.46).
Dies zeigt, daß in allen drei Leseniveaugruppen ein gleich hoher Prozentsatz an Fibelwörtern korrekt gelesen wird, deren Buchstaben nicht alle benannt werden können.

Werden die Anteile der Kinder in den Leseniveaugruppen betrachtet, so finden sich in Leseniveaugruppe 1 acht Kinder (57.1 %), die 1 − 3 mal ein Fibelwort richtig gelesen haben, ohne alle Buchstaben des Fibelwortes benennen zu können. In Leseniveaugruppe 2 trifft dies auf sieben Kinder (33.3 %, 1 − 4 Wörter) und in Leseniveaugruppe 3 auf zehn Kinder (33.3 %; 1 − 3 Wörter) zu.

Die Ergebnisse zeigen, daß korrekte Fibelwortlesungen auch dann zu beobachten sind, wenn die Buchstaben des Fibelwortes nicht alle benannt werden können. Der relative Anteil dieser Wortlesungen ist in Leseniveaugruppe 1 zwar leicht erhöht, jedoch nicht signifikant unterschiedlich von den anderen beiden Leseniveaugruppen.

9.6 Diskussion der Ergebnisse

Die vorliegenden Befunde stützen die Ansicht und die Befunde von Wimmer et al. (1990): Eine logographische Stufe des Lesenlernens ist bei deutschsprachigen Schulkindern auch zu einem sehr frühen Zeitpunkt nur in geringem Ausmaß nachweisbar. Nach 10 Wochen Unterricht können nur etwa knapp ein Viertel der Kinder als logographische Leser eingestuft werden, nach 19 Wochen Unterricht zeigen alle Kinder alphabetisches Leseverhalten, und nur fünf Kinder können zu diesem Zeitpunkt noch kein Transferwort dekodieren.

Die Gruppenvergleiche zum Meßzeitpunkt T2 zeigen, daß das Fibelwortlesen vom Ausmaß der Beherrschung der alphabetischen Lesetechniken abhängig ist. Innerhalb eines sehr eingeschränkten Lesewortschatzes, der nach 10 Wochen Unterricht unterstellt werden muß, wären gleich hohe Worterkennensleistungen in den drei Leseniveaugruppen zu erwarten gewesen. Es zeigt sich jedoch, daß die Kinder der Leseniveaugruppe 3 Fibelwörter besser beherrschen als die Kinder der Leseniveaugruppe 1 und 2.
Hierbei ist interessant, daß in Leseniveaustufe 2 zwar alphabetisches Leseverhalten zu beobachten ist, sich dieses aber nur im Leseverhalten und nicht, im Vergleich zur Leseniveaustufe 1, in unterschiedlichen Fibelwortleseleistungen oder der Buchstabenkenntnis ausdrückt. Hier liegen beide Leseniveaugruppen auf gleich niedrigem Niveau. Offensichtlich befinden sich die Kinder der Leseniveaugruppe 2 in einer Phase der Vorbereitung, die sich meßbar nur im Leseverhalten, nicht aber in unterschiedlichen Leseleistungen ausdrückt.

Die Kinder der Leseniveaugruppe 1 und 2 verfügen zum Meßzeitpunkt T2 über eine geringere Buchstabenkenntnis als die Kinder der Leseniveaugruppe 3.
Die Ergebnisse zeigen deutlich, daß die Buchstaben eines Wortes nicht notwendigerweise beherrscht werden müssen, um ein Fibelwort korrekt

lesen zu können. In Leseniveaugruppe 1 wird ein Drittel der Fibelwörter korrekt gelesen, obwohl die Buchstaben der Wörter nicht alle benannt werden können. In den Leseniveaugruppen 2 und 3 sind zwar, gemessen an der Gesamtanzahl korrekter Fibelwortlesungen, niedrigere relative Anteile festzustellen, doch unterscheiden sich diese relativen Anteile zwischen den Gruppen nicht signifikant. Dies bedeutet, daß in jeder Leseniveaugruppe Lesungen zu beobachten sind, die mit einer logographischen Lesestrategie erklärt werden können. Da nicht alle Buchstaben des zu lesenden Fibelwortes bekannt sind, müssen wortspezifische Merkmale (z.B. bestimmte Anordnungen der Buchstaben in einem Wort) die Worterkennung bewirkt haben, da eine sukzessive Links—Rechts—Abarbeitung der Buchstaben, wie dies beim Dekodieren angenommen wird, aufgrund der mangelnden Buchstabenkenntnis nicht möglich ist.
Bei dieser Interpretation wird allerdings unterstellt, daß das Buchstabenbenennen ein reliables Maß für die Buchstabenkenntnis ist. Beim Buchstabenbenennen wurden jedoch nahezu alle Groß— und Kleinbuchstaben, die im 1. Schuljahr Unterrichtsgegenstand sind, vorgelegt. Jedes Kind war also, in Abhängigkeit von seiner Buchstabenkenntnis, mit einer unterschiedlichen Anzahl unbekannter Buchstaben konfrontiert. Inwieweit hierdurch Buchstabenverwechslungen durch visuelle Ähnlichkeiten zwischen bekannten und unbekannten Buchstaben provoziert worden sind, die bei den Leseaufgaben nicht haben auftreten können, weil hier nur bekannte Buchstaben in einem bekannten Wortkontext präsentiert wurden, kann nicht ermittelt werden. Es ist also durchaus möglich, daß die Buchstabenkenntnis mit der Aufgabe Buchstabenbenennen unterschätzt worden ist.

Ob die Wörter, deren Buchstaben von den Kindern benannt werden können, mit einer logographischen oder einer alphabetischen Lesestrategie gelesen worden sind, läßt sich im Rahmen dieser Untersuchung nicht entscheiden. Da in Leseniveaugruppe 1 jedoch definitionsgemäß kein alphabetisches Leseverhalten auftritt und kein Transferwort richtig gelesen werden kann, ist es möglich, daß hier logographische Lesestrategien vorherrschend sind. Es ist aber gleichermaßen möglich, daß die Kinder Fibelwörter dekodieren, dieses aber nicht beobachtbar ist.

Die alphabetische Lesestrategie ist zwar in der hier untersuchten Stichprobe zu einem sehr frühen Zeitpunkt die vorherrschende Strategie, dies läßt sich an der Entwicklung der Transferwörterleseleistungen und des alphabetischen Leseverhaltens von Meßzeitpunkt T2 zu T3 ablesen, dennoch sind logographische Lesestrategien keineswegs gänzlich auszuschließen.

10 Studie 4. Lautanalyse und –synthesefertigkeiten in drei Leseniveaugruppen nach 10 Wochen Unterricht

10.1 Fragestellung

Nach 10 Wochen Unterricht können drei unterschiedliche Leseniveaugruppen unterschieden werden. Knapp die Hälfte der untersuchten Kinder (46.2 %) können mindestens ein Transferwort lesen und zeigen alphabetisches Leseverhalten (Leseniveaugruppe 3), 32.3 % der Erstklässler können noch keine Transferwörter lesen, zeigen aber Ansätze alphabetischen Leseverhaltens (Leseniveaugruppe 2) und 21.5 % können weder ein Transferwort lesen, noch zeigen sie alphabetisches Leseverhalten (Leseniveaugruppe 1). In Studie 4 soll geprüft werden, ob die Leistungen in der Lautanalyse und –synthese vom Leseniveau der Kinder abhängig ist. Hierbei soll der Frage nachgegangen werden, ob die mittlere Leseniveaugruppe 2 lautsprachliche Fertigkeiten in höherem Ausmaß ausgebildet hat als die untere Leseniveaugruppe 1 oder ob ein hohes Ausmaß lautsprachlicher Fertigkeiten erst dann zu beobachten ist, wenn ein hohes Leseniveau wie in Leseniveaugruppe 3 ausgebildet ist. Mit dem Leseniveau monoton ansteigende Leistungen in der Lautsynthese und –analyse würden darauf hindeuten, daß die lautsprachlichen Fertigkeiten in starker Abhängigkeit zum Leseniveau stehen. Gleich hohe Leistungen in Leseniveaugruppe 2 und 3 sprächen hingegen für eine relative Unabhängigkeit. Ein hohes lautsprachliches Analyse– und Syntheseniveau würde keineswegs die Fähigkeit zum Transferwörterlesen garantieren und wäre damit von zusätzlichen, anderen Faktoren abhängig.

Die Lautanalysefähigkeit wird mit einer Aufgabe erhoben, bei der der Anfangslaut eines Wortes zu benennen ist. Es wurden Vokale und Konsonanten abgefragt. Aufgrund der bereits im Vorschulalter vorhandenen vokalischen Assoziationsfähigkeit, die für betonte Anfangsvokale nachgewiesen ist (Mannhaupt & Jansen 1989), und der Einübung vokalischer Analysen im Anfangsunterricht kann unterstellt werden, daß diese Vokale von allen Kindern gleichermaßen gut beherrscht werden. Unterschiede könnten sich aber bereits bei kurzen Vokalen andeuten, die noch nicht Unterrichtsgegenstand waren. Bei Konsonanten kann hingegen davon ausgegangen werden, daß die Fähigkeit zu ihrer Analyse im schriftsprachlichen Kontext erworben wird. Es kann daher vermutet werden, daß Kinder der Leseniveaugruppe 1 nur die im Unterricht vermittelten Konsonanten analysieren können. Darüber hinausgehende Analysen sind in zunehmendem Maße in den Leseniveaugruppen 2 und 3 zu erwarten, da nach Skjelfjord (1987a) eine auf ausreichend hohem Niveau erworbene Lautanalysefähigkeit dazu tendiert, sich auch auf noch nicht vermittelte Laute auszuweiten.

Um die Lautsynthesefähigkeit zu erheben, wird auf die Lauteverbindenaufgabe mit Bildern aus der Studie 2 (s. Kap. 8) zurückgegriffen. Den Kindern wurden vier Bildalternativen präsentiert, deren Bildwörter unterschiedliche lautliche Übereinstimmungen mit der Lautvorgabe aufwiesen. Die Kinder im Vorschulalter wählten fast ausnahmslos die Alternativen mit vokalischer oder vollständiger lautlicher Übereinstimmung. Bei KV–K–Items wurde signifikant häufiger die korrekte Alternative gewählt, während sich die Bildwahlen bei den K–VK–Items zufällig auf beide Alternativen mit gleichem VK–Element verteilten. Die Ergebnisse zeigten, daß eine Fähigkeit zur vokalischen Steuerung (vgl. Menzerath & Lacerda 1933) in einem eingeschränkten lexikalischen Suchraum im Vorschulalter unterstellt werden kann, nicht jedoch eine Koartikulationsfähigkeit. Es wurde vermutet, daß die Fähigkeit, Vokale zu steuern, d.h. Vokale mit einem nachfolgendem Konsonanten zu verbinden, der Fähigkeit zur Koartikulation (das Verbinden eines Konsonanten mit einem nachfolgenden Vokal) vorausläuft. Die Bildung koartikulierter Einheiten verlangt ein hohes Maß an Übung und wird deshalb mit hoher Wahrscheinlichkeit erst im Kontext des Schriftspracherwerbs ausgebildet. Es ist deshalb anzunehmen, daß die Kinder der Leseniveaugruppe 3, die Transferwörter dekodieren können, auch in hohem Ausmaß über die Fähigkeit zur Bildung von koartikulierten Einheiten verfügen. Sie sollten deshalb K–VK–Items häufiger richtig lösen als die Kinder der Leseniveaugruppen 1 und 2. KV–K–Items sollten unabhängig von der Leseniveaugruppe besser gelöst werden können als K–VK–Items, da sich die Lösungshäufigkeiten bereits im Vorschulalter signifikant unterschieden. Es ist aber auch hier zu erwarten, daß KV–K–Items mit steigendem Leseniveau besser gelöst werden.

10.2 Hypothesen

1. Da das Benennen betonter Anfangsvokale in der Schule frühzeitig eingeübt und diese schon im Vorschulalter einem Wort zugeordnet werden können (vokalische Assoziationsfähigkeit), sollten sich die Leistungen im Benennen dieser Vokale in den drei Leseniveaugruppen nicht unterscheiden.

2. Die Fähigkeit zur Benennung von kurzen Vokalen und Konsonanten wird im schriftsprachlichen Kontext erworben. Hier sollte die alphabetische Leseniveaugruppe 3 die höchsten Leistungen zeigen.

3. Die Fähigkeit, K–VK–Lautfolgen zu verbinden (zu koartikulieren), ist in hohem Maße in der Leseniveaugruppe 3 ausgebildet. In der Leseniveaugruppe 1 und 2 liegt sie hingegen deutlich niedriger.

4. KV–K–Lautfolgen werden in allen drei Leseniveaugruppen häufiger richtig gelöst als K–VK–Lautfolgen.

5. KV–K–Lautfolgen werden von Kindern mit hohem Leseniveau häufiger richtig gelöst als von Kindern mit niedrig ausgebildeter Lesefertigkeit.

10.3 Aufgabenbeschreibungen

1. **Lauteverbinden mit Bildvorgabe.** Aufgabenbeschreibung siehe Studie 2, Kapitel 8.

2. **Anfangslaute Benennen.** Die Aufgabe bestand aus zwei Beispiel– und 30 Testitems, bei denen der Anfangslaut eines sinnvollen Wortes vom Kind zu benennen war. Die Wörter wurden durch Bilder repräsentiert. Auf DIN–A4–Vorlagen waren für die Beispielitems 2 und für die Testitems jeweils 3 Abbildungen (Bildmaterial und Testitems s. Anhang) auf insgesamt 11 Vorlagen aufgedruckt. Nachdem die Bildwortbezeichnungen dem Kind genannt worden waren, wurde es aufgefordert, die Wörter der Vorlage zu wiederholen und den Anfangslaut zu benennen. Es wurde mit einem den Kindern bekannten Fibelwort begonnen (Umi) und als zweites Beispielitem (Öse) ein den Kindern unbekannter Laut abgefragt. Fehler bei den Beispielitems wurden korrigiert und dann die Testitems bearbeitet. Auswertungsgrundlage bildeten die in der Sitzung aufgenommenen Tonbandaufzeichnungen.

Da die Aufgabe auch zur Beantwortung anderer Fragestellungen konzipiert wurde, die an dieser Stelle nicht erörtert werden können, wurde eine Itemauswahl getroffen. Bei 6 Testitems war ein langer Anfangsvokal oder ein Diphthong zu benennen (Adler, Arm, Efeu, Iglu, Eimer, Euter). Die Benennung kurzer Vokale bezog sich vorwiegend auf den kurzen /ä/–Laut (Ärmel, Ärztin, Äste, Ente, Elf) und jeweils einmal auf /u/ (Umhang) und /e/ (Etage). Es wurden 12 Konsonanten abgefragt (Dieb, Fisch, Haar, Leiter, Meer, Nuß, Papier, Ring, Schnur, Sofa, Tor, Wald)

10.4 Ergebnisse

10.4.1 Leistungen im Benennen von Anfangslauten in den drei Leseniveaugruppen

Wie aus Tab. 8 zu entnehmen, unterscheiden sich die Leistungen im Benennen von langen und kurzen Anfangsvokalen und Anfangskonsonanten in den drei Leseniveaugruppen.
Obwohl anzunehmen war, daß aufgrund der bereits in der Vorschulzeit nachgewiesenen vokalischen Lautassoziationsfähigkeit die Benennung langer Vokale relativ leicht und in sehr kurzer Zeit erlernt werden kann, liegen die Leistungen der Leseniveaugruppe 1 signifikant unter denen der beiden anderen Gruppen. Die Leistungsunterschiede zwischen Leseniveaugruppe 2 und 3 sind jedoch nicht signifikant. Lange Vokale können von den Kindern beider Gruppen gleich gut benannt werden. Dies zeigt, daß Kinder, die keine unbekannten Wörter lesen können und kein alphabetisches Leseverhalten zeigen, auch basale Lautanalysefertigkeiten wesentlich schlechter beherrschen.
Bei kurzen Vokalen zeigt sich hingegen ein Anstieg der Leistungen mit zunehmendem Leseniveau. Die Unterschiede zwischen den Gruppen sind signifikant. Allerdings liegen die Leistungen auf einem allgemein sehr niedrigen Niveau. Besonders schwierig erwies sich, das kurze /ä/ zu analysieren, für das zu diesem Zeitpunkt noch kein Buchstabe eingeführt worden war.
Die konsonantische Analysefähigkeit ist in der Gruppe der alphabetisch lesenden Kinder in hohem Maße ausgebildet. Die Leistungen unterscheiden sich signifikant von den anderen beiden Leseniveaugruppen. Zwischen Leseniveaugruppe 1 und 2 können hingegen keine signifikanten Leistungsunterschiede festgestellt werden.

Leseniveau-gruppe	lange Vokale M (s)	kurze Vokale M (s)	Kon-sonanten M (s)
1	3.46 (1.61)	0.77 (0.93)	5.38 (3.45)
2	4.26 (0.81)	1.67 (1.11)	6.48 (3.46)
3	5.00 (0.66)	2.52 (1.33)	9.21 (2.68)
Scheffé-Vergleiche zwischen den Gruppen:			
1-2	.01	.05	n.s
2-3	n.s.	.05	.01
F-Wert$_{(2,62)}$	11.41**	10.25**	8.47**

** = $p < .01$

Tab. 8: Mittelwerte (M) und Standardabweichungen (s) im Benennen langer und kurzer Anfangsvokale und Anfangskonsonanten zum Meßzeitpunkt T2 für die Leseniveaugruppen 1 - 3 (einschließlich varianzanalytischer Kennwerte).

10.4.2 Leistungen im Lauteverbinden mit Bildern in den drei Leseniveaugruppen

Bei der Aufgabe Lauteverbinden mit Bildern (s. Kap. 8) werden von den Kindern auch nach 10 Wochen Unterricht fast ausnahmslos die korrekte und die vokalische Bildalternative gewählt.
Die Bildalternative mit keiner lautlichen Übereinstimmung und die mit konsonantischer Übereinstimmung zur Lautvorgabe wurden hingegen kaum berücksichtigt. Diese Bildalternativen wurden in Leseniveaugruppe 3 keinmal gewählt. In Leseniveaugruppe 2 liegt die mittlere Wahlhäufigkeit dieser beiden Bildalternativen mit M = 0.09 bei den KV–K– und mit M = 0.05 bei den K–VK–Items auf einem sehr niedrigen Niveau. Lediglich in Leseniveaugruppe 1 ist eine leicht

erhöhte mittlere Wahlhäufigkeit von M = 0.26 bei den KV–K–Items zu finden. Bei den K–VK–Items werden hingegen in dieser Gruppe nur die richtige und die vokalische Alternative gewählt. Da sich die Wahlhäufigkeiten für die Bildalternative mit keiner lautlichen Übereinstimmung und die mit konsonantischer Übereinstimmung zur Lautvorgabe auf vernachlässigbar geringem Niveau bewegen, werden diese Bildwahlen pro Kind mit einem Wert von 0.5 der richtigen Alternative zugerechnet. Hierdurch gehen die außerhalb der richtigen und vokalischen Bildalternative liegenden Bildwahlen als Zufallswert in die Mittelwerte der richtigen und vokalischen Alternative ein. Diese Dichotomisierung ermöglicht Gleichverteilungsprüfungen mittels z–Werten über die mittlere Anzahl richtiger Lösungen und die varianzanalytische Prüfung der Item– und Gruppeneeffekte. Da nur in der Leseniveaugruppe 1 bei den KV–K–Items ein leicht erhöhter Anteil der außerhalb der richtigen und vokalischen Bildalternative liegenden Bildwahlen zu finden ist, überschätzt der gewichtete Mittelwert die tatsächlich zu beobachtende Anzahl an richtigen Lösungen nur geringfügig.

Tab. 9 gibt die gewichteten Mittelwerte richtiger Lösungen für die beiden Itemarten in den drei Leseniveaugruppen nach 10 Wochen Unterricht wieder. Eine varianzanalytische Prüfung (3 x 2–Design) mit dem Faktor Leseniveaugruppe und dem Meßwiederholungsfaktor Itemart ergibt einen hochsignifikanten Gruppeneffekt ($F_{(2,62)} = 8.14$, $p < .01$) und einen ebenfalls hochsignifikanten Unterschied zwischen den Itemarten ($F_{(1,62)} = 10.85$, $p < .01$) bei nichtsignifikanter Interaktion ($F_{(2,62)} = 0.14$).

Post–hoc Scheffé–Vergleiche mit den kritischen Differenzen $D_{p < .05} = 0.26$ und $D_{p < .01} = 0.33$ für den Faktor Leseniveaugruppe zeigen, daß sich nur die Leseniveaugruppe 1 bei beiden Itemarten von den Leseniveaugruppen 2 und 3 unterscheidet. Zwischen Leseniveaugruppe 2 und 3 ergeben sich hingegen keine Unterschiede.

In allen drei Leseniveaugruppen unterscheiden sich die Mittelwerte richtiger Lösungen zwischen den KV–K– und K–VK–Items hochsignifikant ($D_{p < .01} = 0.20$).

Leseniveaugruppe Nr.	n	KV-K-Items Richtige Lösungen M (s)	z	K-VK-Items Richtige Lösungen M (s)	z
1	14	1.79 (1.12)	0.97	1.43 (1.02)	0.26
2	21	2.48 (0.58)	7.72**	2.02 (0.82)	2.92**
3	30	2.63 (0.49)	12.70**	2.10 (0.85)	3.90**

** = $p < .01$; * $p < .05$

Tab. 9: Gewichtete Mittelwerte, Standardabweichungen und z-Werte richtiger Lösungen in der Aufgabe Lauteverbinden mit Bild zum Meßzeitpunkt T2 in den Leseniveaugruppen 1 - 3 auf Gleichverteilung

Bei zwei Antwortalternativen und je drei Items pro Itemart ist bei einer Zufallswahl eine mittlere Wahlhäufigkeit von M = 1.5 zu erwarten. Um zu prüfen, ob sich die beobachteten Mittelwerte vom zu erwartenden Zufallswert unterscheiden, wurden z−Werte berechnet. Wie Tab. 9 zu entnehmen, sind die gewichteten Mittelwerte für beide Itemarten in Leseniveaugruppe 1 nicht unterschiedlich von einem bei einer Zufallswahl zu erwartenden Mittelwert von M = 1.5. Dies zeigt, daß der Mittelwertsunterschied zwischen KV−K− und K−VK−Items in Leseniveaugruppe 1 nicht interpretiert werden darf. In den Leseniveaugruppen 2 und 3 wird hingegen bei beiden Itemarten überzufällig die richtige Alternative gewählt.

Die Ergebnisse zeigen, daß sich die Leistungen in Leseniveaugruppe 1 auf Zufallsniveau bewegen. Kinder der Leseniveaugruppe 2, die noch kein Transferwort lesen, aber alphabetisches Leseverhalten zeigen, unterscheiden sich in ihren Leistungen bei beiden Itemarten nicht von den alphabetisch lesenden Kindern in der Leseniveaugruppe 3. Eine mit Bildern unterstützte Lauteverbindenaufgabe kann somit von beiden

Leseniveaugruppen in gleichem Ausmaß gelöst werden. Es zeigt sich aber, daß je nach Itemart innerhalb der Leseniveaugruppen 2 und 3 unterschiedlich hohe Leistungen erreicht werden. Sowohl in Leseniveaugruppe 2 wie auch in Leseniveaugruppe 3 werden KV–K–Items signifikant häufiger gelöst als K–VK–Items. Auch im Schulalter und unter für beide Itemarten gleich eingeschränkten Suchraumbedingungen können vokalische Elemente mit Endkonsonanten leichter verbunden werden (vokalische Steuerung) als Anfangskonsonanten mit einem nachfolgenden vokalischen Element (Koartikulation).

10.5 Diskussion der Ergebnisse

Die Leistung im Benennen langer Anfangsvokale liegt in Leseniveaugruppe 1 entgegen der Erwartung deutlich unter der in Leseniveaugruppe 2 und 3. Es wurde angenommen, daß diese basale lautanalytische Fertigkeit von allen Kindern auf hohem Niveau beherrscht wird, da die Mehrzahl der Kinder bereits im Vorschulalter Vokale mit Wörtern assoziieren kann und die Vokalanalyse im schulischen Unterricht eingeübt worden ist. Den Kindern der Leseniveaugruppe 1 bereitet dies aber offensichtlich mehr Schwierigkeiten als den Kindern der anderen beiden Leseniveaugruppen.

Zu erwarten war hingegen, daß die Leistungen im Benennen von kurzen Vokalen und Konsonanten in der Leseniveaugruppe 1 niedrig liegen, weil die Analyse dieser Laute erst in der Schule eingeübt und hierfür keine direkten vorschulischen Voraussetzungen angenommen werden können. Die Ergebnisse zeigen deutlich, daß auch die Analyse langer Anfangsvokale zumindest bei leistungsschwächeren Kindern im Unterricht eingeübt werden muß und nicht angenommen werden darf, daß die Fähigkeit zur Analyse langer Anfangsvokale schon im Vorschulalter ausgebildet ist.

Die Leistungen im Lauteverbinden liegen in Leseniveaugruppe 1 ebenfalls auf sehr niedrigem Niveau. Die Bildantworten sind für K–VK– und KV–K–Items zufällig auf die richtige und die vokalische Alternative verteilt. Zu erwarten war, daß sich die Leistungen bei K–VK–Items, weil hier der Anfangskonsonant mit dem nachfolgenden vokalischen Teil zu koartikulieren ist, auf dem Zufallsniveau bewegen. Bei KV–K–Items hingegen sollten sich die Bildantworten nicht zufällig auf die richtige und die vokalische Alternative verteilen, da dies im Vorschulalter in der Gesamtgruppe nicht der Fall war. Erwartungswidrig liegen aber auch die Leistungen bei KV–K–Items auf Zufallsniveau. In der Gruppe der leseschwächeren Kinder ist eine Fähigkeit zur vokalischen Steuerung nicht ausgebildet.

Zusammenfassend läßt sich feststellen, daß die Kinder der Leseniveaugruppe 1, die kein Transferwort lesen können und keine Ansätze alphabetischen Leseverhaltens zeigen, auch geringe lautanalytische und –synthetische Fertigkeiten ausgebildet haben. Die Leistungen im Benennen von langen Anfangsvokalen und Anfangskonsonanten liegen aber keineswegs bei Null. Dies zeigt, daß auch die Kinder dieser Gruppe, zwar auf niedrigem Niveau, lautanalytische Leistungen zeigen.

Interessant sind die Leistungen der Kinder in Leseniveaugruppe 2, die sich nach der in Studie 3 getroffenen Unterteilung nur im Leseverhalten von der Leseniveaugruppe 1 unterscheidet. Im Vergleich zur Leseniveaugruppe 1 zeigen sich hier höhere Leistungen im Benennen langer und kurzer Anfangsvokale und im Lauteverbinden. Nur die Fähigkeit zur Analyse von Anfangskonsonanten ist auf ähnlich niedrigem Niveau wie in Leseniveaugruppe 1 ausgebildet.
Gegenüber der Leseniveaugruppe 3 sind in Leseniveaugruppe 2 gleich hohe Leistungen im Benennen langer Anfangsvokale und im Verbinden von KV–K– und K–VK–Elementen zu beobachten. Die nichtsignifikanten Unterschiede sind hier durch Deckeneffekte mitbedingt. Im Benennen von Anfangskonsonanten und kurzen Vokalen zeigen sich hingegen signifikant höhere Leistungen in der Leseniveaugruppe 3. Dies sind allerdings auch die Aufgaben, bei denen auch in Leseni-

veaugruppe 3 noch ausreichend große Varianzen zu beobachten sind. Kinder, die noch nicht dekodierend lesen können, aber Ansätze alphabetischen Lesens zeigen, verfügen auch über eine höher entwickelte vokalische Analysefähigkeit und über ausgeprägtere Lautsynthesefertigkeiten als Kinder, die Ansätze alphabetischen Lesens noch nicht zeigen. Bei der konsonantischen Analysefähigkeit unterscheiden sich beide Gruppen hingegen nicht.

In allen drei Leseniveaugruppen werden KV–K–Items häufiger richtig gelöst als K–VK–Items. In Leseniveaugruppe 1 liegen die Mittelwerte jedoch im Zufallsbereich. Es kann daher nur für die Leseniveaugruppen 2 und 3 festgestellt werden, daß die Kinder dieser beiden Gruppen einen Endkonsonanten leichter mit einem vokalischen Element verbinden können (vokalische Steuerung) als einen Anfangskonsonanten mit einem vokalischen Element (Koartikulation). Damit kann der im Vorschulalter in der Gesamtgruppe gefundene Effekt auch bei Schulkindern, die alphabetisches Leseverhalten zeigen, nachgewiesen werden.

11 Studie 5. Lauteverbinden und Lesen

11.1 Fragestellung

Das dekodierende Lesen erfordert, daß Grapheme oder Graphemgruppen in Laute oder Silben übersetzt und synthetisiert werden können (Scheerer–Neumann, 1989a, Valtin 1984b). Die Fähigkeit zur Wortdekodierung garantiert zwar nicht notwendigerweise, daß Wörter in korrekter Aussprache und sinnerfassend gelesen werden können (Gough 1972, Günther 1989–1990), weil das bei Leseanfängern zu beobachtende Leseverhalten (z.B. Dehnlesen) zu einer starken Verfremdung der Wortaussprache führen kann, sie bildet aber eine wesentliche Voraussetzung für das Lesen unbekannter Wörter.
Der Dekodierprozeß besteht im wesentlichen aus drei Verarbeitungsschritten (vgl. Coleman 1970, Richardson et al. 1977):
(1) Es wird eine visuelle Analyse der Lesevorlage vorgenommen, bei der das zu lesende Wort von links nach rechts abgearbeitet wird, (2) zu jeder visuellen Einheit wird eine lautliche zugeordnet und (3) die lautlichen Einheiten werden zu einem Wort verbunden. Die Lautsynthese bildet damit einen zentralen Teilprozeß dekodierenden Lesens (Roberts 1975).

Um Probleme mit der lautlichen Synthese beim Lesen festzustellen, ist es naheliegend, den Kindern eine Lauteverbindenaufgabe zu präsentieren, die die Lautsynthesefertigkeit unabhängig von der Schrift erfaßt: "We became interested in auditory blending ability after noting that children with severe reading disabilities also had extreme difficulty in learning phonics, particularly in blending and synthesizing sounds" (Chall et al. 1963, S. 113).
Hat ein Kind Schwierigkeiten eine Lauteverbindenaufgabe zu bewältigen, so kann vermutet werden, daß seine Leseschwierigkeiten durch Lautsyntheseschwierigkeiten und nicht durch mangelnde Buchstabenkenntnis oder Schwierigkeiten bei der Graphem–Phonem–Zuordnung

bedingt sind. Eine solche Schlußfolgerung ist aber problematisch, weil sich Lese– und Lauteverbindenaufgaben durch spezifische Aufgabenanforderungen unterscheiden.

Nach Venezky (1972) unterscheiden sich die Verarbeitungsprozesse in einer Lautsynthese– und Leseaufgabe dadurch, daß den Kindern beim Lesen eine visuell zu verarbeitende Vorlage zur Verfügung steht, auf die so lange zurückgegriffen werden kann, bis der Leseprozeß abgeschlossen ist, beim Lauteverbinden kann hingegen auf die sukzessiv vorgegebenen lautlichen Einheiten nach der Präsentation nicht mehr zugegriffen werden. Weiterhin ist beim Lesen die Art der zu synthetisierenden Einheiten nicht vorbestimmt. Sie sind vom Kind sowohl in ihrer Größe (Einzelbuchstaben oder Buchstabengruppen) wie auch in ihrer Qualität (es handelt sich nicht um vorgegebene, sondern um eigene Lautqualitäten des Kindes) prinzipiell frei wählbar. Zusätzlich muß auch ein bisher wenig beachteter Unterschied in Rechnung gestellt werden, denn Lauteverbinden und Lesen unterscheiden sich auch in der Art des durch die Vorgaben angesprochenen Sinneskanals (s. Haddock 1976). Damit ergeben sich drei wesentliche Unterschiede zwischen einer Lautsynthese– und einer Leseaufgabe:

1. in der Art des angesprochenen Sinneskanals (auditiv versus visuell)
2. in der Verfügbarkeit der Vorgabe (flüchtig versus permanent)
3. in der Wahlfreiheit der zu verarbeitenden Einheit (niedrig versus hoch).

Unterschiede zwischen Lautsynthese– und Leseleistungen können durch unterschiedliche Einflüsse dieser drei Bestimmungsgrößen mitbedingt sein. Niedrige Leistungen im Lauteverbinden sind damit nicht ohne weiteres ein Indikator für Syntheseprobleme beim Lesen, da niedrige Leistungen auch aus einer höheren Gedächtnisbelastung (durch die sukzessive Vorgabe) beim Lauteverbinden resultieren können. Da beim Lesen die Art der zu verarbeitenden Einheit (Einzelbuchstaben oder Buchstabengruppen) frei gewählt werden kann, sind beim Lesen höhere Leistungen dann zu erwarten, wenn sich das Kind auf einem Leseniveau befindet, das Einheitenbildungen höherer Ordnung zuläßt. Eine solche Fähigkeit kann in der Regel erst dann unterstellt werden, nachdem die Kinder die Phase des Buchstabe-für-Buchstabe-Lesens durchlaufen haben (Frith 1985). Zu einem sehr frühen Zeitpunkt in der Leselernentwicklung muß eine sukzessive Vorgabe einzelner Laute nicht notwendigerweise von Nachteil sein. Es ist durchaus möglich, daß hierdurch jedem einzelnen Laut die gleiche Aufmerksamkeit geschenkt wird und damit alle konstituierenden Laute eines Wortes beachtet werden. Beim Lesen hingegen besteht die Gefahr, sich auf markante Merkmale des Wortes zu konzentrieren und nicht alle Buchstaben zu beachten (vgl. Marx 1985).

Inwieweit Syntheseleistungen durch die Art des angesprochenen Sinneskanals beeinflußt werden, wurde von Roberts (1975) und Haddock (1976) geprüft. Die Autorinnen präsentierten Kindern einzelne Laute oder Buchstaben, die sie zu verbinden hatten. Roberts (1975) fand bei 5 bis 6 jährigen Kindern, daß Laute leichter zu einem Wort verbunden werden konnten als sukzessiv vorgegebene Buchstaben. Unklar bleibt in dieser Studie allerdings, inwieweit lautliche Syntheseübungen mit den Kindern eingeübt worden waren und ob der Effekt nicht durch die Verwendung verschiedener Wörter beim Laute- und Buchstabenverbinden verursacht worden ist.

Strukturell gleiches Wortmaterial wurde in einer Trainingstudie von Haddock (1976) verwendet. Die Autorin prüfte die Effektivität rein lautlicher und mit Buchstaben unterstützter Syntheseübungen bei 5;4 Jahre alten Kindern und fand bei buchstabenunterstütztem Lernen höhere Leistungen in einem abschließenden Kriteriumstest.

Da sich die Befunde der beiden Studien widersprechen, bleibt unklar, ob visuelle oder auditive Eingangsinformationen verschieden hohe Syntheseleistungen bewirken.

Ziel der Studie 5 ist es zu prüfen, ob unter schulischen Bedingungen das Buchstabenverbinden besser gelingt als das Lauteverbinden. Hierzu wird die Gesamtstichprobe in die Parallelgruppen I und II unterteilt und in jeder Parallelgruppe ein identischer Itemsatz von Transferwörtern, die den Kindern unbekannt waren, nach 10 und 19 Wochen Unterricht vorgegeben. Am Ende der Untersuchungssitzungen wurden die gleichen Wörter den Kindern zum Lesen vorgelegt, so daß zusätzlich Vergleiche zwischen den Leistungen im Lauteverbinden und Lesen in Parallelgruppe I und Buchstabenverbinden und Lesen in Parallelgruppe II möglich werden.

	Sinnes-kanal		Verfüg-barkeit		Wahl-freiheit	
Aufgabe	auditiv	visuell	flüchtig	permanent	niedrig	hoch
Laute-verbinden	X		X		X	
Buchstaben-verbinden		X	X		X	
Lesen		X		X		X

Tab. 10: Gemeinsamkeiten und Unterschiede zwischen den Aufgaben Laute-, Buchstabenverbinden und Lesen

Wie aus Tab. 10 ersichtlich, weist die Aufgabe Buchstabenverbinden in der Art des angesprochenen Sinneskanals eine Gemeinsamkeit mit dem Lesen auf. In beiden Aufgaben wird der visuelle Sinneskanal angesprochen. Die Vorgabe erfolgt jedoch, wie bei der Lauteverbindenaufgabe, sukzessiv, so daß keine permanente Verfügbarkeit gegeben ist. Weiterhin ist es auch nicht möglich, Einheiten höherer Ordnung unmittelbar aus der Vorgabe zu bilden.

Direkt vergleichbar sind damit die Aufgaben Laute– und Buchstabenverbinden. Sie unterscheiden sich nur in einer Bedingung (visuell–auditiv).
Schlechtere Leistungen im Lauteverbinden sind nur dann zu erwarten, wenn eine auditive Information schwieriger zu verarbeiten ist als eine über Buchstaben vermittelte visuell–auditive Information. Wenn die lautliche Synthese eine wesentliche Teilfertigkeit des dekodierenden Lesens ist, d.h. das Lesen unbekannter Wörter immer auch Lautsynthesen verlangt, so ist hingegen zu erwarten, daß lautliche und visuell–lautliche Synthesen gleich schwierig sind, da beim dekodierenden Lesen gleichzeitig Lautsythesen ausgeführt und eingeübt werden.
Weiterhin sprechen die im Schulunterricht angebotenen Syntheseübungen in der Regel beide Sinnekanäle an (s. Handbuch des in dieser Stichprobe verwendeten Leselehrganges "Lesestart" von Thiele & Ricke 1986). Auch deshalb kann vermutet werden, daß rein lautliche wie auch visuell–lautliche Synthesen auf gleichem Niveau ausgeführt werden können.

Ob eine Laut– oder Buchstabensynthese leichter oder schwerer zu bewältigen ist, kann aus der Anzahl der bei jeder Aufgabe produzierten richtigen Lösungen aber nur geschlossen werden, wenn Laute und Buchstaben von den Kindern in gleicher Weise eindeutig enkodiert werden können. Werden Buchstaben und Laute nicht eindeutig identifiziert und verwechselt, so führt dies zu unterschiedlichen Leistungen, die nicht auf Schwierigkeiten bei der Synthese, sondern auf Probleme bei der Enkodierung zurückgeführt werden können. Da die Buchstaben und Laute der in den Itemsätzen verwendeten Wörter zum Meßzeitpunkt alle eingeübt waren, ist mit einem gleich hohen Anteil an Verwechslungen beim Laute– und Buchstabenverbinden zu rechnen.

Durch den Vergleich der Leistungen im Buchstabenverbinden mit den Leistungen in der Leseaufgabe wird abschätzbar, inwieweit die sukzessive Vorgabe visueller Einheiten gegenüber der permanenten Lesevorlage zu Unterschieden führt. Da sich die Kinder in der Frühphase des Leseerwerbs befinden, ist wahrscheinlich, daß sie noch keine Einheiten höherer Ordnung (Buchstabencluster) aus der Lesevorlage bilden können und sich deshalb hieraus kein Unterschied zwischen beiden Aufgaben ergibt. Es ist allerdings anzunehmen, daß die sukzessive Vorgabe das Arbeitsgedächtnis in stärkerem Maße belastet als eine permanent verfügbare und kontrollierbare Lesevorlage. Geringere Leistungen beim Buchstabenverbinden gegenüber dem Lesen sind daher wahrscheinlich.
Eine ähnlich starke Gedächtnisbelastung ist auch beim Lauteverbinden anzunehmen (Venezky 1972). Es ist daher zu erwarten, daß die Leistungen im Lauteverbinden ebenfalls unter den Leseleistungen liegen.

In Ergänzung der Aufgabenschwierigkeitsanalyse werden die korrelativen Beziehungen der drei Aufgabentypen untereinander betrachtet, um ihre wechselseitige Abhängigkeit zu prüfen. Es ist zu erwarten, daß die Korrelationen zwischen den Aufgabentypen dann besonders hoch ausfallen, je weniger sie sich nach den oben genannten drei Einflußgrößen unterscheiden.

11.2 Hypothesen

1. Die Leistungen im Lauteverbinden (Parallelgruppe I) und im Buchstabenverbinden (Parallelgruppe II) unterscheiden sich weder zum

Meßzeitpunkt T2 noch zu T3, wenn Laute und Buchstaben in gleicher Weise eindeutig enkodiert werden können.

2. Da nur bekannte Buchstaben und Laute verwendet werden, ergibt sich kein Unterschied in der Anzahl der Laut- und Buchstabenverwechslungen zwischen beiden Aufgabenformen.

3. Da die sukzessive Vorgabe beim Buchstaben- und Lauteverbinden zu einer höheren Belastung des Arbeitsgedächtnisses führt und gleichzeitig beim Lesen die Bildung von Einheiten höherer Ordnung möglich ist, wird beim Lesen eine höhere Anzahl richtiger Lösungen erreicht.

11.3 Anlage der Untersuchung und Aufgabenbeschreibungen

Es handelt sich um ein Parallelgruppendesign. Die Stichprobe wurde nach dem Meßzeitpunkt T1 nach Alter, Geschlecht und 10 Leistungskennwerten (s. Kap. 11.4) in zwei Gruppen mit identischen Mittelwerten und Standardabweichungen geteilt. Zum Meßzeitpunkt T2 und T3 wurde in Parallelgruppe I eine Lauteverbindenaufgabe, in Parallelgruppe 2 eine Buchstabenverbindenaufgabe mit identischen Itemsätzen vorgegeben. Als Testitems dienten die in Kap. 9 (Studie 3) verwendeten Transferwörter der Leseaufgabe (Testitems: mut, amt, mal, ulm, alm, tal).
Die Durchführung der Aufgaben Laute- oder Buchstabenverbinden erfolgte zu Beginn der Untersuchungssitzungen. Am Ende der jeweiligen Sitzungen wurden die Testitems als Leseaufgabe vorgegeben.

Lauteverbindenaufgabe. Die Transferwörter wurden den Kindern in Einzellaute getrennt vom Kassettenrecorder vorgespielt. Die Instruktion ist mit der in Kap. 7 (Studie 1) zum Meßzeitpunkt T1 verwendeten identisch. Die Aufgabe wurde mit Silben eingeführt, die zu verbinden waren. Zum Meßzeitpunkt T2 wurden die 8 silbischen Übungsitems aus T1 übernommen und es erfolgte dann die Vorgabe von 9 sinnvollen, einzellautlich getrennten Wörtern. Zum Abschluß wurden die 6 Transferwörter vorgegeben. Zum Meßzeitpunkt T3 wurde mit drei lautlich getrennten Beispielitems begonnen und auf die Vorgabe der silbisch getrennten Wörter verzichtet. Unmittelbar nach den Beispielitems erfolgte die Vorgabe der 9 sinnvollen Wörter und danach die Vorgabe der hier interessierenden 6 Testitems. Die einzelnen Laute wurden in einem Vorgabetakt von 1,5 Sekunden präsentiert.

Buchstabenverbinden. Das Buchstabenverbinden wurde in Parallelgruppe II an gleicher Position durchgeführt wie das Lauteverbinden. Es erfolgte lediglich eine kurze Überleitung, daß nun nicht mehr Laute, sondern Buchstaben vorgegeben werden. Jeder einzelne Buchstabe eines Wortes war auf einer DIN–A6–Karte in der Grafik der in der Fibel verwendeten Schrift an gleicher Stelle aufgedruckt. Die Karten waren in einem Ringordner eingeheftet, der es erlaubte, die Karten in gleicher Geschwindigkeit wie die Laute in Parallelgruppe I zu präsentieren. Die Versuchleiterinnen waren darauf trainiert, einen gleichmäßigen Vorgabetakt von 1,5 Sekunden einzuhalten.

Leseaufgabe. Aufgabenbeschreibung s. Kap. 9 (Studie 3).

11.4 Parallellisierung der Stichproben

11.4.1 Stichprobenparallelisierung zum Meßzeitpunkt T1

Die Aufteilung der Gesamtstichprobe in zwei parallele Teilstichproben erfolgte nach dem Meßzeitpunkt T1. Die Zusammenstellung der Stichproben verfolgte das Ziel, gleiche Mittelwerte und Standardabweichungen zwischen den Gruppen in Alter, Geschlecht und den Leistungskennwerten (s. Tab. 11) zu gewährleisten. Alle untersuchten Kinder wurden in diese Aufteilung einbezogen. Da nur ein Teil der Kinder identische Kennwerte in den Parallelisierungsvariablen aufwiesen,

erfolgte die Zuordnung der Kinder unter der Maßgabe der Optimierung der Gruppenparameter.
Um einen möglichst großen Bereich vorschulischer Eingangsvoraussetzungen abzudecken, gingen neben den Variablen Alter und Geschlecht sprachliche und schriftsprachliche Leistungskennwerte in die Parallelisierung ein, die in zum Teil leicht veränderter Form im Bielefelder Screeningverfahren (Jansen, Mannhaupt, Marx & Skowronek 1986, Skowronek & Marx 1989a) Anwendung gefunden haben. Die Auswahl der Parallelisierungskennwerte entspricht der Logik dieses Verfahrens, so daß an dieser Stelle eine theoretische Einordnung unterbleiben kann.

Aufgabe	AI	Gruppe I M	Gruppe I s	Gruppe II M	Gruppe II s	F-Wert	T-Wert
Pseudowörter Nachsprechen	12	8.87	2.05	8.39	2.45	1.43	0.85
Reimwahlaufgabe	24	18.23	3.99	18.10	5.05	1.60	1.45
Lauteverbinden mit Bildern	10	4.55	1.80	4.32	1.62	1.24	0.52
Lauteverbinden	8	1.58	1.31	1.58	1.06	1.54	0.00
Wörter-Silben-Verbinden	8	5.39	1.86	5.48	1.77	1.10	-0.21
Anfangslaute Erkennen	12	10.60	1.57	9.94	2.08	1.76	1.41
Anfangslaute Benennen	12	9.83	2.82	8.81	3.31	1.38	1.31
Buchstaben Benennen (ohne o)	25	6.97	7.34	4.49	6.13	1.44	1.45
Ziffern Benennen (ohne 0)	9	8.42	1.65	7.33	2.81	2.90**	1.87
Geschriebene Wörter	-	1.94	1.73	1.16	1.32	1.72	1.98
Alter	-	82.50	20.49	84.01	27.98	1.80	-0.35
Geschlecht[1]	-	1.44	0.50	1.55	0.51	1.01	-0.86

[1] weiblich = 1, männlich = 2; * = p < .05; ** = p < .01;
M = Mittelwert; s = Standardabweichung; AI = Anzahl Items pro Aufgabe

Tab. 11: Parallelisierungskennwerte (Mittelwert, Standardabweichung) für die Variablen Alter, Geschlecht, Leistungen in Aufgaben zur Phonologischen Bewußtheit und Schriftsprachkenntnis zum Meßzeitpunkt T1 für die Gruppen I (n = 32) und II (n = 33)

1. **Pseudowörter Nachsprechen.** 12 drei bis fünfsilbige Wörter wurden den Kindern vom Kassetenrecorder vorgespielt und waren dann nachzusprechen. Die Aufgabe prüft die Gedächtnisspanne

und die Artikulationsgenauigkeit für unbekannte Wörter (s.a. Skowronek & Marx 1989a, Tiedemann, Faber & Kahara 1985).

2. **Reimwahlaufgabe.** Bei 24 Testitems wurden den Kindern Wortpaare vom Kassettenrecorder vorgespielt. Es war zu entscheiden, ob sich die Wortpaare reimen oder nicht. Die Wortpaare wiesen unterschiedliche lautliche Übereinstimmungen in Konsonanten und Vokalen auf, um die Schwierigkeit der Items zu variieren (s. Bradley & Bryant 1983, 1985, Knafle 1973, 1974).
3. **Lauteverbinden mit Bildern.** Aufgabenbeschreibung s. Kapitel 9.
4. **Lauteverbinden.** Aufgabenbeschreibung siehe Kapitel 8.
5. **Wörter–Silben–Verbinden.** Es handelt sich um die in Kapitel 8 beschriebenen Übungsitems der Aufgabe Lauteverbinden.
6. **Anfangslaute Erkennen.** Diese Aufgabe entspricht der Laut–zu–Wort–Aufgabe des Bielefelder Screeningverfahrens, wurde aber um 2 Items erweitert. Außerdem wurde die Wortauswahl leicht verändert. Den Kindern wurden jeweils ein Vokal und ein Wort vorgegeben. Sie hatten zu entscheiden, ob sich der gesuchte Vokal am Wortanfang befand oder nicht.
7. **Anfangslaute Benennen.** Bei der unter 6. beschriebenen Aufgabe wurde, nachdem die Entscheidung des Kindes getroffen war, ob sich der gesuchte Vokal in dem Wort befindet oder nicht, gefragt, wie das Wort anfängt. Hierüber wurde bei den Items, die den Anfangslaut beim Laute Erkennen nicht enthielten (Negativitems, s. Mannhaupt & Jansen 1989) die Fähigkeit zur Vokalbenennung erfaßt. In obigen Parallelisierungskennwert gehen die Antworten für Positiv– und Negativitems ein.
8. **Buchstaben Benennen (ohne O).** Übernommen aus dem Bielefelder Sreeningverfahren. 26 Großbuchstaben dienten zur Erfassung der Buchstabenkenntnis. Großbuchstaben und die Ziffern 1 – 9 (s. 9.) befanden sich auf einer DIN–A4–Karte in unsystematischer Folge. Da das 'O' leicht mit der Null verwechselt werden konnte, wurde es aus der Auswertung ausgeschlossen.
9. **Ziffern Benennen (ohne 0).** Siehe unter 8.

10. **Geschriebene Wörter.** Die Kinder wurden aufgefordert, auf einem unlinierten DIN–A4–Blatt diejenigen Wörter aufzuschreiben, die sie schon kennen oder aber, wenn ihnen kein Wort bekannt war, ein Bild zu malen. Den Paralleliserungskennwert bildet die Anzahl korrekt geschriebener Wörter.

11.5.2 Kontrolle der Parallelisierung zum Meßzeitpunkt T2 und T3

Da mit Einschulung der Kinder Stichprobenveränderungen (Rückschulung in den Schulkindergarten, Umzug, ein Kind nahm nicht an T1 teil und wurde in Parallelgruppe II aufgenommen) einhergingen, wurde die in der Vorschulzeit vorgenommene Gruppenparallelisierung zum Meßzeitpunkt T2 und T3 mit den zu diesen Zeitpunkten durchgeführten Aufgaben kontrolliert. Die Beschreibung der zur Parallelisierungskontrolle verwendeten Aufgaben zum Meßzeitpunkt T2 ist den Kapiteln 7 bis 10 (vgl. Tab. 12) zu entnehmen.
Die Beschreibung der zur Parallelisierungskontrolle verwendeten Aufgaben zum Meßzeitpunkt T3 (s. Tab. 13) wird in den Kapiteln 9 bis 12 vorgenommen. Bei den Aufgaben mit Pseudowörtern (s. Kap. 12) handelt es sich um jeweils 8 zwei– bis fünfbuchstabige Wörter, die von den Kindern zu lesen, aufzuschreiben, in ihre Laute zu teilen und zu synthetisieren waren.
Mit der vorschulischen Parallelisierung zum Meßzeitpunkt T1 und den Parallelisierungskontrollen zum Meßzeitpunkt T2 und T3 ist sichergestellt, daß beide Parallelgruppen sich weder in ihren Eingangsvoraussetzungen, noch in ihren laut– und schriftsprachlichen Leistungen während der Schulzeit unterscheiden.

Kapitel		AI	Gruppe I M	s	Gruppe II M	s	F-Wert	T-Wert
Fibel- und Tranferwörterlesen	9	12	6.06	2.87	6.18	3.80	1.75	-0.14
Wörter-Silben-Verbinden	7	8	6.84	0.88	6.67	1.32	2.21*	0.64
Lauteverbinden mit Bildern	8	10	5.81	2.12	6.61	1.98	1.14	-1.56
Anfangslaute Benennen	10	14	9.03	3.86	9.15	3.68	1.10	-0.13
Buchstaben Benennen	9	63	18.75	11.81	15.37	7.67	2.37*	1.37

M = Mittelwert; s = Standardabweichung; AI = Anzahl Items pro Aufgabe;
* = p < .05; ** = p < .01;

Tab. 12: Parallelisierungskennwerte (Mittelwert, Standardabweichung) der Aufgaben zur Phonologischen Bewußtheit und Schriftsprachkenntnis zum Meßzeitpunkt T2 für die Gruppen I (n = 32) und II (n = 33)

Kapitel		AI	Gruppe I M	s	Gruppe II M	s	F-Wert	T-Wert
Leseprobe 3		12	9.88	2.03	10.13	2.52	1.55	-0.44
Anfangslaute Benennen	10	14	13.50	0.95	12.91	2.12	4.95**	1.45
Buchstaben Benennen	9	63	36.16	13.09	38.03	13.27	1.03	-0.57
Aufgaben mit Pseudowörterwörtern:								
Leseprobe	12	8	6.13	2.06	5.75	2.27	1.22	0.69
Wörterdiktat	12	8	4.28	1.65	4.63	1.81	1.20	-0.79
Lauteverbinden	12	8	2.16	1.05	2.00	1.44	1.87	0.50
Wörterteilen	12	8	3.69	1.77	3.72	2.00	1.28	-0.07

M = Mittelwert; s = Standardabweichung; AI = Anzahl Items pro Aufgabe;
* = p < .05; ** = p < .01

Tab. 13: Parallelisierungskennwerte (Mittelwert, Standardabweichung) der Aufgaben zur Phonologischen Bewußtheit und Schriftsprachkenntnis zum Meßzeitpunkt T3 für die Gruppen I (n = 32) und II (n = 32)

11.5 Ergebnisse

11.5.1 Leistungsunterschiede im Laute–, Buchstabenverbinden und Lesen zu den Meßzeitpunkten T2 und T3

Abbildung 10 gibt die Mittelwerte und Standardabweichungen richtiger Lösungen für das Lauteverbinden und Lesen in Parallelgruppe I und für das Buchstabenverbinden und Lesen in Parallelgruppe II wieder. Da die Leistungen im Transferwörterlesen in den Parallelisierungskennwert Fibel– und Transferwörterlesen eingegangen sind, ergibt eine varianzanalytische Prüfung mit dem Meßwiederholungsfaktor Meßzeitpunkt (T2 und T3) und dem Faktor Gruppe (Parallelgruppe I und II) erwartungsgemäß keinen signifikanten Unterschied zwischen den Parallelgruppen im Transferwörterlesen ($F_{(1,61)} = 1.00$), sondern nur eine signifikante meßzeitpunktabhängige Steigerung der Leseleistung ($F_{(1,61)} = 75.66$, $p < .01$) bei nichtsignifikanter Interaktion ($F_{(1,61)} = 0.00$).

Unterschiede zwischen Laute– und Buchstabenverbinden wurden mit einem 2 x 2–Design mit den Faktoren Gruppe und dem Meßwiederholungsfaktor Meßzeitpunkt geprüft. Die Leistungen im Lauteverbinden in Parallelgruppe I liegen signifikant niedriger als die Leistungen im Buchstabenverbinden in Parallelgruppe II ($F_{(1,61)} = 8.41$, $p < .01$) bei signifikanter meßzeitpunktabhängiger Steigerung der Leistungen ($F_{(1,61)} = 65.33$, $p < .01$) und nichtsignifikanter Interaktion ($F_{(1,61)} = 2.38$). Das Buchstabenverbinden ist damit wesentlich leichter von den Kindern zu bewältigen als das Lauteverbinden.

Mit 2 x 2–Designs mit den Meßwiederholungsfaktoren Aufgabe und Meßzeitpunkt wurden die Unterschiede zwischen Lauteverbinden und Lesen und zwischen Buchstabenverbinden und Lesen innerhalb der Parallelgruppen I und II geprüft.
Die Leseleistungen liegen in Parallelgruppe I zu beiden Meßzeitpunkten signifikant über den Leistungen im Lauteverbinden ($F_{(1,30)} = 14.17$, $p < .01$). Die meßzeitpunktabhängige Steigerung der Leistungen ist signifikant ($F_{(1,30)} = 53.18$, $p < .01$) bei knapp signifikanter Interaktion ($F_{(1,30)} = 4.17$, $p < .05$).
Ein Vergleich der Leseleistungen mit den Leistungen im Buchstabenverbinden in Parallelgruppe II zeigt hingegen keinen signifikanten Unterschied zwischen den beiden Aufgabentypen ($F_{(1,31)} = 2.87$),

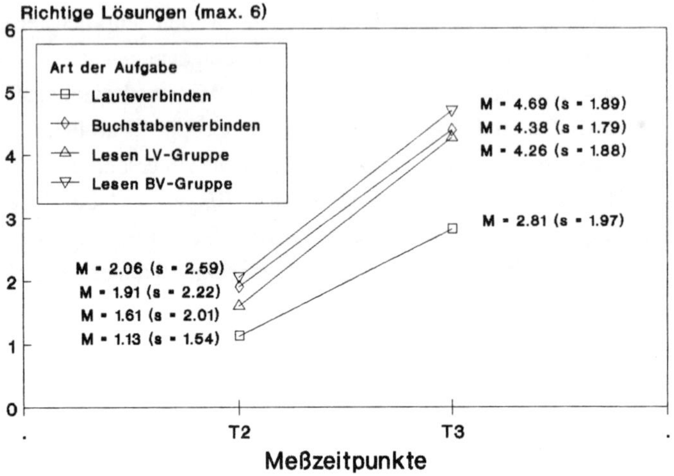

Abb. 10: Mittelwerte und Standardabweichungen richtiger Lösungen in den Aufgaben Laute-, Buchstabenverbinden und Lesen zu den Meßzeitpunkten T2 und T3 in den Parallelgruppen I und II

sondern nur eine meßzeitpunktabhängige Steigerung der Leistungen ($F_{(1,31)} = 47.96$, $p < .01$) bei nichtsignifikanter Interaktion ($F_{(1,31)} = 0.18$).
Die Leistungen im Buchstabenverbinden und Lesen unterscheiden sich nicht, während die Leistungen im Lauteverbinden deutlich niedriger liegen als beim Lesen.

Betrachtet man allerdings die Fehler, die beim Laute– und Buchstabenverbinden von den Kindern gemacht worden sind, so ist der Unterschied zwischen beiden Aufgabentypen darauf zurückzuführen, daß beim Lauteverbinden zum Meßzeitpunkt T3 die /m/–Laute wesentlich häufiger mit /n/ verwechselt worden sind als beim Buchstabenverbinden. Rechnet man die auf /m/–/n/–Verwechslungen beruhenden Fehler als richtig, so erhöht sich beim Buchstabenverbinden der Mittelwert nur geringfügig auf M = 4.47 (s = 1.76), während beim Lauteverbinden eine Erhöhung auf M = 3.65 (s = 2.11) zu beobachten ist. Werden alle auftretenden Verwechslungen einbezogen, so ist eine Erhöhung der Mittelwerte auf M = 4.50 (s = 1.76) bzw. M = 3.90 (s = 1.81) zu beobachten.

Werden die auf Verwechslungsfehlern beruhenden Falschlösungen als richtig gewertet, so zeigt sich zwischen den Parallelgruppen I und II kein Unterschied zwischen Laute- und Buchstabenverbinden ($F_{(1,61)} = 3.07$). Der Unterschied liegt dann unter der Signifikanzgrenze ($p < .09$). Es zeigt sich nur noch eine meßzeitpunktabhängige Steigerung ($F_{(1,61)} = 111.57$, $p < .01$) bei nichtsignifikanter Interaktion ($F_{(1,61)} = 0.13$). Dies bedeutet, daß der Unterschied zwischen Laute- und Buchstabenverbinden dann nicht mehr nachzuweisen ist, wenn auf Verwechslungen beruhende Falschlösungen als richtig gewertet werden.

Auch das Verhältnis der Leistungen zwischen Buchstabenverbinden und Lesen in Parallelgruppe II verändert sich, weil beim Lesen mehr Verwechslungsfehler gemacht werden als beim Buchstabenverbinden. Die Meßwiederholungsfaktoren Aufgabe (Buchstabenverbinden, Lesen) und Meßzeitpunkt (T2, T3) werden in Parallelgruppe II signifikant (Aufgabe: $F_{(1,31)} = 6.06$, $p < .05$; Meßzeitpunkt: $F_{(1,31)} = 53.36$, $p < .01$; Interaktion: $F_{(1,31)} = 0.52$).

Das gleiche Ergebnis ist in Parallelgruppe I zwischen Lauteverbinden und Lesen zu den Meßzeitpunkten T2 und T3 festzustellen (Aufgabe: $F_{(1,30)} = 7.36$, $p < .05$; Meßzeitpunkt: $F_{(1,30)} = 101.55$, $p < .01$; Interaktion: $F_{(1,30)} = 0.41$). Zwischen den Leistungen im Lauteverbinden und Lesen kann unabhängig davon, ob durch Verwechslungen verursachte Fehler als korrekt gewertet werden oder nicht, ein signifikanter Unterschied nachgewiesen werden. Damit zeigt sich, daß dreigliedrige Buchstabenfolgen bei einer permanent zur Verfügung stehenden Lesevorlage eher zu einem Wort verbunden werden können, als sukzessiv präsentierte Buchstaben oder Laute, wenn die auf Verwechslungen beruhenden Fehler nicht gewertet werden.

11.7 Korrelative Beziehungen zwischen den Aufgaben

Aus Tab. 11 sind die Spearman'schen Rangkorrelationskoeffizienten zu entnehmen. Es zeigt sich, daß das Buchstabenverbinden zu beiden Meßzeitpunkten eine höhere Beziehung zum Lesen aufweist als das Lauteverbinden. Auffällig ist die Nullkorrelation ($r = -.02$) zwischen Lauteverbinden zum Meßzeitpunkt T2 und dem Lesen zum Meßzeitpunkt T3. Die Leistungen im Lauteverbinden stehen in keiner korrelativen Beziehung zur neun Wochen später erhobenen Leseleistung.

Parallelgruppe I		LV2	L2	LV3
Lauteverbinden	T2 (LV2)			
Lesen	T2 (L2)	.49**		
Lauteverbinden	T3 (LV3)	.40*	.42**	
Lesen	T3 (L3)	-.02	.32*	.31*
Parallelgruppe II		**BV2**	**L2**	**BV3**
Buchstabenverbinden	T2 (BV2)			
Lesen	T2 (L2)	.87**		
Buchstabenverbinden	T3 (BV3)	.44**	.57**	
Lesen	T3 (L3)	.40*	.35*	.59**

* $p < .05$; ** $p < .01$

Tab. 14: Spearmansche Rangkorrelationen zwischen den Aufgaben Laute-, Buchstabenverbinden und Lesen in den Parallelgruppen I und II

11.9 Diskussion der Ergebnisse

Betrachtet man die von den Kindern produzierten richtigen Lösungen, so ist kein Leistungsunterschied zwischen Buchstabenverbinden und Lesen nachzuweisen. Es zeigt sich aber ein hochsignifikanter Unter-

schied zwischen den Leistungen im Buchstabenverbinden und Lauteverbinden.
Wertet man jedoch die auf Verwechslungsfehlern beruhenden Falschlösungen als richtig, so verändern sich die mittleren Lösungshäufigkeiten. Verwechslungsfehler können darauf beruhen, daß Laute oder Buchstaben nicht korrekt enkodiert oder aber, bei korrekter Enkodierung, während des Lösungsprozesses verwechselt werden. Verwechslungsfehler führen zwar zu einem nicht korrekten Ergebnis, doch zeigen die nur auf Verwechslungsfehlern beruhenden Falschlösungen sehr wohl, daß eine dreigliedrige Laut– oder Buchstabenfolge verbunden bzw. gelesen, d.h. eine Fähigkeit zur Dekodierung bzw. Synthese trotz der Falschlösung unterstellt werden kann.
Werden die auf Verwechslungsfehlern beruhenden Falschlösungen als richtig gewertet, so ist zwischen den Leistungen im Lauteverbinden und Buchstabenverbinden nach 10 und 19 Wochen Unterricht kein Unterschied feststellbar. Dies bedeutet, daß der bei den richtigen Lösungen gefundene Unterschied zwischen beiden Aufgaben nicht dahingehend interpretiert werden darf, daß Laute schwieriger zu synthetisieren sind als Buchstaben, sondern daß es schwieriger ist, akustisch dargebotene Einzellaute korrekt zu enkodieren. Es zeigen sich bei der Berücksichtung der Verwechslungen zudem Unterschiede zwischen Lauteverbinden und Lesen einerseits und Buchstabenverbinden und Lesen andererseits.
Es ist damit gleich schwierig, eine dreigliedrige Laut– oder Buchstabenfolge zu verbinden. Es ist aber, wie von Venezky (1972) angenommen, leichter, eine solche Buchstabenfolge zu lesen. Die sukzessive Laut– bzw. Buchstabenvorgabe führt zu geringeren Leistungen, weil hier entweder eine erhöhte Gedächtnisbelastung bei sukzessiver Vorgabe anzunehmen ist, oder aber der beim Lesen mögliche Rückgriff auf die Lesevorlage eine erhöhte Leistung bewirkt.

Die Mittelwertsveränderungen, die sich bei der Berücksichtigung der Verwechslungen ergeben, sind fast ausnahmslos auf verschieden hohe

Anzahlen von /m/ – /n/ – Verwechslungen zum Meßzeitpunkt T3 zurückzuführen. Diese sind bei den drei Aufgabenformen in unterschiedlichem Ausmaß zu beobachten.
Beim Lauteverbinden ist ein besonders stark erhöhter Anteil an /m/ – /n/ – Verwechslungen festzustellen. Dieser beruht offensichtlich auf Schwierigkeiten, vom Kassettenrecorder vorgespielte Laute eindeutig zu interpretieren. Das gehäufte Auftreten dieser Verwechslungen zum Meßzeitpunkt T3 kann durch die Uneindeutigkeit der akustischen Information und dem zu beiden Meßzeitpunkten unterschiedlichen Bekanntheitsgrad des Buchstabens [n] erklärt werden:
Die Laute /m/ und /n/ unterscheiden sich zwar artikulatorisch eindeutig durch ihre verschiedene Verschlußbildung (bilabialer Verschluß versus alveolarer Zungenverschluß), nach akustischen Kriterien unterscheiden sie sich hingegen nur minimal. Wenn für die Kinder keine akustisch unterscheidbaren Merkmale wahrnehmbar sind, dann sollten sich nahezu alle Kinder zufällig für /m/ oder /n/ entscheiden, wenn für beide Laute alphabetisch bezeichenbare Elemente zur Verfügung stehen. Zum Meßzeitpunkt T3 war dies für alle Kinder der Fall. Beide Buchstaben waren in allen Klassen mit den entsprechenden Übungen zur Lautanalyse, – synthese, Lesen und Schreiben eingeführt, während neun Wochen früher den Kindern fast ausnahmslos nur der Buchstabe [m] bekannt war und deshalb zu diesem Zeitpunkt keine /m/ – /n/ – Verwechslungen auftreten konnten.

Der Anteil an /m/ – /n/ – Verwechslungen ist niedriger, wenn Kindern der Buchstabe und nicht der Laut präsentiert wird. Beim Buchstabenverbinden kann das [m] jedoch eindeutiger wahrgenommen werden als beim Lesen. Während beim Buchstabenverbinden nur eine geringfügige Mittelwertsteigerung bei Berücksichtigung der Verwechslungsfehler zu beobachten ist, erhöhen sich die Mittelwerte in der Leseaufgabe soweit, daß signifikante Unterschiede zwischen Laute – bzw. Buchstabenverbinden und dem Lesen aufgezeigt werden können. Daß Buchstaben sicherer wahrgenommen werden können, wenn sie einzeln präsentiert werden, deutet darauf hin, daß entweder der Wortkontext beim Lesen die sichere Wahrnehmung behindert oder aber durch die separate Vorgabe eine erhöhte Aufmerksamkeit für die Buchstabenform möglich wird.

Die vorliegenden korrelativen Befunde bestätigen keineswegs die immer wieder hervorgehobene enge Beziehung zwischen Lauteverbinden und Lesen (Torgesen & Morgan 1990). Zu beiden Meßzeitpunkten korrelieren die Lautsyntheseleistungen in geringerem Ausmaß mit der Leseleistung als das Buchstabenverbinden. Es zeigt sich zudem, daß das Lauteverbinden in keiner Beziehung zur neun Wochen später erhobenen Leseleistung steht, während für das Buchstabenverbinden noch eine mäßige Korrelation zu beobachten ist. Leistungen im Lauteverbinden können daher zu Beginn des Leseerwerbs eine neun Wochen später zu beobachtende Leseleistung nicht vorhersagen. Zumindest innerhalb eines sehr frühen Zeitraumes des Schriftspracherwerbs ist eine sehr enge Beziehung zwischen beiden Leistungsbereichen nicht gegeben.
Wenn letztlich die unterschiedlichen Leistungen zwischen Lauteverbinden und Lesen auf Unterschiede in der Enkodierung zurückzuführen sind und nicht auf zugrundeliegende Lautsynthesefertigkeiten, dann stellt sich zudem die Frage, ob nicht ein erheblicher Teil bisher erzeugter Befunde, z.B. die große Variabilität der Korrelationen zwischen Lauteverbinden und Lesen (z.B. Harber 1981), auf der Uneindeutigkeit der akustisch präsentierten Laute beruht oder aber visuelle Unterstützungen nicht kontrolliert werden, wie dies beim Vorsprechen durch Testleiter der Fall ist (vgl. Laughon & Torgesen 1985).

12 Studie 6a. Der Einfluß unterschiedlicher Wortlängen auf Leistungen im Lauteverbinden, Wörterteilen, Lesen und Diktat

12.1 Einleitung

Die Ergebnisse der Studie 5 zeigen, daß die erhöhte Schwierigkeit der Aufgabe Lauteverbinden gegenüber dem Lesen durch zwei Einflußgrößen bestimmt ist. Beim Lauteverbinden bewirken die sukzessive Vorgabe und die akustische Uneindeutigkeit bestimmter Laute deutlich geringere Leistungen als in der Leseaufgabe.

Beide Einflußgrößen sollen in den Studien 6a und 6b einer erweiterten Analyse unterzogen werden. Der Übersichtlichkeit halber werden die Problembereiche getrennt erörtert.
Da die Leistungen im Lauteverbinden bereits bei dreigliedrigen Items, wie sie in Studie 5 verwendet wurden, unter der Leseleistung liegen, ist anzunehmen, daß eine sukzessive Vorgabe gegenüber einer permanenten zu einer erhöhten Gedächtnisbelastung führt. In Studie 6a soll gezeigt werden, daß sich mit steigender Anzahl zu verarbeitender Elemente die Leistungen im Lauteverbinden in stärkerem Maße vermindern als bei den Aufgaben Lesen, Wörterdiktat und Wörterteilen.
In der nachfolgenden Studie 6b soll erörtert werden, ob die Art der beim Lauteverbinden auftretenden Lautverwechslungen aufgabenspezifisch sind, indem sie mit den Laut- bzw. Buchstabenverwechslungen beim Lesen, Schreiben und Wörterteilen verglichen werden.

12.2 Fragestellung

Beim Lauteverbinden führt eine Erhöhung der Anzahl zu verbindender Elemente zu niedrigeren Leistungen (Hardy et al. 1973). Die von den Autoren untersuchten Erstklässler (n = 81; Alter: 6,4 Jahre) konnten im Durchschnitt 43.4 % der zweigliedrigen Lautfolgen korrekt lösen. Bei dreigliedrigen Lautfolgen sank der Anteil korrekter Lösungen auf

23.8 % und verminderte sich bei viergliedrigen Folgen auf 16.6 %. Eine Erhöhung der Lautanzahl nur um jeweils ein Element führt zu einer deutlichen Verringerung der Anzahl richtiger Lösungen.
Geht man mit Perfetti et al. (1987) davon aus, daß die präsentierten Laute zunächst in geordneter Folge im Arbeitsgedächtnis vorliegen müssen, bevor ein Syntheseprozeß erfolgt, so sind korrekte Lösungen beim Lauteverbinden nur dann möglich, wenn die Kapazitätsgrenze des Arbeitsgedächtnisses nicht überschritten wird.

Enthält eine Lautfolge mehr Elemente als in das Arbeitsgedächtnis aufgenommen werden können, so ist das Zustandekommen einer korrekten Lösung beim Lauteverbinden nur so denkbar, daß bereits während der Lautvorgabe Teilverbindungen geschaffen werden, die die Anzahl der in das Arbeitsgedächtnis eingehenden Elemente reduziert (vgl. Dempster 1981, Miller 1956). Dies erfordert, daß die Lauteinheiten schnell und automatisiert gebildet werden können, um genügend Kapazität für die gleichzeitig noch zu enkodierenden Elemente zur Verfügung zu haben. Ein automatisiertes Verbinden ist aber nur bei geübten Lesern zu erwarten. Es ist unwahrscheinlich, daß solche Enkodier- und Synthesestrategien zu Beginn des Schriftspracherwerbs ausgebildet sind. Zu Beginn des ersten Schuljahres sollten nur solche Lautfolgen verbunden werden können, deren Elementanzahl die Kapazität des Arbeitsgedächtnisses nicht übersteigt.

Ein Maß, die Kapazität des Arbeitsgedächtnisses zu prüfen, ist die Gedächtnisspanne. Hierbei werden Versuchspersonen u.a. Wort-, Buchstaben- oder Zahlenfolgen vorgegeben, die sie zu wiederholen haben.
Die Gedächtnisspanne für Laut- und Wortfolgen ist auch bei Erwachsenen begrenzt (Lindsay & Norman 1981, Miller 1956) und liegt im mittleren Lebensalter bei etwa sieben Elementen. Die Gedächtnisspanne erhöht sich von früher Kindheit bis zum Erwachsenenalter (Chi 1976, Dempster 1981, Hasselhorn 1988, Hasselhorn, Lingelbach &

Gabert 1991). Erstklässler können nach Hasselhorn et al. (1991) drei lautlich ähnliche Wörter wiederholen, bei lautlich unähnlichen Wörtern liegt die Gedächtnisspanne zwischen drei und vier Wörtern. Schneider, Hasselhorn & Weinert (1989) konnten auch bei Sechsjährigen eine Gedächtnisspanne zwischen drei und vier Wörtern nachweisen.
Haben Kinder dieses Alters die Aufgabe, lautlich ähnliche Wörter (z.B. Reimwörter) zu wiederholen, so waren von den bei Schneider, Näslund & Weinert (1989) untersuchten Kindern nur 26.1 % in der Lage, vier vorgesprochene Wörter korrekt wiederzugeben.
Die Gedächtnisspanne ist zwar abhängig von verschiedenen itemspezifischen Faktoren wie z.B. von der klanglichen Ähnlichkeit der Elemente in einer präsentierten Folge (vgl. Dempster 1981), es ist aber aufgrund der oben erwähnten Studien anzunehmen, daß selbst bei den leichter zu verarbeitenden Folgen ein Großteil der sechs- bis siebenjährigen Kinder nicht mehr als vier Elemente fehlerfrei wiederholen kann.

In Übereinstimmung mit der Annahme, daß die Leistungen im Lauteverbinden wesentlich durch die Kapazitätsbeschränkung des Arbeitsgedächtnisses mitbestimmt ist, stehen die bei Hardy et al. (1973) gefundenen niedrigen Leistungen beim Lauteverbinden, wenn viergliedrige Lautfolgen zum Verbinden vorgegeben werden. Offensichtlich scheint bei einem Großteil der Erstklässler die Kapazitätsgrenze mit vier Elementen erreicht zu sein, was beim Lauteverbinden zu einer erhöhten Anzahl nicht korrekter Antworten führt.

Werden Kindergartenkindern oder Erstklässlern fünf, sechs oder gar sieben Elemente zum Verbinden vorgegeben (Oloffson & Lundberg 1985, Torgesen et al. 1989), so ist anzunehmen, daß hiermit die Kapazitätsgrenze des Arbeitsgedächtnisses deutlich überschritten wird. Die Unfähigkeit, eine lange Lautfolge zu verbinden, kann dann nicht mehr auf mangelnde Syntheseleistungen zurückgeführt werden, sondern ist Ausdruck der Kapazitätsbegrenzung des Arbeitsgedächtnisses, wenn die

Kinder nicht bereits über die Fähigkeit zur schnellen und automatisierten Einheitenbildung während der Lautvorgabe verfügen.
Damit verändert sich der Charakter der Lauteverbindenaufgabe. Es steht dann nicht mehr die Fähigkeit zur Lautsynthese im Vordergrund, sondern es wird eine komplexe Gedächtnisleistung abverlangt.

Wenn angenommen wird, daß die Leistungen im Lauteverbinden bei längeren Lautfolgen wesentlich durch die Kapazitätsbeschränkungen des Arbeitsgedächtnisses bestimmt sind, kann dann angenommen werden, daß dies auch für die Aufgaben Wörterteilen, Wörterdiktat und Lesen in gleichem Ausmaß der Fall ist?

Es kann zunächst einmal erwartet werden, daß auch bei den drei zuletzt genannten Aufgaben Wortlängeneffekte auftreten, da mit steigender Anzahl der Laute oder Buchstaben die Anzahl der Verarbeitungsschritte zunimmt.
Auch bei der Segmentierung von Wörtern in Laute verringern sich die Leistungen, je mehr Elemente zu verarbeiten sind (Hardy et al. 1973, Schreuder & Van Bon 1989). Dieser Effekt ist auch für das Schreiben zu erwarten, wenn die zu schreibenden Wörter nicht bekannt sind und das Wort in Lautbestandteile segmentiert und den Segmenten Verschriftungen zugeordnet werden müssen.
Weiterhin kann auch beim dekodierenden Lesen unterstellt werden, daß mehr Fehler auftreten, je mehr Verarbeitungsschritte für das Lesen eines Wortes notwendig sind. Bei ungeübten Lesern erfordert der Dekodierprozeß sehr viel Zeit (Rott & Zielinski 1984, 1986) und Konzentration auf einzelne Verarbeitungsschritte, so daß mit zunehmender Buchstabenanzahl bereits bearbeitete Einheiten soweit in den Hintergrund treten können, daß sie bei Beeendigung der Lesung nicht mehr zweifelsfrei erinnert werden.
Die Lesevorlage bietet aber die Möglichkeit, einmal Vergessenes erneut zu lesen und das erzeugte Leseprodukt mit der Lesevorlage zu vergleichen. Durch die zeitlich unbegrenzte Verfügbarkeit der Lesevor-

lage bleibt der Zugriff auf alle Buchstaben während des Lesevorganges erhalten, Einheiten höherer Ordnung können gebildet werden, ohne daß alle Buchstaben des Wortes zunächst in das Arbeitsgedächtnis eingelesen werden müssen, bevor der Lesevorgang beginnen kann. Dies macht es wahrscheinlich, daß der Wortlängeneffekt beim Lesen deutlich geringer ausfällt als beim Lauteverbinden.

In Studie 5 konnte gezeigt werden, daß es schwieriger ist, eine dreigliedrige Lautfolge zu verbinden als eine dreigliedrige Buchstabenfolge zu lesen. Wenn vier– oder fünfgliedrige Folgen angeboten werden, so sollte dies beim Lauteverbinden zu höheren Leistungsverminderungen führen, da alle Elemente nur einmal präsentiert und im Arbeitsgedächtnis gehalten werden müssen.

Beim Teilen von Wörtern in Laute steht, wie beim Lauteverbinden, keine zusätzliche Erinnerungshilfe zur Verfügung. Den Kindern wird ein Wort akustisch präsentiert, das in das Arbeitsgedächtnis aufgenommen und dann segmentiert werden muß. Die fehlende visuelle Kontrollmöglichkeit macht es wahrscheinlich, daß das Wörterteilen schwieriger zu bewältigen ist als das Lesen einer gleich langen Buchstabenfolge.
Nach den Befunden von Hardy et al. (1973) ist aber zu erwarten, daß die Segmentierung von drei– bis fünfgliedrigen Wörtern besser gelingt als das Verbinden gleich langer Lautfolgen. Beim Wörterteilen muß als erster Verarbeitungsschritt nur ein lautliches Element (das Wort) im Arbeitsgedächtnis gespeichert werden. Dieses Wort wird dann auf seine konstituierenden Laute hin untersucht. Es ist denkbar, daß die einzellautliche Segmentierung nicht unmittelbar erfolgt, sondern das Wort zunächst in leichter zugängliche Einheiten höherer Ordnung (Silben, Onset–Rime–Gliederung) gegliedert wird, die dann in die sie konstituierenden Laute segmentiert werden. Selbst wenn dieser Zwischenschritt angenommen wird, ist die Anzahl der im Arbeitsgedächtnis zu haltenden Elemente geringer als beim Lauteverbinden.

Inwieweit beim Schreiben ein ähnlicher Wortlängeneffekt auftritt wie beim Wörterteilen, ist schwieriger zu bestimmen. Einerseits erfordert das Schreiben nicht nur die lautliche Analyse eines Wortes, sondern es wird zusätzlich verlangt, den Lauten Buchstaben zuzuordnen und zu verschriften. Dieser zusätzliche Schritt legt nahe anzunehmen, daß hierdurch die Leistungen gegenüber dem Wörterteilen geringer ausfallen, denn die Suche nach dem zugehörigen Buchstaben und die motorische Ausführung der Verschriftung erfordern zusätzliche Aufmerksamkeit.
Andererseits kann die Verschriftung auch zu einer Entlastung des Arbeitsgedächtnisses führen. Wenn ein Laut aus dem Wort analysiert und der Buchstabe aufgeschrieben worden ist, so steht dieser in einer visuell kontrollierbaren Form zur Verfügung. Je nach der Konsonant–Vokal–Struktur der Wörter kann bereits mit der Verschriftung des zweiten Buchstabens die erste Silbe des Wortes abgearbeitet sein. Sie muß nicht mehr notwendigerweise im Arbeitsgedächtnis gehalten werden bzw. ist jederzeit wieder verfügbar, wenn sie für Analyse– und Kontrollprozesse erneut herangezogen werden soll.

Diese Überlegungen zeigen, daß die Kapazitätsgrenze des Arbeitsgedächtnisses beim Lauteverbinden mit hoher Wahrscheinlichkeit bei weniger zu verarbeitenden Elementen erreicht ist als bei den anderen Aufgaben. Es ist deshalb zu erwarten, daß die Leistungen im Lauteverbinden immer unter den Leistungen der anderen drei Aufgaben liegen, wenn drei und mehr Elemente zu verarbeiten sind.

Zur Prüfung der Wortlängeneffekte werden in Studie 6 zwei– bis fünfgliedrige nicht sinnvolle Buchstaben– bzw. Lautfolgen vorgegeben. Die Prüfung erfolgt zum Meßzeitpunkt T3 nach 19 Wochen Unterricht. Zweigliedrige Lautfolgen sollten zu diesem Zeitpunkt unabhängig von der Art der Aufgabe auf hohem Niveau bewältigt werden können, da hier von einer sehr geringen Gedächtnisbelastung auszugehen ist. Die zweigliedrigen Lautfolgen nehmen allerdings eine

Sonderstellung ein. Um Vergleiche zwischen Schrift- und lautsprachlichen Aufgaben durchführen zu können, ist es notwendig, daß die Pseudowörter aus bekannten Buchstaben bestehen. Da bei Einführung eines neuen Buchstabens im Unterricht auch immer nichtsinnvolle zweigliedrige Buchstabenkombinationen eingeübt worden sind, ist davon auszugehen, daß diese den Kindern bekannt sind. Hohe Leistungen bei zweigliedrigen Laut- bzw. Buchstabenfolgen sind damit nicht notwendigerweise nur Ausdruck einer geringen Gedächtnisbelastung, sondern es sind auch qualitative Verarbeitungsunterschiede zwischen zwei- und mehrgliedrigen Laut- und Buchstabenfolgen wahrscheinlich, weil die Möglichkeit besteht, zweigliedrige Folgen als gelernte Einheit abzurufen.

12.3 Hypothesen

1. Die Anzahlen korrekter Lösungen unterscheiden sich beim Lesen, Lauteverbinden, Wörterdiktat und Wörterteilen nicht, wenn zweigliedrige Laut- bzw. Buchstabenfolgen bearbeitet werden müssen.

2. Beim Lauteverbinden werden bei drei- bis fünfgliedrigen Wörtern deutlich schlechtere Leistungen gezeigt als beim Lesen, Wörterdiktat oder Wörterteilen.

3. Der Anteil richtiger Lesungen liegt bei drei- bis fünfgliedrigen Wörtern deutlich über den Anteilen korrekter Lösungen bei den anderen drei Aufgaben.

4. In allen vier Aufgaben sinken die Lösungshäufigkeiten mit steigender Anzahl zu bearbeitender Elemente.

12.4 Aufgabenbeschreibung

Um sicherzustellen, daß die Kinder nicht auf bekanntes Wortmaterial zurückgreifen, wurden vier Pseudowörteritemsätze konstruiert, die für die Aufgaben Lesen, Wörterdiktat, Lauteverbinden und Wörterteilen verwendet wurden.

Die vier Pseudowörteritemsätze bestehen aus jeweils zwei zwei– bis fünfbuchstabigen Pseudowörtern (s. Tab. 15). Die Buchstaben und Laute waren bis zum Meßzeitpunkt T3 in allen Klassen Unterrichtsgegenstand. Auch waren die Konsonant–Vokal–Verbindungen ma, mi, mo, mu, la, li, lo und lu auf entsprechenden Arbeitsblättern geübt worden, so daß eine ausreichende Vertrautheit mit den Buchstaben bzw. Lauten dieser KV–Verbindungen vorausgesetzt werden konnte.
In jedem Itemsatz werden je dreimal die Vokale a, i, o und u, und je achtmal die Konsonanten l und m verwendet. Bei konstanter Position der Konsonanten innerhalb der Pseudowörter und über die Itemsätze hinweg, sind die Vokale systematisch variiert, so daß sich für jedes Pseudowort eine andere Klanggestalt ergibt. Anzahl und Art der verwendeten Laute bzw. Buchstaben sind in jedem Itemsatz identisch.

Durch die systematische Variation der Vokale und die beschränkte Anzahl der zur Verfügung stehenden Buchstaben ließ es sich nicht vermeiden, daß einige Konsonant–Vokal–Kombinationen als bedeutungstragende Wörter interpretiert werden können ("mal" in der Aufgabe Wörterteilen, "lam" (für Lamm) in der Aufgabe Lauteverbinden, "mu" (für das Bölken der Kuh) in der Leseaufgabe und "ma" (als Kurzform von Mama) im Wörterdiktat). Die vier potentiell bedeutungstragenden Wörter wurden auf die Itemsätze gleich verteilt.
Zum Meßzeitpunkt T3 wurden nachfolgend aufgeführte Aufgaben mit den Kindern durchgeführt.

Lesen. Drei Beispielitems (no, lat, timu) und acht Testitems waren vom Kind laut vorzulesen. Jedes der im Fibelschriftsatz gedruckten Wörter befand sich auf einer einzelnen Karte. Die Karten waren in einer Mappe (Ringordner) in Testreihenfolge abgeheftet.

Itemsatz		1	2	3	4
Durchführungsart		Lesen	Wörter-diktat	Wörter-teilen	Laute-verbinden
Items in Vorgabe-reihenfolge	1	la	lu	li	lo
	2	mol	mil	mal	mul
	3	mali	mulo	milu	mola
	4	lumo	lami	loma	limu
	5	lim	lom	lum	lam
	6	milum	molam	mulom	malim
	7	mu	ma	mo	mi
	8	lomal	limul	lamil	lumol

Tab. 15: Vier Pseudowörteritemsätze und Durchführungsarten

Instruktion: "Schau mal, ich habe hier Karten auf denen steht immer ein Quatschwort. Das sind Wörter, die gibt es in Wirklichkeit gar nicht. Du versuchst die Quatschwörter jetzt mal zu lesen. Ich bin gespannt, ob du das schon kannst."
Bei den Beispielitems wurden Falschlesungen korrigiert, bei den Testitems unterblieben Hilfestellungen.

Wörterdiktat. Drei Beispielitems (na, lot, tumi) und die acht Testitems wurden den Kindern hintereinander vom Tonbandgerät vorgespielt und waren vom Kind aufzuschreiben.
Instruktion: "Nun hör mal gut zu! Von diesem Kassettenrecorder hörst du gleich einige Quatschwörter und du versuchst, die Quatschwörter mal aufzuschreiben. Ich spiele dir immer ein Wort vor und wenn ich auf die Stopptaste drücke, schreibst du das Wort auf. Hören wir uns das erste Quatschwort einmal an."
Bei den Beispielitems wurde eine Falschschreibung korrigiert bzw. das Wort wiederholt, wenn dies vom Kind nicht verstanden worden war. Bei den Testitems entfielen Korrekturhilfen.

Wörterteilen. Wie bei der Aufgabe Wörterdiktat wurden die drei Beispielitems (nu, lit, toma) und die acht Testitems vom Kassettenrecorder vorgegeben. Aufgabe des Kindes war es, die Wörter in Laute zu teilen.
Instruktion: "Wir wollen jetzt mal Quatschwörter in Laute aufteilen und das geht so: Wenn ich mir das Quatschwort nu (Demonstrationsitem) vorspreche und es mir genau anhöre, dann höre und spreche ich zuerst /n/ und dann /u/. Hörst und sprichst du das auch?"
Falls das Kind hier Probleme zeigte, wurde das Demonstrationsitem wiederholt und die lautliche Teilung erneut vorgeführt. Dann wurde zu den Beispielitems übergegangen, die vom Kind selbstständig zu teilen waren. Korrigiert wurden bei den Beispielitems unvollständige und lautlich falsche Teilungen. Das Kind wurde aufgefordert, sich das Wort noch einmal vorzusprechen und erneut zu teilen. War die Teilung dann immer noch falsch, wurde die Lautanalyse wie bei dem Demonstrationsitem erneut vorgeführt.
Die Testitems wurden ohne weitere Hilfestellung angeboten.

Lauteverbinden. Die einzelnen Laute der Wörter wurden den Kindern vom Kassettenrecorder vorgespielt. Nach einem Demonstrationsitem wurden den Kindern drei Beispielitems (ni, lut, tamo) und die acht Testitems vorgegeben.
Instruktion: "Wir wollen mal versuchen Quatschwörter zu raten. Ich spreche jetzt mal die Laute /n/ und /o/. Wenn ich das zusammen hintereinander spreche, dann spreche und höre ich no. Auf dem Kassettenrecorder habe ich noch einige Laute. Immer, wenn ich die Stopptaste drücke, sollst du mal raten was das wohl für ein Quatschwort sein könnte. Probieren wir es mal. Hör gut zu!"
Bei den Beispielitems wurden falsch verstandene Laute wie auch falsche Lautverschmelzungen korrigiert. War ein Kind nicht in der Lage, eine Verschmelzung vorzunehmen, wurde wie beim Demonstrationsitem vorgegangen.

Bei allen vier Aufgaben wurden die Antworten der Kinder während der Sitzung auf einem Protokollbogen notiert und mit einem Tonbandgerät aufgezeichnet.

Da die Ergebnisse der Studie 5 gezeigt haben, daß insbesondere beim Lauteverbinden die Leistungen durch Lautverwechslungen beeinflußt waren, werden diese auch bei der Analyse der Wortlängeneffekte berücksichtigt.
Durch eine restriktive Definition von Verwechslungsfehlern wurde sichergestellt, daß diese Fehlerart von anderen Fehlerarten wie Hinzufügungen und Reihenfolgevertauschungen relativ eindeutig abzugrenzen waren.
Es wurden nur solche Fehler als Verwechslungen zugelassen, bei denen die Lautumgebung des verwechselten Lautes erhalten geblieben war. So wurden z.B. bei dem Pseudowort "malu" die Varianten "lalu", "molu", "manu" als Verwechslungsfehler gewertet. Wurden am Anfang oder Ende des Wortes Hinzufügungen beobachtet (z.B. "klalu"), so wurde kein Verwechslungsfehler notiert, wenn der unmittelbar nachfolgende oder vorhergehende Laut bei korrekter Umgebung nicht der Vorgabe entsprach. Als Verwechslungsfehler wurde eingestuft, wenn trotz Hinzufügung die unmittelbare Umgebung des Lautes nicht berührt war (z.B. "klalo"). Weiterhin wurden nebeneinanderstehende, vorgabefremde Laute (z.B. "miku") oder zur Vorgabe gehörende Laute (z.B. "mama") nicht als Verwechslungsfehler zugelassen, da sonst Reihenfolgevertauschungen (z.B. "maul") nicht eindeutig von einer Verwechslung zu trennen sind.
Enthielt das Wort Reihenfolgevertauschungen, so wurde eine Lautverwechslung nur dann notiert, wenn diese die Umgebung des Lautes nicht unmittelbar veränderte (z.B. "amlo").

12.5 Kontrolle der Reihenfolgeeffekte

Die Stichprobe wurde nach Zufall in 4 Untergruppen zu je 16 Kindern

	Gruppe 1	Gruppe 2	Gruppe 3	Gruppe 4
Lesen	1	2	3	4
Lauteverbinden	2	1	4	3
Wörterdiktat	3	4	1	2
Wörterteilen	4	3	2	1

Tab. 16: Vorgabereihenfolgen der Aufgaben Lesen, Lauteverbinden, Wörterdiktat und Wörterteilen zum Meßzeitpunkt T3 (n = 16 pro Gruppe)

unterteilt und die Aufgabenreihenfolge (s. Tab. 16) zwischen den Untergruppen variiert. Zwischen den vier Aufgaben lag innerhalb der Aufgabenreihenfolge noch mindestens eine andere Aufgabe (s. Anhang; Aufgabenreihenfolge in den einzelnen Sitzungen).
Die Prüfung der Sequenzeffekte mit einer zweifaktoriellen Varianzanalyse (4 x 4 – Design) mit dem Meßwiederholungsfaktor Aufgabenart und dem Faktor Gruppe ergibt mit $F_{(3,60)} = 0.24$ keinen signifikanten Gruppen– und einen hochsignifikanten Aufgabeneffekt ($F_{(3,180)} = 72.52$ $p < .01$) bei nicht signifikanter Interaktion ($F_{(3,180)} = 1.17$). Reihenfolgeeffekte sind damit nicht festzustellen.

12.6 Ergebnisse

Abb. 11 gibt die mittleren Anzahlen richtiger Lösungen bei den Aufgaben Lesen, Lauteverbinden, Wörterdiktat und Wörterteilen getrennt nach der Wörtlänge wieder. Eine zweifaktorielle Varianzanalyse mit den Meßwiederholungsfaktoren Aufgabe und Wortlänge ergibt einen hochsignifikanten Aufgabeneffekt ($F_{(3,189)} = 71.94$, $p < .01$) und Wortlängeneffekt ($F_{(3,189)} = 202.77$, $p < .01$) bei ebenfalls hochsignifikanter Interaktion ($F_{(9,567)} = 7.60$).

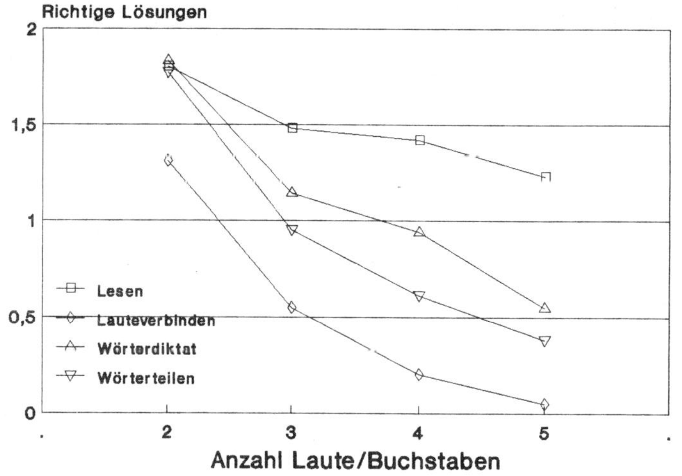

Abb. 11: Mittelwerte korrekter Lösungen in den Aufgaben Lesen, Lauteverbinden, Wörterdiktat und Wörterteilen zum Meßzeitpunkt T3

Abb. 12 gibt die mittleren Lösungshäufigkeiten einschließlich der durch Verwechslungen verursachten Falschlösungen wieder. Die Faktoren Aufgabe ($F_{(3,189)} = 47.52$, $p < .01$) und Wortlänge ($F_{(3,189)} = 129.62$, $p < .01$) sind hochsignifikant bei gleichfalls hochsignifikanter Interaktion ($F_{(9,567)} = 12.64$).
Die Unterschiede zwischen den einzelnen Aufgaben und innerhalb einer Aufgabe für die vier verschiedenen Wortlängen wurden mit post-hoc Scheffé-Vergleichen geprüft.

Unterschiede zwischen den Aufgaben. Abb. 11 zeigt, daß zweigliedrige Folgen beim Lauteverbinden weniger häufig korrekt gelöst werden als bei den Aufgaben Lesen, Wörterdiktat und Wörterteilen. Die Lei-

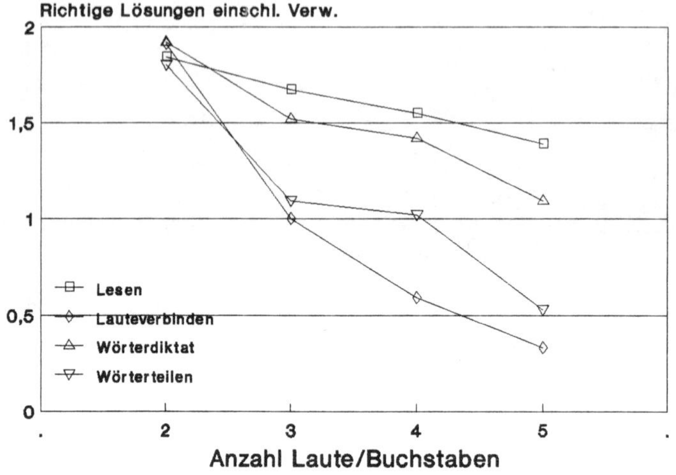

Abb. 12: Mittelwerte korrekter Lösungen, einschließlich der durch Verwechslungen verursachten Falschlösungen, in den Aufgaben Lesen, Lauteverbinden, Wörterdiktat und Wörterteilen zum Meßzeitpunkt T3

stungen liegen bei zweigliedrigen Lautfolgen signifikant unter den Leistungen in den anderen Aufgaben (s. Tab. 17). Werden jedoch die auf Verwechslungen beruhenden Falschlösungen als richtig gewertet (s. Abb. 12 und Tab. 18), so können bei zweigliedrigen Wörtern keine Unterschiede zwischen den Aufgaben nachgewiesen werden.

Hypothese 1, daß sich die korrekten Lösungen beim Lesen, Lauteverbinden, Wörterdiktat und Wörterteilen nicht unterscheiden, kann damit nicht bestätigt werden. Die Lösungshäufigkeiten unterscheiden sich nur dann nicht, wenn Verwechslungsfehler nicht berücksichtigt werden.

Anzahl der Elemente	M	Aufgabe	LV	WD	WT
2	1.80	L	0.49**	0.03	0.03
	1.31	LV		0.52**	0.46**
	1.83	WD			0.06
	1.77	WT			
3	1.48	L	0.93**	0.34**	0.53**
	0.55	LV		0.59**	0.40**
	1.14	WD			0.19**
	0.95	WT			
4	1.42	L	1.22**	0.48**	0.81**
	0.20	LV		0.74**	0.41**
	0.94	WD			0.33**
	0.61	WT			
5	1.23	L	1.18**	0.68**	0.85**
	0.05	LV		0.50**	0.33**
	0.55	WD			0.17*
	0.38	WT			

** $p < .01$; * $p < .05$; Kritische Differenzen:
$D(p < .01) = 0.18$; $D(p < .05) = 0.15$
L = Lesen; LV = Lauteverbinden; WD = Wörterdiktat;
WT = Wörterteilen

Tab. 17: Mittlere Anzahl richtiger Lösungen und post-hoc Scheffé-Vergleiche für den Faktor Aufgabe

Die Mittelwerte richtiger Lösungen unterscheiden sich bei dreigliedrigen Wörtern zwischen den vier Aufgaben hochsignifikant (s. Tab. 17). Werden Verwechslungsfehler als richtig gewertet, ist lediglich zwischen Lauteverbinden und Wörterteilen kein signifikanter Unterschied festzustellen (s. Tab. 18).

Sind Wörter mit vier Buchstaben (oder Lauten) zu bearbeiten, so unterscheiden sich die Anzahlen richtiger Lösungen zwischen den vier

Anzahl der Elemente	M	Aufgabe	LV	WD	WT
2	1.84	L	0.07	0.08	0.04
	1.91	LV		0.01	0.11
	1.92	WD			0.12
	1.80	WT			
3	1.67	L	0.67**	0.15*	0.58**
	1.00	LV		0.52**	0.09
	1.52	WD			0.43**
	1.09	WT			
4	1.55	L	0.96**	0.13	0.53**
	0.59	LV		0.83**	0.43**
	1.42	WD			0.40**
	1.02	WT			
5	1.39	L	1.06**	0.30**	0.86**
	0.33	LV		0.76**	0.20*
	1.09	WD			0.56**
	0.53	WT			

** p < .01; * p < .05; Kritische Differenzen:
D(p < .01) = 0.18; D(p < .05) = 0.15
L = Lesen; LV = Lauteverbinden; WD = Wörterdiktat;
WT = Wörterteilen

Tab. 18: Mittlere Anzahl richtiger Lösungen einschließlich der durch Verwechslungen verursachten Falschlösungen und post-hoc Scheffé-Vergleiche für den Faktor Aufgabe

Aufgabentypen hochsignifikant (s. Tab. 17). Werden Verwechslungsfehler als richtig gewertet, so ist lediglich zwischen den schriftsprachlichen Aufgaben Lesen und Wörterdiktat kein signifikanter Unterschied zu beobachten (s. Tab. 18).

Bei fünfgliedrigen Wörtern sind unabhängig davon, ob nur die korrekten Lösungen allein oder aber die korrekten Lösungen einschließlich der Verwechslungsfehler betrachtet werden, signifikante Unterschiede zwischen den vier Aufgabentypen zu beobachten.

Die Ergebnisse zeigen deutlich, daß die Berücksichtigung von Verwechslungsfehlern die Mittelwerte für zwei– bis fünfgliedrige Wörter in den vier Aufgabentypen erhöht. Die Unterschiede zwischen den Aufgabentypen werden jedoch, außer bei den zweigliedrigen Items, nicht sehr wesentlich dadurch berührt.
Daß beim Lauteverbinden bei drei– bis fünfgliedrigen Items deutlich schlechtere Leistungen gezeigt werden als bei den Aufgaben Lesen, Wörterdiktat und Wörterteilen (Hypothese 2), kann damit bestätigt werden. Mit Ausnahme des nichtsignifikanten Unterschiedes zwischen Lauteverbinden und Wörterteilen bei dreigliedrigen Wörtern gilt dies auch, wenn Verwechslungsfehler nicht berücksichtigt werden.
Auch Hypothese 3, daß beim Lesen gegenüber allen anderen Aufgaben deutlich bessere Leistungen gezeigt werden als in den anderen drei Aufgaben, kann bestätigt werden. Auch hier findet sich nur eine Ausnahme (zwischen Lesen und Wörterdiktat bei viergliedrigen Wörtern), wenn Verwechlungsfehler nicht berücksichtigt berücksichtigt werden.

Unabhängig davon, ob Verwechslungsfehler als korrekt gewertet werden oder nicht, werden in den schriftsprachlichen Aufgaben Lesen und Wörterdiktat bei drei– bis fünfgliedrigen Wörtern deutlich bessere Leistungen gezeigt als bei den lautsprachlichen Aufgaben Lauteverbinden und Wörterteilen.

Unterschiede zwischen den Wortlängen. Werden die Wortlängeneffekte innerhalb einer Aufgabe betrachtet (s. Tab. 19 und 20), so zeigen die Vergleiche der richtigen Lösungen, daß nur beim Lesen zwischen drei– und viergliedrigen Wörtern kein signifikanter Unterschied besteht. Alle anderen Vergleiche zeigen signifikante Unterschiede zwischen den Lösungshäufigkeiten von zwei– bis fünfgliedrigen Wörtern in den vier Aufgaben. Dies bedeutet, daß in allen vier Aufgaben Wortlängeneffekte zu beobachten sind.

Werden Verwechslungsfehler eingerechnet (s. Tab. 20), so sind nur beim Wörterdiktat und beim Wörterteilen keine Unterschiede zwischen

Aufgabe	M	Anzahl Elemente	3	4	5
Lesen	1.80	2	0.32**	0.38**	0.57**
	1.48	3		0.06	0.25**
	1.42	4			0.19**
	1.23	5			
Lauteverbinden	1.31	2	0.76**	1.11**	1.26**
	0.55	3		0.35**	0.50**
	0.20	4			0.15**
	0.05	5			
Wörterdiktat	1.83	2	0.69**	0.89**	1.28**
	1.14	3		0.20**	0.59**
	0.94	4			0.39**
	0.55	5			
Wörterteilen	1.77	2	0.82**	1.16**	1.39**
	0.95	3		0.34**	0.57**
	0.61	4			0.23**
	0.38	5			
** p < .01; * p < .05; Kritische Differenzen: D(p < .01) = 0.14; D(p < .05) = 0.11					

Tab. 19: Mittlere Anzahl richtiger Lösungen und post-hoc Scheffé-Vergleiche für den Faktor Wortlänge

drei– und viergliedrigen Wörtern zu beobachten. Auch der Wortlängeneffekt wird durch die Berücksichtigung von Verwechslungsfehlern nur unwesentlich beeinflußt.

Damit kann Hypothese 4, daß bei allen vier Aufgabentypen mit steigender Wortlänge geringere Leistungen zu beobachten sind, im wesentlichen bestätigt werden.

Aufgabe	M	Anzahl Elemente	3	4	5
Lesen	1.84	2	0.17**	0.29**	0.45**
	1.67	3		0.12*	0.28**
	1.55	4			0.16**
	1.39	5			
Lauteverbinden	1.91	2	0.91**	1.32**	1.58**
	1.00	3		0.41**	0.67**
	0.59	4			0.26**
	0.33	5			
Wörterdiktat	1.92	2	0.40**	0.50**	0.83**
	1.52	3		0.10	0.43**
	1.42	4			0.33**
	1.09	5			
Wörterteilen	1.80	2	0.71**	0.78**	1.27**
	1.09	3		0.07	0.56**
	1.02	4			0.49**
	0.53	5			

** $p < .01$; * $p < .05$; Kritische Differenzen: $D(p < .01) = 0.15$; $D(p < .05) = 0.12$

Tab. 20: Mittlere Anzahl richtiger Lösungen einschließlich der durch Verwechslungen verursachten Falschlösungen und post-hoc Scheffé-Vergleiche für den Faktor Wortlänge

12.7 Diskussion der Ergebnisse

Betrachtet man die mittlere Anzahl richtiger Lösungen, so werden auch zweigliedrige Lautfolgen beim Lauteverbinden deutlich schlechter gelöst als beim Lesen, Schreiben und Wörterteilen. Dieser Effekt beruht jedoch nicht auf einer mangelnden Fähigkeit zur Synthese, sondern ist auch hier, wie schon in Studie 5 gezeigt werden konnte, durch Probleme bei der Lautaufnahme verursacht. Werden auf Lautverwechslungen beruhende Falschlösungen nicht in Rechnung gestellt, lassen sich zwischen den vier Aufgaben keine Unterschiede nachweisen. Dies konnte aus zwei Gründen erwartet werden. Erstens mußte davon ausgegangen werden, daß zweigliedrige Buchstaben– und Lautfolgen im Unterricht eingeübt worden waren und zweitens war nicht anzunehmen, daß zwei Elemente zu einer starken Gedächtnisbelastung führen.

Werden allerdings drei– bis fünfgliedrige Laut– bzw. Buchstabenfolgen präsentiert, so kommt es zu deutlichen Unterschieden zwischen den Aufgaben und bei jeder Aufgabe zu verminderten Leistungen mit Ansteigen der Anzahl der zu verarbeitenden Laute und Buchstaben und zwar auch dann, wenn Buchstaben– oder Lautverwechslungsfehler nicht berücksichtigt werden.

Die Leistungen im Lauteverbinden liegen deutlich unter den Leistungen der anderen Aufgaben. Dies bestätigt die Vermutung, daß die spezifischen Anforderungen, die durch die sukzessive Vorgabe gestellt werden, die Lautsynthese erheblich erschwert. Bei vier– und fünfgliedrigen Lautfolgen tendieren die mittleren Lösungshäufigkeiten gegen Null. Werden Verwechslungsfehler nicht eingerechnet, erhöhen sich zwar die mittleren Lösungshäufigkeiten, doch liegen diese immer noch deutlich unter denen der anderen Aufgaben.

Zwischen den Leistungen im Lauteverbinden und dem Lesen sind besonders hohe Leistungsdifferenzen beobachtbar. Die permanente Präsenz der Lesevorlage bewirkt hier offensichtlich einen geringeren Leistungsabfall mit zunehmender Buchstabenanzahl. Die geringe Höhe der Leistungen bei vier– und fünfgliedrigen Lautfolgen beim Lauteverbinden und der starke Leistungsabfall gegenüber den dreigliedrigen Lautfolgen zeigen, daß nur wenige Kinder nach 19 Wochen Unterrichtszeit eine längere Lautfolge verbinden können. Dies macht es wahrscheinlich, daß beim Lauteverbinden bei vier bis fünf Elementen die Kapazität des Arbeitsgedächtnisses überschritten wird, während beim Lesen diese Grenze bei vier– bis fünfgliedrigen Buchstabenfolgen noch nicht erreicht wird.

Im Wörterdiktat werden signifikant höhere Leistungen erreicht als beim Wörterteilen. Dies zeigt, daß eine rein lautlich durchzuführende Segmentierung eines Wortes bei drei– bis fünfbuchstabigen Wörtern schwerer auszuführen ist und trotz der zusätzlich notwendigen Verschriftung beim Diktat nicht zu geringeren Leistungen führt.
Es ist im Gegenteil festzustellen, daß die beim Wörterdiktat notwendige Verschriftung gegenüber dem Wörterteilen zu einer erhöhten Leistung führt. Das Aufschreiben bewirkt hier offensichtlich, daß das Ergebnis bei der Aufgabendurchführung in zunehmendem Maße präsent wird und die bereits abgearbeiteten Teile des Wortes nicht mehr im Gedächtnis gehalten werden müssen.

Die schriftsprachlichen Aufgaben Lesen und Wörterdiktat können weit besser bewältigt werden als die rein lautsprachlichen Aufgaben Lauteverbinden und Wörterteilen. Die zu beobachtende Abfolge der Leistungen in den vier Aufgaben (Lesen, Wörterdiktat, Wörterteilen, Lauteverbinden) legt nahe anzunehmen, daß die Verfügbarkeit der Schrift (Lesen: permanente Verfügbarkeit; Schreiben: sukzessive Verfügbarkeit) die Aufgabenausführung wesentlich erleichtert und das Arbeitsgedächtnis entlastet. Bei rein lautsprachlichen Aufgaben fehlen diese Verschriftungen. Alle Verarbeitungsschritte müssen durchgeführt werden, ohne daß eine äußerliche Repräsention verfügbar ist, so daß hierbei das Arbeitsgedächtnis in weit stärkerem Maße beansprucht wird. Dabei sprechen die Ergebnisse dafür, daß bei der Lautanalyse diese Beanspruchung geringer ausfällt und sich deshalb höhere Leistungen gegenüber dem Lauteverbinden zeigen.

13 Studie 6b. Qualitative und quantitative Unterschiede der Laut- und Buchstabenverwechslungen in den Aufgaben Lauteverbinden, Wörterteilen, Lesen und Diktat

13.1 Fragestellung

Wird den Kindern beim Lauteverbinden der Konsonant /m/ angeboten, so wird dieser, wie die Ergebnisse aus Studie 5 zeigen, sehr häufig mit /n/ verwechselt. Hierdurch verringert sich die Anzahl richtiger Lösungen erheblich. Damit wird bereits durch die Lautauswahl, die dem Kind in einer Lauteverbindenaufgabe vorgegeben wird, die Höhe des Lösungsergebnisses weitgehend vorbestimmt.
Auch die Ergebnisse der Studie 6a zeigen deutlich, daß die Höhe der Leistungen beim Lauteverbinden erheblich durch Lautverwechslungen beeinflußt ist. In Studie 6b soll der Frage nachgegangen werden, ob Art und Häufigkeit der beim Lauteverbinden zu beobachtenden Verwechslungen sich in spezifischer Weise von denen beim Lesen, Wörterdiktat und Wörterteilen unterscheiden.
Für die Bewältigung schriftsprachlicher wie auch lautsprachlicher Aufgaben wird die Fähigkeit zur Wahrnehmung artikulatorischer und akustischer Reize immer wieder hervorgehoben (Becker 1977, Betz & Breuninger 1987, Hohensee & Vagt 1982, Nasarowa 1955). Die Laut- und Buchstabenverwechslungen bei den vier in Studie 6a verwendeten Aufgaben sollen deshalb in Studie 6b unter dem Gesichtspunkt der unterschiedlichen Verfügbarkeit visueller, akustischer und artikulatorischer Hinweisreize betrachtet werden.

Überlegungen zum Lauteverbinden. Die einzellautliche Vorgabe beim Lauteverbinden stellt die Kinder vor das Problem, die Laute aufgrund der angebotenen akustischen Information eindeutig zu interpretieren. Da Konsonanten ihre Eindeutigkeit vornehmlich durch artikulatorische Parameter gewinnen (Tillman & Mansell 1980), müssen nichtartikulatorische akustische Informationen eine ausreichende Information für die eindeutige Identifikation liefern.

Bei Vokalen hingegen gelingt die Identifikation vorwiegend über den Gehöreindruck (Kohler 1977), dafür ist die rein artikulatorische Identifikation bei dunklen hinteren Vokalen (z.B. /o/ und /u/) erschwert.
In den vier Pseudowörteritemsätzen sind die Konsonanten /m/, /l/ (je acht mal) und die Vokale /a/, /i/, /o/ und /u/ (je drei mal) realisiert. Aufgrund der in Studie 5 ermittelten Ergebnisse ist zu erwarten, daß der Konsonant /m/, da er akustisch nicht oder nur schwer von /n/ zu unterscheiden ist, sehr häufig mit /n/ verwechselt wird. Der Lateral /l/ ist artikulatorisch und akustisch unterschiedlich von /m/ und /n/. Da durch den beidseitig der Zunge entweichenden Luftstrom ein akustisch anderer Klangcharakter entsteht, sollte die Verwechslungshäufigkeit des /l/ mit /m/ oder /n/ deutlich niedriger liegen als die /m/–/n/–Verwechslungen.
Die dunklen Vokale /o/ und /u/ sind artikulatorisch wie akustisch sehr ähnlich, sie sind aber artikulatorisch schwerer zu trennen als akustisch. Aufgrund ihrer Ähnlichkeit sollten beide Vokale häufiger miteinander verwechselt werden als die hellen Vokale /a/ und /i/. Da jedoch die Identifikation einzelner Laute auf einer akustischen Information beruht, ist anzunehmen, daß auch die Vokale /o/ und /u/ weniger Verwechslungen unterliegen als die Konsonanten.

Überlegungen zum Wörterteilen. Beim Lauteverbinden müssen einzelne Laute enkodiert und identifiziert werden, bei der Lautanalyse stellt sich das Problem der Lautwahrnehmung hingegen anders. Hierbei hat das Kind aus einer koartikulierten Worteinheit die einzelnen Laute zu separieren.
Bei der Lautanalyse muß zunächst das Wort enkodiert werden, bevor es lautlich analysiert werden kann. Hierbei können Wortenkodierprobleme auftreten, wenn lange, mehrsilbige Wörter (Catts 1986, Snowling 1981) oder hochgradig phonematisch ähnliche Wörter (z.B. Häufung gleicher Konsonanten wie /b/ an den Silbenanfängen) verwendet (Catts 1989) werden; die Fehlerraten liegen jedoch deutlich niedriger, wenn Konsonantenhäufungen bei relativ kurzen Wörtern entfallen.

Da nur kurze ein– und zweisilbige Pseudowörter verwendet werden, deren einzelne Silben einfach strukturiert und deren KV–Struktur den Kindern bekannt ist, können Wortenkodierprobleme zwar nicht ausgeschlossen, aber gering veranschlagt werden.
Unter der Voraussetzung einer korrekten Wortenkodierung stehen die artikulatorischen Merkmalsvektoren prinzipiell (z.B. indem das zu enkodierende Wort innerlich nachgesprochen wird) für den weiteren Analyseprozeß zur Verfügung. Unterstellt man bei der Lautanalyse ein primär an artikulatorischen Cues ausgerichtetes Vorgehen, so sind Unterschiede in den Verwechslungshäufigkeiten gegenüber der Einzellautwahrnehmung beim Lauteverbinden zu erwarten.
Die vorwiegend auf artikulatorischen Unterschieden beruhenden Lautkategorien /m/ und /l/ sollten bei der Lautanalyse in weit geringerem Ausmaß verwechselt werden als bei der Lautsynthese.
Gleichzeitig ist denkbar, daß es aufgrund der Aufmerksamkeitslenkung auf das Artikulationsverhalten zu mehr /o/–/u/–Verwechslungen kommt als beim Lauteverbinden.

Überlegungen zum Lesen. Der in Studie 5 durchgeführte Vergleich zwischen Lauteverbinden, Buchstabenverbinden und Lesen hat gezeigt, daß Buchstaben sicherer enkodiert werden können als Einzellaute. Es ist aufgrund dieser relativen Enkodiersicherheit zu vermuten, daß Verwechslungsfehler in weit geringerem Maße auftreten als bei den anderen Aufgaben. Da der Zugang zur Lautlichkeit des Wortes über die visuelle Vorlage erfolgt, sollten akustische wie artikulatorische Cues nur eine untergeordnete Rolle spielen. Wenn Verwechslungsfehler auftreten, so sollten diese primär durch visuelle Ähnlichkeiten verursacht sein. Da die Ergebnisse von Studie 5 aber zeigen, daß [m] und [n] trotz ihrer visuellen Ähnlichkeit nicht sehr häufig verwechselt werden, wird davon ausgegangen, daß beim Lesen keine typischen Verwechslungen in ähnlicher Höhe auftreten wie bei den lautsprachlichen Aufgaben.

Überlegungen zum Schreiben. Aufgrund der theoretisch angenommen Nähe zwischen Lautanalyse und Schreiben (Valtin 1984b), sollten sich beim Schreiben ähnliche Fehlerhäufungen ergeben wie beim Teilen der Wörter in einzelne Laute. Da beim Schreiben eines Wortes die Zuordung eines Buchstabens zu einem Laut erst nach der lautlichen Analyse erfolgt, kann davon ausgegangen werden, daß die bei der Lautanalyse typischen Fehlerhäufigkeiten sich auch in mindestens gleicher Höhe beim Schreiben nachweisen lassen. Es kann also angenommen werden, daß /o/–/u/–Verwechslungen auch hier einen typischen Fehlerschwerpunkt bilden.

Das Schreiben erfordert den Abruf und die eigenständige Produktion des zum analysierten Laut zugehörigen Buchstabens. Die Kinder befinden sich zum Meßzeitpunkt T3 (nach 19 Wochen Unterricht) in einer Phase, in der ihnen jede Woche mindestens zwei neue Buchstaben beigebracht werden. Wenn auch die in dem Pseudowörteritemsatz verwendeten Buchstaben lange vor dem Meßzeitpunkt T3 eingeführt wurden, so ist doch zu vermuten, daß nicht alle Kinder die im Unterricht eingeführten Buchstaben sicher beherrschen, da jeder neu eingeführte Buchstabe die Verwechslungsgefahr erhöht. Es wird deshalb davon ausgegangen werden, daß Unsicherheiten in der Buchstabenzuordnung beim Schreiben zu einem erhöhten Anteil an verschiedenen Verwechslungen führt.

13.2 Hypothesen

1. Lauteverbinden

a) /m/–/n/–Verwechslungen sind beim Lauteverbinden häufiger zu beobachten als Verwechslungen des /l/ mit den Konsonanten /m/ oder /n/.

b) Die Vokale /o/ und /u/ werden häufiger miteinander verwechselt als die Vokale /a/ und /i/.

c) In der Aufgabe Lauteverbinden werden deutlich niedrigere Anteile an Vokalverwechslungen als Konsonantenverwechslungen beobachtet.

2. **Wörterteilen**

a) Die auf die Artikulation gerichtete Aufmerksamkeit führt dazu, daß /o/ – /u/ – Verwechslungen aufgrund der schwer wahrnehmbaren Artikulationsunterschiede zwischen /o/ und /u/ häufiger auftreten als /m/ – /n/ –, /l/ – /m/ – oder /l/ – /n/ – Verwechslungen.

b) Beim Wörterteilen liegt die Höhe der /m/ – /n/ – Verwechslungen und der Verwechslungen des Konsonanten /l/ mit /m/ oder /n/ unter der Auftretenshäufigkeit beim Lauteverbinden.

3. **Lesen**

a) Beim Lesen treten Verwechslungen in weit geringerem Ausmaß auf als bei den anderen drei Aufgabentypen.

b) Es ergeben sich keine typischen Verwechslungshäufigkeiten wie beim Wörterdiktat, Wörterteilen oder Lauteverbinden.

4. **Wörterdiktat**

a) Es wird erwartet, daß die beim Wörterteilen auftretenden /o/ – /u/ – Verwechslungen in mindestens gleicher Höhe auch beim Schreiben auftreten.

13.3 Ergebnisse

Es wurden alle vorkommenden Verwechslungen, also auch die bei einem unvollständigen, nicht korrekten Ergebnis, zur Auswertung

herangezogen, soweit diese nach dem Definitionskriterium (s. Aufgabenbeschreibung Studie 6a) eindeutig als Verwechslung zu interpretieren waren. Da den Kindern pro Itemsatz jeweils achtmal die Konsonanten /m/ und /l/ angeboten wurden und nur jeweils dreimal die Vokale /o/, /u/, /a/ und /i/, wurden die wechselseitigen Vokalverwechslungen von /o/ und /u/ und von /a/ und /i/ zusammenfaßt und mit 1.333 gewichtet, um mit den Konsonanten vergleichbar zu sein. Die Zusammenfassung ist insofern berechtigt, als sich die Anzahl der wechselseitigen Verwechslungen (z.B. /u/ mit /o/ und /o/ mit /u/) nur geringfügig unterschied.
In der Restkategorie befinden sich nur Verwechslungen, die nicht häufiger als 3 mal vorkamen.
Abb. 13 veranschaulicht die Mittelwerte der Verwechslungen gruppiert nach /o/–/u/, /a/–/i/, /m/–/n/, /l/–/m/ und der Restkategorie wieder. Die Kategorie /l/–/m/ enthält auch die /l/–/n/–Verwechslungen und werden der Einfachheit halber nicht mehr gesondert erwähnt.
Betrachtet man zunächst die ungewichteten Gesamtanteile der Verwechslungen zwischen den Aufgaben, so werden beim Lauteverbinden und beim Wörterdiktat mit M = 1.85 und M = 1.65 die meißten Verwechslungen produziert. Beim Lesen und beim Wörterteilen ist dieser Anteil deutlich geringer (M = 0.55 und M = 0.78). Zwischen Lauteverbinden und Wörterdiktat und den Aufgaben Lesen und Wörterteilen zeigen post–hoc Scheffé–Vergleiche (Kritische Differenzen $D_{p<.05} = 0.58$, $D_{p<.01} = 0.70$) keinen signifikanten Unterschied bei insgesamt hochsignifikantem Aufgabeneffekt ($F_{(3,189)} = 19.96$, $p < .01$). Die Aufgaben mit hohem Verwechslungsanteil unterscheiden sich jedoch signifikant vom Lesen und Wörterteilen. Dies zeigt, daß die Verwechslungshäufigkeiten aufgabenspezifisch verschieden sind. Es kann damit nicht bestätigt werden, daß beim Lesen die geringste Anzahl an Verwechslungen auftritt, auch beim Wörterteilen ist dies auf insgesamt niedrigem Niveau der Fall.
Mit einer zweifaktoriellen (5 x 4) Varianzanalyse wurden die Unterschiede zwischen den Verwechslungskategorien der vier Aufgaben

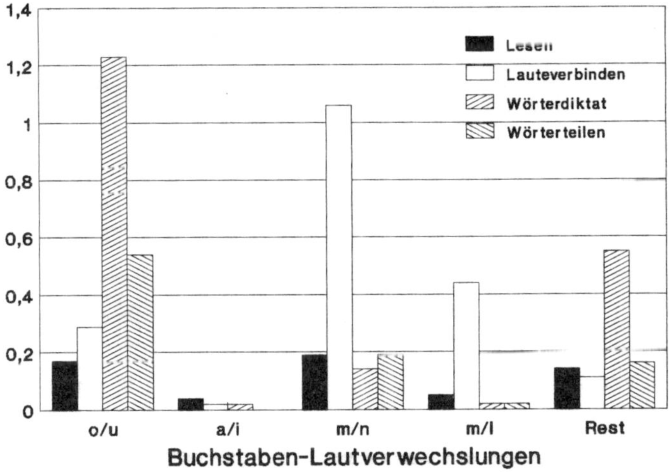

Abb. 13: Mittelwerte von fünf verschiedenen Verwechslungskategorien (o/u, a/i, m/n, m/l, Rest) in den Aufgaben Lesen, Lauteverbinden, Wörterdiktat und Wörterteilen zum Meßzeitpunkt T3

geprüft. Die Meßwiederholungsfaktoren "Verwechslungen" ($F_{(4,252)}$ = 23.19, $p < .01$) und "Aufgabe" ($F_{(3,189)}$ = 19.96, $p < .01$) sind hochsignifikant bei gleichfalls hochsignifikanter Interaktion ($F_{(12,756)}$ = 17.91, $p < .01$). Unterschiede zwischen den Verwechslungskategorien innerhalb einer Aufgabe (s. Tab. 21) und zwischen den Aufgaben innerhalb einer Verwechslungskategorie (s. Tab. 22) wurden mit post–hoc Scheffé–Vergleichen geprüft.

Vergleich der Verwechslungskategorien innerhalb einer Aufgabe (s. Tab. 21):

Lauteverbinden. Beim Lauteverbinden konzentrieren sich die Verwechslungsfehler erwartungsgemäß auf die /m/–/n/–, /l/–/m/– und

Art der Aufgabe	M	Art der Verwechslung	/a/ -/i/	/m/ -/n/	/l/ -/m/	Rest
Lesen	0.13	/o/-/u/	0.10	0.06	0.08	0.02
	0.03	/a/-/i/		0.16*	0.02	0.12
	0.19	/m/-/n/			0.14	0.04
	0.05	/l/-/m/				0.10
	0.15	Rest				
Summe:	0.55					
Laute-verbinden	0.22	/o/-/u/	0.20**	0.84**	0.22**	0.11
	0.02	/a/-/i/		1.04**	0.42**	0.09
	1.06	/m/-/n/			0.62**	0.95**
	0.44	/l/-/m/				0.33**
	0.11	Rest				
Summe:	1.85					
Wörter-diktat	0.92	/o/-/u/	0.90**	0.78**	0.90**	0.37**
	0.02	/a/-/i/		0.12	0.00	0.53**
	0.14	/m/-/n/			0.12	0.41**
	0.02	/l/-/m/				0.53**
	0.55	Rest				
Summe:	1.65					
Wörter-diktat	0.41	/o/-/u/	0.41**	0.22**	0.39**	0.25**
	0.00	/a/-/i/		0.19**	0.02	0.16*
	0.19	/m/-/n/			0.17*	0.03
	0.02	/l/-/m/				0.14
	0.16	Rest				
Summe:	0.78					

** $p < .01$; * $p < .05$; Kritische Differenzen: $D(p < .01) = 0.19$; $D(p < .05) = 0.16$

Tab. 21: Mittlere Anzahl (M) der Verwechslungen und post-hoc Scheffé-Vergleiche zwischen den Verwechslungskategorien innerhalb einer Aufgabe

/o/–/u/–Kategorien (M = 1.06, M = 0.44 und M = 0.22). /a/–/i/–Verwechslungen treten nur in sehr geringem Ausmaß auf (M =

0.02). Die Mittelwerte aller vier Verwechslungskategorien sind hochsignifikant unterschiedlich voneinander. Damit kann bestätigt werden, daß /m/ – /n/ – Verwechslungen in deutlich höherem Ausmaß auftreten als /l/ – /m/ – Verwechslungen (Hypothese 1a). Weiterhin kann auch bestätigt werden, daß /o/ – /u/ – Verwechslungen signifikant häufiger auftreten als /a/ – /i/ – Verwechslungen (Hypothese 1b) und die Anteile der vokalischen Verwechslungen (/a/ – /i/ und /o/ – /u/) in signifikant geringerem Ausmaß auftreten als die konsonantischen Verwechslungen /m/ – /n/ und /l/ – /m/. Damit bestätigt sich Hypothese 1c, daß die ähnlichen Vokale /o/ und /u/ bei Einzellautvorgabe eindeutiger wahrgenommen werden können als die Konsonanten /m/ und /l/.

Wörterteilen. Beim Wörterteilen liegt die mittlere Häufigkeit der /o/ – /u/ – Verwechslungen mit M = 0.41 hochsignifikant über den Mittelwerten der anderen Verwechslungskategorien. Damit kann Hypothese 2a bestätigt werden, daß die artikulatorisch schwer zu trennenden Vokale /o/ und /u/ beim Wörterteilen häufiger verwechselt werden als die nach artikulatorischen Parametern leichter zu unterscheidenden Konsonanten.

Lesen. Bei der Leseaufgabe treten /m/ – /n/ – Verwechslungen am häufigsten auf. Mit M = 0.19 liegt dieser Anteil allerdings auf niedrigem Niveau und unterscheidet sich nur von den /a/ – /i/ – Verwechslungen auf dem 5 % – Niveau signifikant. Alle anderen Vergleiche sind nichtsignifikant. Damit kann Hypothese 3b, daß sich beim Lesen keine typischen Verwechslungshäufigkeiten wie beim Wörterdiktat, Wörterteilen oder Lauteverbinden ergeben, nur eingeschränkt zugestimmt werden. /m/ – /n/ – Verwechslungen treten, auf sehr niedrigem Niveau, sehr wohl häufiger auf als die anderen Verwechslungen.

Wörterdiktat. Beim Wörterdiktat ist der höchste Verwechslungsanteil mit M = 0.92 bei den /o/ – /u/ – Verwechslungen zu beobachten, der zweithöchste Anteil in der Restkategorie (M = 0.55) festzustellen. Damit kann Hypothese 4a bestätigt werden, daß beim Wörterdiktat /o/–/u/–Verwechslungen in mindestens gleicher Höhe auftreten wie beim Wörterteilen. Die Kategorien /a/–/i/, /m/–/n/ und /l/–n/ liegen mit mittleren Auftretenshäufigkeiten von M = 0.02, M = 0.14 und M = 0.02 auf niedrigem Niveau.

Art der Verwechslung	M	Aufgabe	LV	WD	WT
/o/-/u/	0.13	L	0.09	0.79**	0.28**
	0.22	LV		0.70**	0.19**
	0.92	WD			0.51**
	0.41	WT			
/a/-/i/	0.03	L	0.01	0.01	0.03
	0.02	LV		0.00	0.02
	0.02	WD			0.02
	0.00	WT			
/m/-/n/	0.19	L	0.87**	0.00	0.05
	1.06	LV		0.87**	0.92**
	0.19	WD			0.05
	0.14	WT			
/l/-/m/	0.05	L	0.40**	0.03	0.03
	0.45	LV		0.43**	0.43**
	0.02	WD			0.00
	0.02	WT			
Restkategorie	0.14	L	0.03	0.41**	0.02
	0.11	LV		0.44**	0.05
	0.55	WD			0.39**
	0.16	WT			

** p < .01; * p < .05; Kritische Differenzen:
D(p < .01) = 0.11; D(p < .05) = 0.10;
L = Lesen; LV = Lauteverbinden; WD = Wörterdiktat;
WT = Wörterteilen

Tab. 22: Mittlere Anzahl (M) der Verwechslungen und post-hoc Scheffé-Vergleiche zwischen den Aufgaben getrennt nach Verwechslungskategorien

Vergleiche zwischen den Aufgaben (s. Tab. 22):

/o/ – /u/ – Verwechslungen. Die mittleren Anteile der /o/ – /u/ – Verwechslungen beim Wörterdiktat (m = 0.92), Wörterteilen (M = 0.41) und Lauteverbinden (M = 0.22) unterscheiden sich hochsignifikant voneinander. Weiterhin ist auch der beim Lesen zu beobachtende niedrige Verwechslungsanteil von M = 0.13 nur gegenüber dem Lauteverbinden nichtsignifikant. Damit zeigt sich, daß /o/ – /u/ – Verwechslungen bei den Aufgaben besonders stark ausgeprägt sind, bei denen die Kindern zunächst ein Wort zu enkodieren haben und dieses dann analysieren. Deutlich geringer fallen die Verwechslungsanteile aus, wenn ein Wort gelesen oder aber Einzellaute verarbeitet werden müssen.

/a/ – /i/ – Verwechslungen. Die mittleren Anzahlen der /a/ – /i/ – Verwechslungen liegen in allen Aufgaben nahe oder gleich Null und sind nicht signifikant unterschiedlich. Damit zeigt sich, daß Vokale, die sowohl artikulatorisch wie auch akustisch eindeutig interpretierbar sind, nahezu nicht verwechselt werden.

/m/ – /n/ – Verwechslungen. Beim Lauteverbinden treten mit M = 1.06 hochsignifikant mehr /m/ – /n/ – Verwechslungen auf als bei den übrigen drei Aufgaben. Die Verwechslungsanteile der restlichen Aufgaben unterscheiden sich nichtsignifikant. Damit bestätigt sich, daß /m/ – /n/ – Verwechslungen gehäuft nur bei der Einzellautvorgabe auftreten. Bei den anderen drei Aufgaben liegen die Verwechslungsanteile auf insgesamt niedrigem Niveau.

/l/ – /m/ – Verwechslungen. Die mittleren Anteile der /l/ – /m/ – Verwechslungen liegen in allen Aufgaben niedriger als die /m/ – /n/ – Verwechslungen. Zwischen den Aufgaben ergibt sich jedoch für die /l/ – /m/ – Verwechslungen das gleiche Muster wie für die Kategorie /m/ – /n/: Der Anteil der /l/ – /m/ – Verwechslungen beim

Lauteverbinden unterscheidet sich hochsignifikant von denen beim Lesen, Wörterteilen und Wörterdiktat. Die Anteile der drei zuletzt genannten Aufgaben unterscheiden sich jedoch nicht. Dies zeigt, daß auch das /l/ bei einzellautlicher Präsentation deutlich schlechter wahrgenommen wird. Bei visueller Präsentation (Lesen) oder bei Vorgabe innerhalb eines Wortes (Wörterteilen, Wörterdiktat) kann es deutlich besser identifiziert werden.

Restkategorie. Auffällig ist der stark erhöhte Anteil (M = 0.55) in dieser Kategorie beim Wörterdiktat. Dieser Anteil ist hochsignifikant unterschiedlich von denen in den anderen Aufgaben, wobei sich die Restkategorien bei den Aufgaben Lesen, Wörterteilen und Lauteverbinden nicht unterscheiden. Da in die Restkategorie nur Verwechslungen augenommen wurden, die insgesamt nicht häufiger als dreimal in der Stichprobe zu beobachten waren, zeigt dies, daß beim Wörterdiktat eine größere Variabilität der Verwechslungsarten zu beobachten ist als bei den übrigen Aufgabenformen.

13.4 Diskussion der Ergebnisse

Die eindeutige einzellautliche Wahrnehmung des /m/ bereitet den Kindern beim Lauteverbinden große Probleme, während beim Lesen, Wörterdiktat und Wörterteilen dieser Fehleranteil deutlich niedriger ausgeprägt ist. Die Identifikation dieses Konsonanten gelingt dann nicht eindeutig, wenn ausschließlich einzellautliche akustische Informationen zur Verfügung stehen. Werden wie beim Lesen Buchstaben angeboten oder koartikulierte lautliche Einheiten wie beim Wörterdiktat und Wörterteilen, so sinkt der Anteil an /m/–/n/–Verwechslungen auf ein sehr niedriges Niveau. Buchstaben oder artikulatorische Informationen erhöhen damit die eindeutige Wahrnehmung des Konsonanten /m/ erheblich.

Der Lateral /l/ ist aufgrund seiner geringeren Verschlußbildung gegenüber dem /m/ auch akustisch besser von diesem zu unterscheiden.

Beim Lauteverbinden werden /l/ mit /m/ oder /n/ weniger miteinander verwechselt als /m/ mit /n/. Der Anteil der /l/–/m/–Verwechslungen ist aber gegenüber denen der anderen Aufgaben hochsignifikant erhöht. Dies zeigt, daß auch der Konsonant /l/, obwohl bei der Einzellautpräsentation mehr akustische Information als beim /m/ herangezogen werden kann, nicht so eindeutig interpretiert wird wie bei den anderen drei Aufgaben. Auch für seine eindeutige lautliche Wahrnehmung sind artikulatorische Cues notwendig.

Es wurde angenommen, daß die hinteren Vokale /o/ und /u/ vorwiegend aufgrund des Gehöreindruckes identifiziert werden müssen und deshalb bei Einzellautpräsention trotz ihrer akustischen Ähnlichkeit genauer interpretiert werden können als die Konsonanten /m/ und /l/. Dies ist auch tatsächlich der Fall. Beim Lauteverbinden liegt der Anteil der /o/–/u/–Verwechslungen hochsignifikant unter den Anteilen der /m/–/n/– und /l/–/m/–Verwechslungen. Gegenüber den /a/–/i/–Verwechslungen ist der Anteil der /o/–/u/–Verwechslungen zwar deutlich erhöht, der Verwechslungsanteil erreicht jedoch bei weitem nicht die Höhe wie bei den Konsonanten /m/ und /l/. Damit zeigt sich, daß bei einzellautlicher Präsentation die Wahrnehmung der Vokale /o/, /u/, /a/, /i/ den Kindern relativ wenig Probleme bereitet. Bei den beiden Konsonanten ist eine vom Tonband vorgespielte Vorgabe jedoch nicht eindeutig zu interpretieren.

Quasi in Umkehrung zu Verwechslungen bei Einzellautvorgaben stehen die bei der Analyse von Wörtern zu beobachtenden Verwechslungsarten. Beim Wörterteilen und beim Wörterdiktat sind /o/–/u/–Verwechslungen deutlich erhöht und die Konsonanten /m/ und /l/ werden nur in geringerem Ausmaß verwechselt. Der niedrige Anteil an konsonantischen Verwechslungen steht in Übereinstimmung mit der These, daß bei der Lautanalyse die artikulatorische Information entscheidend ist. Gleichzeitig zeigt der erhöhte Anteil an /o/–/u/–Verwechslungen, daß durch die Konzentration auf die Artikulation diese schlechter analysiert werden können. Es ist allerdings zu berücksichtigen, daß ein Teil der zu beobachtenden Verwechslungen durch eine nicht korrekte Wortenkodierung bedingt sein kann.

Beim Wörterdiktat zeigt der stark erhöhte Anteil an /o/–/u/–Verwechslungen gegenüber dem Wörterteilen, daß Unsicherheiten in der Phonem–Graphem–Zuordnung bestehen. Dafür spricht auch, daß die Restkategorie überproportional besetzt ist und nicht nur dem Laut ähnliche Verschriftungen gewählt wurden.
Die Diskrepanz zwischen Wörterdiktat und Wörterteilen macht deutlich, daß Verwechslungsfehlern beim Schreiben nicht notwendigerweise wortenkodier– oder lautanalytische Probleme zugrunde liegen müssen. Es zeigt sich hier das Problem nahezu aller sogenannter Fehlertypologien (vgl. Eichler 1976, Meyer–Schepers 1991), die Ursache von verschrifteten Verwechslungsfehlern auf zugrunde liegende Lautanalyse– oder Phonem–Graphem–Zuordnungsschwierigkeiten zurückführen zu können.

Phonem–Graphem–Zuordnungsschwierigkeiten sind, nach den Ergebnissen in der Leseaufgabe, von Graphem–Phonem–Zuordnungsschwierigkeiten zu unterscheiden (vgl. Hardy, Smythe, Stennett & Wilson 1972). Werden nämlich Buchstaben in einer Leseaufgabe präsentiert, so führt dies keineswegs zu typischen Fehlerhäufungen, wie dies beim Wörterdiktat der Fall ist. Diese Befunde bestätigen nachdrücklich die Ansicht, daß es sich beim Lesen und Schreiben um zwei grundsätzlich verschiedene Prozesse handelt, die sich auch in unterschiedlichen Fehlerhäufungen widerspiegeln (vgl. Angermaier 1974b, Valtin 1970).

14. Zusammenfassende Diskussion der Ergebnisse

In der zusammenfassenden Diskussion sollen die Hauptergebnisse der Studien 1 bis 6 in Kurzform nochmals aufgezeigt und auf der Grundlage dieser Ergebnisse Modellvorstellungen über vorschulische und schulische Lautsyntheseprozesse entwickelt werden.
Dabei werden die Fragen diskutiert, inwieweit Aufgaben zum Lauteverbinden lautsynthetische Prozesse abbilden können und welcher diagnostische Wert dieser Aufgabenform für das Verständnis schriftsprachlicher Entwicklungen zukommen kann.

14.1 Der vorschulische Lautsyntheseprozeß

Die Ergebnisse der Studie 1 zeigen, daß Vorschulkinder nicht in der Lage sind, eine dreigliedrige K–V–K–Lautfolge zu verbinden. Richtige Lösungen sind nur dann zu beobachten, wenn zweigliedrige Lautfolgen zum Verbinden vorgegeben werden, wobei KV–K–Lautfolgen wesentlich leichter korrekt verbunden werden können als K–VK–Lautfolgen. Diese itemspezifische Schwierigkeitsrangfolge wurde auch in anderen Studien beobachtet (s. Bus 1986, Helfgott 1976, Williams 1980).
Erklärt werden kann dieses Befundmuster mit dem von Marx (1990b) für Vorschulkinder entwickelten Lautsynthesemodell, das das Zustandekommen einer richtigen Lösung nicht als Lautsyntheseprozeß, sondern als Klangassoziationsprozeß auffaßt. Nach diesem Modell wählen Vorschulkinder, wenn sie mit einer Lautfolge konfrontiert werden, ein "prominentes Element" aus und versuchen, dieses mit bereits vorhandenen lexikalischen Eintragungen zu assoziieren. Die Wahrscheinlichkeit für eine richtige Lösung ist nach Marx (1990b, S. 38–39) dann abhängig von der Größe der prominenten Lauteinheit und von der Anzahl der lexikalischen Assoziationsmöglichkeiten. Je größer eine Lauteinheit ist, um so eingeschränkter ist die Anzahl möglicher Klangassoziationen; je weniger klangähnliche Wörter sich neben dem ge-

suchten Wort im Lexikon befinden, um so größer ist die Wahrscheinlichkeit einer richtigen Lösung.

Der Unterschied zwischen den Lösungshäufigkeiten bei K–VK– und KV–K–Items kann mit den Marx'schen Modellvorstellungen in der Weise erklärt werden, daß für die gleich großen VK– und KV–Elemente unterschiedlich hohe Anzahlen an Assoziationsmöglichkeiten gegeben sind: Durch das initiale KV–Element kann der Zugang zum korrekten Wort im Lexikon weitgehend vorbestimmt sein, für das VK–Element, der Reimendung eines Wortes, stehen hingegen in der Regel mehr lexikalische Wortalternativen zur Verfügung.

Nach Marx (1990a) ist die Prominenz einer Lauteinheit vorwiegend durch ihre Größe und ihren vokalischen Kern bestimmt. Ob nichtvokalische Einheiten wie zum Beispiel Konsonantencluster in einer Lautfolge prominent sein können, ist experimentell bisher noch nicht geprüft. Es kann aber gezeigt werden, daß die Anzahl übereinstimmender Konsonanten zwischen Reimwörtern die Entscheidung der Kinder, ob sich zwei Wörter reimen oder nicht, beinflussen kann (vgl. Knafle 1973, 1974, Lenel & Cantor 1981). Vorschulkinder können damit auch konsonantische Informationen bei lautlichen Vergleichen berücksichtigen. Nach den Ergebnissen von Mannhaupt & Jansen (1989) ist aber davon auszugehen, daß Kindergartenkinder eher in der Lage sind, Vokale zu einem Wort zu assoziieren als Konsonanten. Wenn das vorschulische Lauteverbinden durch Klangassoziationsprozesse bestimmt ist, so ist es deshalb wahrscheinlich, daß vorwiegend der Vokal oder eine Konsonant–Vokal–Einheit als prominente Lauteinheit für den lexikalischen Vergleichsprozeß herangezogen wird.

Die in Studie 1 durchgeführte Fehleranalyse kann dies bestätigen. Sowohl bei den K–V–K–, K–VK– wie auch bei den KV–K–Items wiesen die Falschantworten und die vorgegebene Lautfolge nahezu immer den gleichen Vokal auf. Konsonanten wurden nicht in gleicher Weise systematisch berücksichtigt. Dies bedeutet, daß die vokalische Information für den Vergleichsprozeß herangezogen worden ist. Dieses Ergebnis berechtigt zu der Annahme, daß der vorschulische Lautsyntheseprozeß vokalisch bestimmt ist.

Die Unterschiede in den Lösungshäufigkeiten zwischen KV–K– und K–VK–Items sind aber nicht nur durch Klangassoziationsprozesse plausibel erklärbar. Der Unterschied zwischen der Anzahl richtiger Lösungen bei KV–K– und K–VK–Items kann auf der Grundlage der Überlegungen von Menzerath & Lacerda (1933) auch als Ergebnis unterschiedlicher artikulatorischer Schwierigkeiten verstanden werden, eine KV–K– oder eine KV–K–Lautfolge zu synthetisieren. Die KVK–Silbe läßt sich nach diesen Überlegungen gliedern in einen koartikulierten Silbenbeginn und den Endkonsonanten, dem die Aufgabe zukommt, den vokalischen Kern der Silbe zu beenden (vokalische Steuerung). Eine koartikulierte Einheit zu bilden, ist deshalb äußerst schwierig, weil im Syntheseergebnis die Parameter der Konsonanten– und Vokalvektoren nahezu zeitgleich und gemeinsam realisiert werden müssen. Bei der vokalischen Steuerung ist dies jedoch in diesem Ausmaß nicht der Fall. Auch hier muß die Vokalaussprache in Richtung auf den zu berücksichtigenden Endkonsonanten verändert werden, doch sind die Artikulationsparameter der zu verbindenden Laute, je nach Art des Endkonsonanten und des vorauslaufenden Vokals, in der Regel weniger ineinander verwoben.
Die in Studie 1 gefundenen niedrigen Lösungshäufigkeiten bei K–V–K– und K–VK–Items können daher auch als Folge der noch nicht ausgebildeten Fähigkeit von Vorschulkindern aufgefaßt werden, Laute zu koartikulieren. KV–K–Items sind von ihnen deshalb leichter zu bewältigen, weil sie über die Fähigkeit zur vokalischen Steuerung bereits verfügen.

In Studie 2 wurde eine Entscheidung darüber zu treffen versucht, ob das Zustandekommen der Unterschiede zwischen K–VK– und

KV–K–Items durch klangassoziative oder aber lautsynthetische Prozesse erklärbar ist.
Den Kindern wurden K–VK– und KV–K–Items akustisch präsentiert. Zu jedem Item wurden vier Bildalternativen vorgelegt. Die Bildalternativen wiesen unterschiedliche lautliche Übereinstimmungen mit der Lautfolge auf (Übereinstimmung mit allen Elementen der Lautfolge (korrekte Alternative), Konsonant/Vokal–Übereinstimmung, Konsonant–Übereinstimung und keine lautliche Übereinstimmung mit der Lautvorgabe).
Durch die Vorgabe von Bildern wurde der Suchraum für KV–K– und K–VK–Items gleichgehalten. Unter diesen Bedingungen bestehen für KV– und VK–Elemente die gleichen Zuordnungswahrscheinlichkeiten. Nach den Überlegungen von Marx sollten, wenn die Kinder das prominente, vokalische Element auswählen und den Wörtern zuordnen, keine Unterschiede zwischen KV–K– und K–VK–Items zu beobachten sein, da ja für beide Itemtypen ein gleich großer Suchraum gegeben ist. Postuliert man jedoch die Fähigkeit zur vokalischen Steuerung, so sollten auch unter diesen Bedingungen KV–K–Items häufiger richtig gelöst werden als K–VK–Items.

Es wurde folgendes Lösungsverhalten festgestellt: Vorschulkinder wählen von den vier angebotenen Alternativen immer diejenige aus, die das prominente vokalische Element enthält. Die Alternative mit keiner lautlichen Übereinstimmung oder die mit konsonantischer Übereinstimmung werden nur in vernachlässigbar geringem Ausmaß gewählt.
Dennoch ist auch unter eingeschränkten Suchraumbedingungen zu beobachten, daß KV–K–Items häufiger richtig gelöst werden als K–VK–Items. Während sich bei K–VK–Items die Antworten zufällig auf die richtige und die Alternative mit vokalischer Übereinstimmung verteilen, wurde bei den KV–K–Items signifikant häufiger die korrekte Alternative gewählt.

Der erhöhte Anteil an richtigen Lösungen bei den KV–K–Items kann nicht dadurch erklärt werden, daß Vorschulkinder in einem eingeschränkten Suchraum in der Lage sind, auch Konsonanten zu einem Wort zu assoziieren, denn dann hätte sich auch bei den K–VK–Items ein Überwiegen korrekter Antworten zeigen müssen.
Die Ergebnisse sprechen vielmehr dafür, daß das Verbinden von Lauten im Vorschulalter nicht als rein lautassoziativer Prozeß aufgefaßt werden kann, sondern auch lautsynthetische (vokalische Steuerungen) Verarbeitungsprozesse in Rechnung gestellt werden müssen.

Aufgrund der in Studie 1 und 2 gefundenen Ergebnisse lassen sich folgende Annahmen über den vorschulischen Lautsyntheseprozeß formulieren:

1. Werden Vorschulkindern zweigliedrige KV–K– oder K–VK–Lautfolgen zum Verbinden vorgegeben, so werden beide lautliche Elemente in das Arbeitsgedächtnis aufgenommen.

2. Vorschulkinder wählen das vokalische KV– oder VK–Element der Lautfolge aus und aktivieren einen lexikalischen Suchraum mit Wörtern, die das KV– oder VK–Element enthalten. Dabei aktivieren VK–Elemente größere Suchräume als KV–Elemente.

3. Ist der Suchraum aktiviert, wird versucht, den Konsonanten in den Verarbeitungsprozeß einzubeziehen. Für KV–K– und K–VK–Items sind dabei unterschiedliche Bedingungen gegeben:

   K–VK–Items. Da Konsonanten in der Regel im Vorschulalter nicht mit Wörtern assoziiert werden können und gleichzeitig die Koartikulationsfähigkeit (das Verbinden eines Konsonanten mit einem nachfolgenden Vokal) nicht ausgebildet ist, kann der Konsonant im Verarbeitungsprozeß nicht berücksichtigt werden. Es besteht für die Vorschulkinder nur die Möglichkeit, das VK–Element mit einer lexikalischen Eintragung zu assoziieren. Da aber der durch ein VK-Element aktivierte Suchraum relativ groß ist, wird die Wahrscheinlichkeit für eine korrekte Lösung gering.

KV-K-Items. Bei KV-K-Items ist der Suchraum eingeschränkter. Da die Fähigkeit zur vokalischen Steuerung in einem eingeschränkten Suchraum unterstellt werden kann, wird der Endkonsonant mit dem KV-Element verbunden. Dabei stehen die wenigen Wörter des aktivierten Lexikons als Kontrollmöglichkeit zur Verfügung und ermöglichen einen hohen Anteil korrekter Lösungen.
Die Wörter des eingeschränkten, lexikalischen Suchraumes können eine Monitorfunktion ausüben, da sie Artikulationsbeispiele darstellen, die dazu dienen, die aktivierte Artikulationssequenz eines Wortes mit dem Lautmaterial der Lautfolge erneut auszuführen und zu vergleichen. Sind zwei artikulatorische Sequenzen ähnlich, so wird das Artikulationsbeispiel als Antwort gegeben.

Die Befunde der Studie 1 und 2 stützten die Annahme, daß zur Erklärung des vorschulischen Lauteverbindens sowohl lautsynthetische wie auch lautassoziative Prozesse herangezogen werden müssen, die am Zustandekommen eines Lösungsergebnisses beteiligt sind. Das Zusammenwirken beider Prozesse wurde bereits 1937 von Bosch postuliert: "Durch die wechselseitige Ergänzung beider Denkbewegungen wird *echte* Analyse und Synthese, d. h. Zerlegung und Zusammenfügung im Sinne des Strukturprinzips gewährleistet. Es ist deshalb nicht möglich, Analyse und Synthese als einander ausschließende Denkvorgänge hinzustellen. Sie sind vielmehr Korrelate" (Bosch 1937, S. 29).

Die Sichtweise, daß das Zustandekommen eines Ergebnisses in einer Aufgabe zum Lauteverbinden durch eine Interaktion lautassoziativer und synthetischer Prozesse zu erklären ist, löst auch ein Problem des Lautsynthesemodells von Perfetti et al. (1987). Die Autoren nehmen in

ihrem Modell an, daß das Verbinden einer Lautfolge in einem Synthesizer geschieht. Wie das Verbinden letztlich genau vor sich geht, bleibt jedoch unklar, weil in den Modellvorstellungen nicht genau spezifiziert wird, auf welcher Wissensgrundlage im Synthesizer eine Verbindung vorgenommen wird.
Um beim Verbinden einzelner Laute zu einem im Sinne der Aufgabenstellung korrekt ausgesprochenen Wort zu gelangen, muß in irgendeiner Weise Wissen über das Ergebnis vorhanden sein. Ohne dieses Wissen scheint nicht erklärbar, warum Lautverbindungen als Ergebnis eines Syntheseprozesses einen ganz spezifischen Klangcharakter aufweisen sollen.
Dieses Problem ensteht, weil das Lautsynthesemodell als bottom–up Modell konstruiert worden ist. Dabei werden von der Lautaufnahme ausgehend verschiedene Verarbeitungsschritte durchlaufen, bis ein Synthesergebnis vorliegt. Es wird nicht angenommen, daß spezifische Eingangsinformationen zur Aktivierung bestimmter Verarbeitungsebenen führen, die dann ihrerseits wiederum die Verarbeitung der Eingangsinformationen beeinflussen.

Nach den Ergebnissen der Studie 1 und 2 scheint aber genau dies der Fall zu sein. Die vokalisch prominente Lauteinheit einer Lautfolge aktiviert lexikalische Suchräume, die Wörter enthalten und als Vergleichsgrundlage für weitere Verarbeitungsschritte dienen. Voraussetzung für die Aktivierung ist, daß vokalische Elemente assoziiert werden können. Die Wahrscheinlichkeit eines richtigen Ergebnisses ist abhängig von der Größe des aktivierten Suchraumes und von der Fähigkeit, lautliche Einheiten zu verbinden. Die Berücksichtung des Konsonanten scheint im Vorschulalter nur unter den Bedingungen möglich, daß eine den Vokal steuernde Synthese verlangt wird und der lexikalische Suchraum sehr klein ist.

14.2 Der schulische Lautsyntheseprozeß

14.2.1 Die Interaktion lautsynthetischer und -analytischer Fertigkeiten beim Lauteverbinden

Bei der Erklärung des schulischen Lautsyntheseprozesses ist zu berücksichtigen, daß sich mit Beginn des Leselernunterrichts das Lernangebot für die Kinder erheblich verändert. Wichtige Fertigkeiten wie das Verbinden von Lauten und ihre Analyse werden eingeübt und das Verständnis über die Funktion und die Struktur der Schriftsprache aufgebaut.

Bereits in der theoretischen Betrachtung des schulischen Lautsyntheseprozesses in Kapitel 4 wurde vermutet, daß das Verbinden von Konsonanten mit einem nachfolgenden Vokal (ihre Koartikulation) erst dann von den Kindern geleistet werden kann, wenn diese Fertigkeit eingeübt worden ist. Dafür spricht, daß erst im Schulalter hohe Lautsyntheseleistungen nachgewiesen werden können und daß die Transferleistungen auf ungeübtes Wortmaterial sehr gering sind.

Die Ergebnisse der Studie 4 stehen in Übereinstimmung mit diesen Vermutungen: Nach neun Wochen Unterricht kann mit der in Studie 2 verwendeten Lauteverbindenaufgabe mit Bildern die Fähigkeit zum Verbinden von K–VK–Lautfolgen nachgewiesen werden, aber nur für solche Kinder, die das alphabetische Prinzip der Schriftsprache bereits erfaßt haben und unbekannte Transferwörter lesen können oder aber bei solchen Kindern, deren Leseverhalten Ansätze alphabetischen Lesens erkennen lassen.

Kinder, die noch keine unbekannten Wörter dekodieren können und noch keine Ansätze alphabetischen Leseverhaltens zeigen, wählen sowohl bei den KV–K– wie auch bei den K–VK–Items die vokalische und die richtige Bildalternative nahezu gleich häufig. In dieser Teilgruppe kann auch nach neun Wochen Unterricht die Fähigkeit zur vokalischen Steuerung nicht nachgewiesen werden. Damit steht die Fähigkeit, K–VK– oder KV–K–Lautfolgen zu verbinden in Abhängigkeit vom Leseniveau der Kinder.

Dieses Ergebnis zeigt zweierlei: Zum einen ist die Fähigkeit zum Verbinden koartikulierter Einheiten erst im Schulalter beobachtbar und zum anderen steht diese Fähigkeit in Abhängigkeit vom Leseniveau der Kinder, d.h. in Abhängigkeit von der Beherrschung alphabetischer Lesetechniken.

Die im Vorschulalter in der Gesamtgruppe zu beobachtenden itemspezifischen Unterschiede zwischen K–VK– und KV–K–Items sind nach neun Wochen Unterricht nur bei den Kindern zu beobachten, die auch über ein höheres Leseniveau verfügen, d.h. KV–K–Items werden von ihnen in höherem Maße richtig gelöst als K–VK–Items. Auch unter Unterrichtsbedingungen können vokalische Steuerungen eher ausgeführt werden als das Verbinden eines Konsonanten mit einem Vokal zu einer koartikulierten Einheit. Belegt wird hiermit, daß die strukturellen Eigenschaften einer Lautfolge auch nach einigen Wochen Unterricht die Anzahl richtiger Lösungen beeinflußt.

Inwieweit allerdings die Lösungsergebnisse in einer Lauteverbindenaufgabe durch Klangassoziationen und/oder Lautsynthesen zustande kommen, wie dies im Vorschulalter der Fall war, läßt sich hier nicht exakt auseinanderhalten. Es ist festzustellen, daß durch den Unterricht sowohl die Fähigkeit zur Lautassoziation gefördert (auch die Lautanalysefähigkeit steigt nach den Ergebnissen von Studie 4 mit zunehmendem Leseniveau) wie auch die Synthesefähigkeit in entsprechenden unterrichtlichen Übungen verbessert wird. Es ist deshalb möglich, daß die Lösungsergebnisse sowohl über lexikalische Zuordnungsprozesse (die aktivierten Wörter des Lexikons werden auf das Vorhandensein der beiden lautlichen Elemente überprüft) oder aber über Syntheseprozesse (die Elemente werden zunächst synthetisiert und dann das Syntheseergebnis mit einer Lexikoneintragung verglichen) erreicht werden.

Die Tatsache, daß der Unterschied zwischen den Lösungshäufigkeiten bei K–VK– und KV–K–Items auch unter schulischen Bedingungen zu beobachten ist, zeigt, daß lautsynthetische Prozesse angenommen werden müssen, weil es bei reinen Zuordnungsprozessen nicht einsehbar ist, warum sich strukturelle Eigenschaften einer Lautfolge in unterschiedlichen Lösungshäufigkeiten ausdrücken sollen. Da für beide Itemtypen der Suchraum gleich groß gehalten wurde, wäre bei gegebener konsonantischer Assoziationsfähigkeit und reinen Zuordnungsprozessen hingegen anzunehmen, daß kein Unterschied zwischen den beiden Itemtypen auftritt.
Der schulische wie der vorschulische Lautsyntheseprozeß kann damit als Interaktion lautsynthetischer und –analytischer Prozesse aufgefaßt werden. Der Unterschied zum vorschulischen Lautsyntheseprozeß besteht jedoch darin, daß es den Schulkindern mit steigender Schriftspracherfahrung möglich wird, koartikulierte Einheiten zu bilden (Erweiterung der Synthesefertigkeit) und Konsonanten zu assoziieren (Erweiterung der Analysefertigkeit). Die im Schulalter bei entsprechendem Leseniveau zu beobachtenden erhöhten Leistungen bei K–VK–Items und der gleichzeitig zu beobachtende Unterschied zwischen K–VK– und KV–K–Items sprechen dafür, daß sie durch eine erweiterte Synthesefertigkeit bedingt sind. Nicht auszuschließen ist allerdings, daß ein Teil der Lösungen auch durch rein lautassoziative Prozesse zustande gekommen sind.

Wesentlich für das Zustandekommen einer richtigen Lösung in einer Lauteverbindenaufgabe ist aber nicht nur die Beherrschung lautanalytischer und –synthetischer Fertigkeiten, sondern sind auch die Informationen, die bei dieser Aufgabenstellung den Kindern zur Verfügung gestellt werden und von ihnen genutzt werden können. Diese Fragen sollen im weiteren diskutiert werden.

14.2.2 Zur Erfassung lautsynthetischer Fertigkeiten mit Aufgaben zum Lauteverbinden

Der Sinn, Schulkindern eine Aufgabe zum Lauteverbinden vorzugeben, liegt in der Erwartung, daß das Ergebnis Aufschluß über die ausgebildete Lautsynthesefähigkeit gibt (vgl. Chall 1963). Dabei kann die Lautsynthesefähigkeit als wesentliche Teilkomponente dekodierenden Lesens verstanden werden (vgl. Coleman 1970, Valtin 1984b). Da beim Lesen Faktoren wie die Buchstabenkenntnis und die Lesestrategie der Kinder das Leseniveau beeinflussen, scheint es – z.B. im Hinblick auf eventuell zu planende Fördermaßnahmen – sinnvoll, eine Aufgabe zur Verfügung zu haben, die die Lautsynthese unabhängig von lesespezifischen Anforderungen erfaßt. Die Frage ist dann, ob die für das dekodierende Lesen als notwendig erachtete Lautsynthesefähigkeit mit der Aufgabenform Lauteverbinden angemessen erfaßt wird. Nach Venezky (1972) kann dies allein schon deshalb nicht angenommen werden, weil die beim Lauteverbinden notwendige sukzessive Vorgabe der Lauteinheiten zu einer starken Belastung des Arbeitsgedächtnisses führt und die Einheiten, die dem Kind vorgegeben werden, von ihm nicht frei wählbar sind. Beim Lesen hingegen sind die Einheiten prinzipiell frei wählbar und bleiben auch so lange verfügbar, bis der Leseprozeß abgeschlossen ist. Tatsächlich zeigen die Ergebnisse der Studie 5 und 6a, daß beim Lauteverbinden durchweg niedrigere Leistungen zu beobachten sind als beim Lesen, wenn drei– und mehrgliedrige Laut– bzw. Buchstabenfolgen verbunden bzw. gelesen werden müssen und zwar auch dann, wenn die beim Lauteverbinden durch Enkodierprobleme auftretenden Fehler als korrekt gewertet werden.

Weiterhin steht der in Studie 6a gefundene massive Leistungseinbruch bei vier und fünfgliedrigen Lautfolgen den substantiellen Leistungen beim Lesen bei gleichlangen Buchstabenfolgen gegenüber. Dies spricht dafür, daß beim Lauteverbinden von vier– und fünfgliedrigen Laut-

folgen die Kapazitätsgrenze des Arbeitsgedächtnisses erreicht ist oder bereits überschritten wurde und deshalb keine richtigen und vollständigen Lösungen mehr möglich sind.
Tatsächlich kann nur dann kein Unterschied zwischen Lauteverbinden und Lesen nachgewiesen werden, wenn zweigliedrige Lautfolgen zu verbinden sind (unter der Voraussetzung, daß Enkodierprobleme nicht berücksichtigt werden).

Damit bestätigt sich der Einwand von Venezky (1970), daß Lesen und Lauteverbinden unterschiedliche Anforderungen an die Kinder stellen. Das Ergebnis einer Aufgabe zum Lauteverbinden kann nur dann als Indikator für Lautsynthesefertigkeiten herangezogen werden, wenn die Kapazitätsgrenze des Arbeitsgedächtnisses nicht überschritten wird. Wird sie überschritten, so ist das Nichtverbindenkönnen einer Lautfolge nicht Ausdruck einer mangelnden Lautsynthesefertigkeit, sondern Ausdruck der Kapazitätsbeschränkung des Arbeitsgedächtnisses.

Nicht nur die Anzahl der Elemente einer Lautfolge beeinflußt das Lösungsergebnis, sondern auch die Art der zum Verbinden vorgegebenen Laute und das Wissen der Kinder darüber, welcher Buchstabe einem Laut zugeordnet werden kann.
In Studie 5 wurde geprüft, ob eine Laut– oder eine Buchstabenfolge leichter verbunden werden kann. Die Überlegung war, daß Buchstaben diejenigen Symbole sind, mit denen Kinder im Schriftsprachunterricht täglich umgehen, die Lautsynthese über Buchstaben gelernt wird und sich deshalb kein Unterschied zwischen den Leistungen im Buchstaben– und Lauteverbinden ergeben sollte. Es sei denn, modalitätsspezifische Faktoren bewirken hier Unterschiede.
Jeweils einer Hälfte der Stichprobe wurde zum Meßzeitpunkt T2 (nach 10 Wochen Unterricht) und T3 (nach 19 Wochen Unterricht) eine Aufgabe zum Lauteverbinden vorgegeben, der anderen Hälfte wurden statt einzelner Laute die entsprechenden Buchstaben präsentiert. Die Ergebnisse zeigen, daß zum Meßzeitpunkt T3 beim Lauteverbinden

deutlich niedrigere Leistungen zu beobachten waren als beim Buchstabenverbinden. Ursache dieses Unterschiedes war der Umstand, daß der Laut /m/ in hohem Maße mit /n/ verwechselt wurde. Die hohe Anzahl an /m/—/n/—Verwechslungen beruht auf zwei Faktoren: 1. auf der Uneindeutigkeit der lautlichen Information und 2. auf dem Faktum, daß zu diesem Zeitpunkt der Buchstabe [n] eingeführt worden war und deshalb, im Gegensatz zum Meßzeitpunkt T2 neun Wochen vorher, überhaupt erst die Lautvorgabe als /n/ interpretiert werden konnte. Dies zeigt deutlich, daß auch rein lautliche Informationen auf dem Hintergrund der beim Schriftspracherwerb erworbenen Buchstabenkenntnis interpretiert werden.

Die Tatsache, daß kein Unterschied zwischen Laute— und Buchstabenverbinden zu beobachten ist, wenn die beim Lauteverbinden auftretenden Verwechslungen nicht als Fehler gewertet werden, zeigt, daß es nicht schwieriger ist, eine dreigliedrige Laut— oder Buchstabenfolge zu synthetisieren. Der Unterschied resultiert aus der Schwierigkeit, den /m/—Laut eindeutig zu interpretieren. Diese Interpretationsunsicherheit zeigt sich auch in Studie 6b. Hier wurde nicht nur der Konsonant /m/, sondern auch das /l/ in den Lautfolgen verwendet. Eine erhöhte Verwechslungshäufigkeit der Konsonanten trat im Vergleich zu den Aufgaben Lesen, Wörterdiktat und Wörterteilen nur beim Lauteverbinden auf. Diese Fehlerhäufung ist durch die Notwendigkeit verursacht, Konsonanten aufgrund akustischer Merkmale identifizieren zu müssen. Für Konsonanten sind aber, zu ihrer eindeutigen Wahrnehmung, auch artikulatorische oder aber visuell vermittelte Hinweisreize notwendig. Diese sind beim Lesen durch die Buchstaben und beim Wörterteilen und Wörterdikat über die zunächst stattfindende Wortenkodierung verfügbar (soweit die Wortenkodierung nicht fehlerhaft ist).

Damit ist eine weitere Größe bestimmt, die das Lösungsergebnis in einer Lauteverbindenaufgabe beeinflußt: die Eindeutigkeit der akustisch dargebotenen Information. Wenn nicht eindeutig zu identifizierende

Laute zum Verbinden angeboten werden, so unterschätzt die Anzahl richtiger Lösungen die Lautsynthesefertigkeit. Werden hingegen Buchstaben angeboten, bei denen das Problem der akustischen Uneindeutigkeit nicht auftritt, so können diese mit höherer Sicherheit richtig interpretiert werden.

Wie in Studie 5 gezeigt werden konnte, wirkt sich die Verwendung von Lauten bzw. Buchstaben auch auf die korrelativen Beziehungen zwischen Laute- bzw. Buchstabenverbinden und Lesen aus. Während zum Meßzeitpunkt T2 zwischen Lauteverbinden und Lesen von gleichen dreigliedrigen Wörtern eine Korrelation von $r = .49$ und zum Meßzeitpunkt T3 von $r = .31$ festzustellen war, liegen die Korrelationskoeffizienten zwischen Buchstabenverbinden und Lesen zum Meßzeitpunkt T2 bei $r = .87$ und zum Meßzeitpunkt T3 bei $r = .59$. Hiermit kommt deutlich zum Ausdruck, daß bei Verwendung eindeutig zu identifizierender Buchstaben die Beziehung zum Lesen hoch ausfällt, während bei weniger eindeutig zu identifizierenden Lauten die Beziehung zum Lesen niedriger ausfällt. Es ist hierbei allerdings zu berücksichtigen, daß Buchstaben nicht nur eindeutiger interpretiert werden können als Laute, sondern durch die Buchstaben auch eine größere Nähe zu einer Leseaufgabe vermittelt wurde. Dies könnte dazu geführt haben, daß die Aufgabe Buchstabenverbinden mit den Kindern zur Verfügung stehenden Lesestrategien bearbeitet wurde. Beim Lauteverbinden wird diese Nähe zu einer Lesestrategie durch die Verwendung von Lauten weniger nahegelegt. Inwieweit solche "kognitiven Voreinstellungen" bei der Bearbeitung einer Aufgabe zum Laute- oder Buchstabenverbinden eine Rolle spielen, läßt sich anhand der hier durchgeführten Studien nicht entscheiden, doch scheint auch dieses eine mögliche Einflußvariable

14.2.3 Determinanten des schulischen Lautsyntheseprozesses

Zusammenfassend läßt sich auf der Grundlage der bereits in anderen Studien (s. Kap. 2.2.2 Heterogenität der Operationalisierungen) und der in den eigenen Studien ermittelten Befunde feststellen, daß der Verarbeitungsprozeß beim Lauteverbinden in der Schulzeit von folgenden Einflußgrößen abhängig ist:

1. **Fähigkeit zur Lautsynthese.** Ob eine Lautfolge verbunden werden kann, hängt davon ab, inwieweit das Kind Fertigkeiten der vokalischen Steuerung und das Verbinden von koartikulierten Einheiten beherrscht. Während die Fähigkeit zur vokalischen Steuerung im Vorschulalter beobachtbar ist, scheint für das Verbinden von zu koartikulierenden K–V–Einheiten eine explizite Unterweisung notwendig.

2. **Fähigkeit zur Lautassoziation bzw. –analyse.** Um eine Aufgabe zum Lauteverbinden bearbeiten zu können, sind lautassoziative Fertigkeiten notwendig. Im Vorschulalter sind vorwiegend Vokalassoziationen zu beobachten, im Schulalter erweitert sich die Fähigkeit zur Lautassoziation auf Konsonanten. Lautassoziative Prozesse spielen sowohl bei der Aktivierung des lexikalischen Suchraumes wie auch bei der Zuordnung von lautlichen Elementen innerhalb dieses Suchraumes eine Rolle.
Je nach Grad der Beherrschung der unter 1. und 2. genannten Fertigkeiten können lautsynthetische und –analytische Prozesse am Zustandekommen eines Lösungsergebnisses beteiligt sein. Das Lösungsergebnis ist aber nicht nur von individuellen Lernvoraussetzungen abhängig, sondern von dem spezifischen Informationsangebot, das von den Kindern genutzt werden kann.

3. **Größe der Elemente einer Lautfolge.** Je größer die Elemente einer Lautfolge sind, um so eher gelingt eine korrekte Lösung. Dies zeigt sich an dem Unterschied zwischen Silben– und Lautfolgen (Hardy et al. 1973). Dafür sprechen auch die Ergebnisse der Studie 1 und 2. Hier zeigte sich, daß KV–K–Items in hohem Maße richtig gelöst werden, aber auch, daß K–VK–Items in weit geringerem Ausmaß korrekt bearbeitet werden konnten. Die Größe eines Elementes führt

damit nicht generell zu einer höheren Leistung, sondern diese ist abhängig von der Funktion und Stellung des Elementes in der Lautfolge (vgl. Punkt 6).

4. **Art der Elemente einer Lautfolge.** Das Lösungsergebnis ist beeinflußt durch die Lautauswahl. Da jeder Vokal und Konsonant in spezifischer Weise artikuliert wird, ergeben sich hierdurch unterschiedliche Anforderungen an die lautsynthetischen und –assoziativen Verarbeitungsprozesse. Je nach Art der in einer Lautfolge realisierten Konsonanten und Vokale variiert die Häufigkeit korrekter Lösungen (Coleman 1970).

5. **Wahrnehmbarkeit der Elemente einer Lautfolge.** Eng in Zusammenhang mit der Art der verwendeten Laute steht das Problem, Konsonanten über den auditiven Sinneskanal einzellautlich eindeutig wahrnehmen zu können. Studie 5 und 6b belegen, daß /m/ und /l/ einzellautlich weniger eindeutig wahrgenommen werden können als in einem koartikulierten Wortkontext. Für andere Konsonanten ist dieses Problem bisher im Rahmen von Lauteverbindenaufgaben noch nicht untersucht worden.

6. **Anordnung der Elemente in einer Lautfolge.** Je nach Art der Anordnung der Elemente in einer Lautfolge variiert die Schwierigkeit, diese zu verbinden. Wesentlich scheint zu sein, ob die zeitlichen Pausen sich innerhalb einer koartikulierten Einheit (K–VK) befinden oder nicht (KV–K, s. Studie 2 und 4).

7. **Länge der zu verarbeitenden Lautfolge.** Die Länge der Lautfolge entscheidet in erheblichem Maße darüber, ob die Lautfolge adäquat bearbeitet werden kann oder nicht. Dabei scheint die Anzahl der potentiell möglichen zu bearbeitenden Laute nach den Ergebnissen der Studie 6a durch die Gedächtnisspanne bestimmt zu sein. Übersteigt die Anzahl der Laute die Gedächtnisspanne, so werden keine korrekten Lösungen im Lauteverbinden erreicht.

8. Möglichkeit zur Nutzung visueller Zusatzreize. Aufgabenstellungen zum Lauteverbinden können den Kindern visuelle Zusatzreize zur Verfügung stellen, die bei der Aufgabenbearbeitung von ihnen genutzt werden können. In den hier durchgeführten Studien wurden Bilder als Antwortalternativen (Studie 2 und 4) gegeben. Diese beeinflussen den lexikalischen Suchraum.
Buchstaben wurden in Studie 5 zwar nicht als Zusatzreiz (die lautliche Vorgabe entfiel beim Buchstabenverbinden) vorgegeben, doch zeigt der Leistungsvergleich zum Lauteverbinden, daß ihre Verwendung als Zusatzreiz die Leistungen erheblich steigern dürfte.

Die Aufstellung macht deutlich, daß der schulische Lautsyntheseprozeß in hohem Maße durch die individuellen Lernvoraussetzungen des Kindes und die spezifisch ausgestaltete Aufgabenform beeinflußt ist. Die unter 1 bis 8 genannten Einflußgrößen sind dabei nicht unabhängig voneinander, sondern stehen in wechselseitiger Abhängigkeit zueinander.

14.3 Lautsprachliche und schriftsprachliche Aufgaben im Vergleich

Bei der Aufgabe Lauteverbinden handelt es sich um eine Aufgabenform, die im Sinne des Konstruktes "Phonologische Bewußtheit" die Lautsynthese operationalisiert. Hierbei wurde festgestellt, daß das Lauteverbinden nicht ausschließlich die Lautsynthesefähigkeit der Kinder abbildet, sondern die Lösungsergebnisse Ausdruck unterschiedlicher Einflußvariablen und Fertigkeiten sein können. Lautsynthese und -analyse werden in der Diskussion um die Bedeutung der "phonologischen Bewußtheit" als kritische Variablen für den Schriftspracherwerb angesehen. Die vorliegenden Befunde zeigen deutlich die Schwierigkeit, die beiden Teilprozesse zu operationalisieren.
Die schriftsprachlichen Aufgaben Lesen und Wörterdiktat der Studien 6a und 6b werden bei vergleichbarem Itemmaterial in höherem Ausmaß korrekt gelöst als die lautsprachlichen Aufgaben Wörterteilen und

Lauteverbinden. Drei und mehrgliedrige Wörter können besser gelesen als geschrieben werden, weiterhin ist es schwieriger, Wörter in Laute zu teilen, und am schwierigsten, einzelne Laute zu verbinden.
Die Schwierigkeitsrangfolge zeigt hier, daß die Schriftverwendung zu einer Erleichterung der Aufgabenbearbeitung führt. Würden die lautsprachlichen Aufgaben ausschließlich Teilprozesse des Lesens oder Schreibens abbilden, so wäre eher das umgekehrte Schwierigkeitsverhältnis zu erwarten.

Die Ergebnisse der Studie 6b machen deutlich, daß die theoretisch angenommene Nähe zwischen Schreiben und Lautanalyse sich auch in den empirischen Ergebnissen wiederspiegelt und daß es sich hier um verwandte Lösungsprozesse handelt. Zwischen den Aufgaben Wörterdiktat und Wörterteilen bestehen zwar bei drei– bis fünfgliedrigen Wörtern Leistungsunterschiede (s. Studie 6a), wie aber in Studie 6b festgestellt werden konnte, weisen beide Aufgaben bei den zu beobachtenden Verwechslungen einen gleichen Fehlerschwerpunkt (/o/ – /u/ – Verwechslungen) auf. Da bei beiden Aufgaben zunächst das zu analysierende Wort enkodiert werden muß und es dann in die lautlichen Bestandteile gegliedert wird, scheinen zumindest die initialen Verarbeitungsschritte beim Wörterteilen und Wörterdiktat vergleichbar.

Die theoretisch angenommene Nähe zwischen Lautsynthese und Lesen zeigt sich in den empirischen Daten hingegen nicht. Sowohl die massiv unterschiedlich hohen Leistungen bei drei– bis fünfgliedrigen Items zwischen Lesen und Lauteverbinden wie auch die deutlich hervortretenden Konsonantenverwechslungen beim Lauteverbinden, die nicht beim Lesen zu beobachten sind, zeigen, daß beim Lesen die Einflußvariablen, die für das Lauteverbinden als besonders einflußreich angesehen werden müssen, keine so weitreichende Bedeutung haben. Dies bedeutet nicht, daß die Lautsynthese nicht weiterhin als Teilprozeß des Lesens zu begreifen wäre, es bedeutet aber, daß die Aufgabe Lauteverbinden diesen Teilprozeß nur unter hochgradig kontrollierten Bedingungen abzubilden vermag.

14.4 Allgemeine Schlußfolgerungen

Das Lauteverbinden läßt sich aufgrund der Ergebnisse der eigenen Studien als interaktiver Prozeß auffassen, an dem sowohl lautsynthetische wie auch lautassoziative Prozesse beteiligt sind. Diese enge Verbindung zwischen beiden Verarbeitungsprozessen wurde bereits von Bosch (1937) postuliert, doch ist dieser Gedanke in neueren Lautsynthesemodellen bisher nicht berücksichtigt worden. Das für Vorschulkinder konzipierte Modell von Marx (1990b) und das von Perfetti et al. (1987) vertretene Modell sind als bottom–up Modelle konzipiert, d.h. daß die Verarbeitung der Laute verschiedene Stufen bis zur Aussprache des Ergebnisses durchläuft. Diese Vorstellungen werden, zwar nicht so explizit ausformuliert wie bei Perfetti et al. (1987), von zahlreichen anderen Autoren vertreten (vgl. Balmuth 1971, Coleman 1970, Desberg, Marsh, Schneider & Duncan–Rose 1979, Mayo 1971, Roberts 1975, 1979, Torgesen et al. 1989, Torgesen & Morgan 1990).

Von Perfetti et al. (1987) wird zwar angenommen, daß ein Lösungsergebnis beim Lauteverbinden nicht nur durch lautsynthetische, sondern auch durch lautassoziative Prozesse zustande kommen kann, doch werden beide Prozesse theoretisch nicht aufeinander bezogen. Hierdurch kommt es zu einer Trennung: Es wird angenommen, daß korrekte Lösungen durch eine Lautsynthese verursacht sind und nicht korrekte Lösungen, die eine lautliche Übereinstimmung mit der Lautfolge aufweisen, als durch lautassoziative Prozesse zustande gekommen erklärt werden können.

Die Ergebnisse der eigenen Studie legen aber nahe anzunehmen, daß durch lautassoziative Prozesse aktivierte lexikalische Suchräume die Verarbeitung einzelner Laute beeinflussen. Dies bedeutet, daß sowohl bottom–up wie auch top–down Prozesse wirksam sind. Dabei ist die Wahrscheinlichkeit einer richtigen Lösung nicht nur abhängig von der spezifischen Aufgabenstellung, d.h. von dem Informationsangebot, das den Kindern gemacht wird, sondern auch von den individuellen Lernvoraussetzungen (Fähigkeit zur Lautassoziation bzw. —analyse und —synthese).

Weil sowohl individuelle wie auch aufgabenspezifische Faktoren eine Rolle spielen, scheint es nicht zwingend zu sein, für das Vorschulalter andere Modellkomponenten anzunehmen als für das Schulalter. Was den vorschulischen von dem schulischen Lautsyntheseprozeß unterscheidet, sind im wesentlichen Unterschiede in der Fähigkeit der Kinder, Laute zu synthetisieren und zu analysieren. Die Analyse— und Synthesefähigkeit kann sich dabei auf einem hohen Niveau nur in der Auseinandersetzung mit der Schriftsprache entwickeln. Erst in der Schulzeit ist es Kindern, in Abhängigkeit vom Grad ihrer schriftsprachlichen Entwicklung, möglich, Laute zu koartikulierten Einheiten zu verbinden und Konsonanten zu analysieren. Dies zeigt, daß die lautsprachlichen Fertigkeiten in Abhängigkeit von den schriftsprachlichen stehen. Auch schrift— und lautsprachliche Fertigkeiten entwickeln sich mit hoher Wahrscheinlichkeit in Interaktion (vgl. Perfetti 1987). Daß der Lösungsprozeß bei lautsprachlichen Aufgaben auf keinen Fall unabhängig von den schriftsprachlichen Fertigkeiten gesehen werden darf, zeigen die Aufgabenvergleiche in der Studie 6a. Pseudowörter können von den Schulkindern leichter (oder mindestens auf gleich hohem Niveau) gelesen oder geschrieben werden als lautlich analysiert oder synthetisiert werden.

Der Tatbestand, daß die Verbindung einzelner Laute zu koartikulierten Einheiten (das Verbinden von K—V—Elementen) im Gegensatz zum Verbinden von V—K—Einheiten erst in der Schulzeit gelingt, diese Fähigkeit in Abhängigkeit zum Leseniveau steht und gleichzeitig zu beobachten ist, daß drei— und mehrgliedrige Buchstaben— bzw. Lautfolgen besser gelesen als lautlich verbunden werden können, legt die Vermutung nahe, daß die Einsicht in den Aufbau und die Struktur der Schriftsprache das Verbinden von K—V—Einheiten erst ermöglicht. Dabei ist denkbar, daß der lexikalische Suchraum, der bei der Lösung

aktiviert wird, durch die bereits schriftsprachlich gelernten Wörter und Wortteile definiert wird, d.h. das Lauteverbinden nur im Rahmen bereits gelernter und bekannter Buchstabenkombinationen möglich ist. Hierfür spricht auch, daß sich in Studie 6a nur bei den zweigliedrigen Pseudowörtern keine Unterschiede zwischen den Aufgaben Lesen, Wörterdiktat, Wörterteilen und Lauteverbinden ergeben haben. Die zweigliedrigen Wörter waren aber alle Unterrichtsgegenstand und dürften den Kindern somit auch verfügbar gewesen sein. Es ist natürlich hierbei in Rechnung zu stellen, daß auch die Gedächtnisbelastung bei der Bearbeitung von zweigliedrigen Wörtern niedrig ist und nicht nur der Bekanntheitsgrad der Pseudowörter eine Rolle spielt.
Letztliche Klarheit wird man in diesem Punkt nur dann erreichen können, wenn den Kindern nicht nur bekannte zweigliedrige, sondern auch unbekannte Laute bzw. Lautkombinationen vorgegeben werden. Wären Kinder in der Lage, auch unbekannte Laute zu verbinden, so spräche dies dafür, daß die Lautsynthese nicht unmittelbar an die Schriftspracherfahrung geknüpft ist, sondern auf anderes Lautmaterial transferiert werden kann. Die in anderen Studien (vgl. Haddock 1976, Mayo 1971, Williams 1980) gefundenen niedrigen Transferleistungen deuten jedoch in die Richtung, daß konkrete schriftsprachliche Erfahrung mit der spezifischen Wortkombination notwendig erscheint, um eine Lautsynthese ausführen zu können. Unter welchen Bedingungen und zu welchem Zeitpunkt Transferleistungen erbracht werden können, kann an dieser Stelle nicht beantwortet werden und erfordert weitere Untersuchungen.
Die Beantwortung dieser Frage ist jedoch zentral für das Problem, inwieweit lautsynthetische Übungen Bestandteil des Unterrichts sein sollen. Der Sinn, lautsynthetische Übungen durchzuführen, besteht ja gerade darin, daß durch die Ausbildung lautsynthetischer Fertigkeiten der Zugang zu unbekannten Wörtern ermöglicht werden soll ("Synthesis of phonemes and syllables is one of the components of word-decoding subskill and a strategy to attack new words", Valtin 1984b, S. 227.), wenn aber dies nur mit bekanntem Wortmaterial

möglich sein sollte, so ergäbe sich hieraus die Forderung, die Kinder ausgesuchte, kleine Worteinheiten lernen zu lassen, die auf ihre konstituierenden Bestandteile hin analysiert und in unterschiedlichen Wortkombinationen verwendet werden können. Gerade dieser Ansatz, den Leselernunterricht mit silbischen Einheiten zu beginnen, wird im deutschen Sprachraum u.a. von Günther (1987b) favorisiert. Inwieweit solche Ansätze sinnvoller sind als die synthetisch–analytischen Ansätze muß nach den bisher vorliegenden empirischen Befunden jedoch offen bleiben. Nach dem Ansatz von Günther (1987b) ständen beim Lesenlernen vorwiegend die Fähigkeit zur Lautanalyse und die Fähigkeit, silbische Elemente flexibel kombinieren zu können im Vordergrund. Hierdurch scheint zumindest das Problem der Synthese koartikulierter Einheiten umgangen.

Inwieweit es letztlich für die Leselernentwicklung effektiver ist, die Kinder lautliche Synthesen von koartikulierten Einheiten üben zu lassen oder es aber förderlicher ist, auf diese Übungen zu verzichten und ihnen unmittelbar verbundene KV–Einheiten beizubringen, kann nur mittels gut kontrollierter Lernexperimente entschieden werden. In Feldstudien, wie die hier vorgelegten eigenen Untersuchungen zeigen, können die unterschiedlichen Verarbeitungsstrategien der Kinder schon deshalb nur schwer auseinandergehalten werden, weil während der schulischen Unterrichtung zahlreiche schrift– und lautsprachliche Übungen durchgeführt werden, die sowohl die eine wie die andere Verarbeitungsstrategie unterstützen.
Wesentlich wird sein zu untersuchen, wieviel Übungsaufwand für das Erlernen von K–V–Synthesen notwendig ist, ob das Ergebnis dem intendierten Wortklang entspricht und die Kinder ihre eigenen Syntheseprodukte als sinnvoll klingendes Wort wahrnehmen können. Erst wenn der Prozeß der Synthese koartikulierter Einheiten verstanden wird und mit dem von Günther (1987) vorgeschlagenen, alternativen Weg verglichen wird, ist es möglich, hier eine empirisch begründete Entscheidung zu treffen.

15 Literaturverzeichnis

Alegria, J., Pignot, E. & Morais, J. (1982): Phonetic analysis of speech and memory codes in beginning readers. Memory and Cognition, 10, 451–456.

Andresen, H. (1985): Schriftspracherwerb und die Entstehung von Sprachbewußtheit. Opladen: Westdeutscher Verlag.

Angermaier, M. (1974a): Psycholinguistischer Entwicklungstest. Weinheim: Beltz.

Angermaier, M. (1974b): Legasthenie – Verursachungsmomente einer Lernstörung. Weinheim: Beltz.

Backman, J. (1983): The role of psycholinguistic skills in reading aquisition: A look at early readers. Reading Research Quarterly, 18, 466–479.

Balmuth, M. (1971): Phoneme blending and silent reading achievement. Paper presented at the 1971 Annual Convention of the International Reading Association, ERIC Document Reproduction Service Nr. 052 912: Atlantic City, New Jersey.

Baron, J. (1979): Orthographic and word–specific mechanisms in children's reading of words. Child Development, 50, 60–72.

Becker, R. (1977): Die Lese–Rechtschreibschwäche aus logopädischer Sicht. Berlin: Volk und Gesundheit, 4. Auflage.

Bergk, M. (1980): Leselernprozeß und Erstlesewerke. Bochum: Kamp.

Berninger, V.W., Proctor, A., De Bruyn, I. & Smith, R. (1988): Relationship between levels of oral and written language in beginning readers. Journal of School Psychology, 26, 341–357.

Betz, D. & Breuninger, H. (1987): Teufelskreis Lernstörungen. München – Weinheim: Psychologie Verlags Union, 2. Auflage.

Bialystok, E. (1991): Letters, sounds, and symbols: Changes in children's understanding of written language. Applied Psycholinguistics, 12, 75–89.

Bierwisch, M. (1976): Schriftstruktur und Phonologie. In: A. Hofer (Hrsg.): Lesenlernen: Theorie und Unterricht. Düsseldorf: Schwann, 50–81.

Bleidick, U. (1976): Lesen und Lesenlernen unter erschwerten Bedingungen. Essen: Neue Deutsche Schule, 4. Auflage.

Bortz, J. (1985): Lehrbuch der Statistik. Berlin: Springer, 2. Auflage.

Bosch, B. (1937): Grundlagen des Erstleseunterrichts (1984 erschienener Reprint der 1. Auflage von 1937), Frankfurt am Main: Arbeitskreis Grundschule e.V..

Bowey, J.A. & Francis, J. (1991): Phonological analysis as a function of age and exposure to reading instruction. Applied Psycholinguistics, 12, 91–121.

Bradley, L. & Bryant, P.E. (1983): Categorizing sounds and learning to read – a causal connection. Nature, 301, 419–421.

Bradley. L. & Bryant, P. (1985): Rhyme and reason in reading and spelling. Michigan: The University of Michigan Press.

Bruce, D.J. (1964): The analysis of word sounds by young children. British Journal of Educational Psychology, 34, 158–170.

Bruck, M. & Treiman, R. (1990): Phonological awareness and spelling in normal children and dyslexics: The case of initial consonant clusters. Journal of Experimental Child Psychology, 50, 156–178.

Brügelmann, H. (1986): ABC und Schriftsprache – Rätsel für Kinder, Lehrer und Forscher. Konstanz: Faude.

Brügelmann, H. (1989a): Projekt Lese– und Schreibfortschritte (PLUS). In: H. Balhorn & H. Brügelmann (Hrsg.): Jeder spricht anders. Konstanz: Faude, 207–212.

Brügelmann, H. (1989b): Die Schrift entdecken. Konstanz: Faude.

Bus, A.G. (1986): Preparatory reading instruction in kindergarten: Some comparative research into methods of auditory and auditory–visual training of phonemic analysis and blending. Perceptual and Motor Skills, 62, 11–24.

Calfee, R.C., Lindamood, P. & Lindamood, Ch. (1973): Acoustic–phonetic skills and reading – Kindergarten through twelfth grade. Journal of Educational Psychology, 64, 293–298.

Catts, H. (1986): Speech production/phonological deficits in reading disordered children. Journal of Learning Disabilities, 19, 504–508.

Catts, H.W. (1989): Phonological processing deficits in reading disabilities. In: A.G. Kamhi & H.W. Catts (Hrsg.): Reading disablities: A developmental language perspective. Boston: College–Hill Press, 101–132.

Chall, J., Roswell, F.G. & Blumenthal, L.H. (1963): Auditory blending ability: A factor in success in beginning reading. The Reading Teacher, 17, 113–118.

Chi, M.T.H. (1976): Short–term memory limitations in children: Capacity or processing deficits? Memory and Cognition, 4, 559–572.

Coleman, E.B. (1970): Collecting a data base for a reading technology. Journal of Educational Psychology, Monograph, 61, 1–23.

Cooper, A.M.; Whalen, D.H. & Fowler, C.A. (1988): The syllable's rhyme affects ist P–center as a unit. Journal of Phonetics, 16, 231–241.

Dempster, F.N. (1981): Short–term memory development in childhood and adolescence. In: C.J. Brainerd & M. Pressley (Hrsg.): Basic processes in memory development. Progress in cognitive development research. New York: Springer, 209–248.

Desberg, P.; Marsh, G.; Schneider, L.A. & Duncan–Rose, C. (1979): The effects of social dialect on auditory sound blending and word recognition. Contemporary Educational Psychology, 4, 140–144.

Diehl, R.L., Kluender, K.R., Foss, D.J., Parker, E.M. & Gernsbacher, M.A. (1987): Vowels as islands of reliability. Journal of memory and Language, 26, 564–573.

Diehl, R.L.; McCuster, S.B. & Chapman, L.S. (1981): Perceiving vowels in isolation and in consonantal context. Journal of the Acoustical Society of America, 68, 239–248.

Downing, J. (1984): Task awareness in the development of reading skill. In: J. Downing & R. Valtin: Language awareness and learning to read. New York: Springer, 27–55.

Downing, J. & Valtin, R. (1984): Language awareness and learning to read. New York: Springer.

Ehri, L. & Wilce, L.S. (1985): Movement into reading: Is the first stage of printed word learning visual or phonetic? Reading Research Quarterly, 20, 163–179.

Eichler, W. (1976): Zur linguistischen Analyse von Spontanschreibungen bei Vor– und Grundschulkindern. In: A. Hofer (Hrsg.): Lesenlernen: Theorie und Unterricht. Düsseldorf: Schwann, 246–264.

Eichler, W. (1986): Zu Uta Frith' Dreiphasenmodell des Lesen (und Schreiben) lernens. Oder: Lassen sich verschiedene Modelle des Schriftspracherwerbs aufeinander beziehen und weiterentwickeln?. In: G. Augst (Ed.): New trends in graphemics and orthography. Berlin: De Gruyter, 234–247.

Farmer, A.R., Nixon, M. & White, R.T. (1976): Sound blending and learning to read: An experimental investigation. British Journal of Educational Psychology, 46, 155–163.

Fox, B. & Routh, D.K. (1975): Analyzing spoken language into words, syllables, and phonemes: A developmemtal study. Journal of Psycholinguistic Research, 4, 331–342.

Fox, B. & Routh, D.K. (1976): Phonemic analysis and synthesis as word–attack skills. Journal of Educational Psychology, 68, 70–74.

Frith, U. (1985): Beneath the surface of developmental dyslexia. Are comparisons between developmental and acquired disorders meaningful? In: K.E. Patterson, J.C. Marshall & M. Coltheart (Hrsg.): Surface Dyslexia. London: Erlbaum, 301–330.

Frith, U. (1986): Psychologische Aspekte des orthographischen Wissens: Entwicklung und Entwicklungsstörung. In: G. Augst (Ed.): New trends in graphemics and orthography. Berlin: De Gruyter, 218–233.

Goldstein, D.M. (1976): Cognitive–linguistic functioning and learning to read in preschoolers. Journal of Experimental Psychology, 68, 680–688.

Gough, P.B. (1972): One second of reading. In: J.F. Kavanagh & I.G. Mattingly: Language by ear and by eye. Cambrigde: MIT Press, 331–358.

Günther, K.B. (1986): Ein Stufenmodell der Entwicklung kindlicher Lese– und Schreibstrategien. In: H. Brügelmann (Hrsg.): ABC und Schriftsprache: Rätsel für Kinder, Lehrer und Forscher. Konstanz: Faude, 32–54.

Günther, K.B. (1987a): Schriftspracherwerb: Modellhafte und individuelle Entwicklung. In: H. Balhorn & H. Brügelmann: Welten der Schrift in der Erfahrung der Kinder. Konstanz: Faude, 103–109.

Günther, K.B. (1987b): Kompensatorische und alternative Methoden für den Schriftspracherwerb bei lernbehinderten und sprachentwicklungsgestörten Kindern: Anmerkungen zur Bedeutung der Silbe. In: G. Eberle & G. Reiß (Hrsg.): Probleme beim Schriftspracherwerb. Heidelberg: Edition Schindele, 338 – 368.

Günther, K.B. (1989–90): Vokale und Silben als Bausteine. Lernhilfen für das Erfassen der Buchstabe–Lautbeziehungen. In: H. Balhorn (Hrsg.): Grammatik. Deutsche Gesellschaft für Lesen und Schreiben e.V., 26–45.

Haddock, M. (1976): Effects of an auditory and an auditory–visual method of blending instruction on the ability of prereaders to decode synthetic words. Journal of Educational Psychology, 68, 825–831.

Hakes, D.T.; Evans, J.S. & Tunmer, W.E. (1980): The development of metalinguistic abilities in children. Berlin: Springer.

Hammill, D.D. & Larsen, S.C. (1974): The relationship of selected auditory perceptual skills and reading ability. Journal of Learning Disabilities, 7, 429–435.

Harber, J.R. (1981): Auditory perception and reading: A closer look. The Exceptional Child, 28, 98–113.

Hardy, M., Smythe, P.C., Stennett, R.G. & Wilson, H.R. (1972): Developmental patterns in elementary reading skills: Phoneme – grapheme and grapheme – phoneme correspondences. Journal of Educational Psychology, 63, 433–436.

Hardy, M., Stennett, R.G. & Smythe, P.C. (1973): Auditory segmentation and auditory blending in relation to beginning reading. The Alberta Journal of Educational Research, 19, 144–158.

Hasselhorn, M. (1988): Wie und warum verändert sich die Gedächtnisspanne über die Lebensspanne? Zeitschrift für Entwicklungspsychologie und Pädagogische Psychologie, 20, 322–337.

Hasselhorn, M.; Lingelbach, H. & Gabert, A. (1991): Zur Entwicklung des Arbeitsgedächtnisses bei Schulkindern: Ist der phonetische Ähnlichkeitseffekt auf die Gedächtnisspanne wirklich altersabhängig? Zeitschrift für Entwicklungspsychologie und Pädagogische Psychologie, 23, 148–158.

Helfgott, J.A. (1976): Phonemic segmentation and blending skills of kindergarten children: Implications for beginnig reading aquisition. Contemporary Educational Psychology, 1, 157–169.

Høien, T. & Lundberg, I. (1988): Stages of word recognition in early reading development. Scandinavian Journal of Educational Research, 32, 163 – 182.

Høien, T. & Lundberg, I. (1989): A strategy for assessing problems in word recognition among dyslexics. Scandinavian Journal of Educational Research, 33, 185–201.

Hohensee, I. & Vagt, G. (1982): Zur Bedeutung der Vorausartikulation beim Lesenlernen. Zeitschrift für Entwicklungspsychologie und Pädagogische Psychologie, 14, 236–244.

Hoogeveen, F.R. & Smeets, P.M. (1988): Establishing phoneme blending in mentally retarded children. Remedial and Special Education, 9, 46 – 53.

Jansen, H. (1985): "Phonologische Bewußtheit" und Lese–Rechtschreibleistungen. Unveröffentlichte Diplomarbeit, Universität Bielefeld.

Jansen, H.; Mannhaupt, G.; Marx, H. & Skowronek, H. (1986): Materialien zum Bielefelder Screening–Verfahren (T1) zehn Monate vor Einschulung (06.10.–10.12.1986). Unveröffentlichte Projektmaterialien 2 des Sonderforschungsbereiches 227 Teilprojekt A1: Früherkennung und Prävention von Risiken der Lese–Rechtschreibschwäche. Universität Bielefeld.

Jenkins, J.J.; Strange, W. & Edman, T.R. (1983): Identification of vowels in "vowelless" syllables. Perception & Psychophysics, 34, 441–450.

Johnston, R.S. & Thompson, G.B. (1989): Is dependence on phonological information in children's reading a product of instructional approach? Journal of Experimental Child Psychology, 48, 131–145.

Jusczyk, P.W. (1977): Rhymes and reasons: some aspects of the child's appreciation of phonetic form. Developmental Psychology, 13, 599–607.

Kirk, S.A.; McCarthy, J.J. & Kirk, W.D. (1968): Illinois Test of Psycholiguistic Abilities. Illinois: Urbana.

Kirtley, C.; Bryant, P.; MacLean, M. & Bradley, L. (1989): Rhyme, Rime, and the Onset of Reading. Journal of Experimental Child Psychology, 48, 224–245.

Knafle, J.D. (1973): Auditory perception of rhyme in kindergarten children. Journal of Speech and Hearing Research, 16, 482–487.

Knafle, J.D. (1974): Children's discrimination of rhyme. Journal of Speech and Hearing Research, 17, 367–372.

Kohler, K.L. (1977): Einführung in die Phonetik des Deutschen. Berlin: Erich–Schmidt.

Kohrt, M. (1985): Problemgeschichte des Graphembegriffs und des frühen Phonembegriffs. Tübingen: Niemeyer.

Kretschmann, R.; Lindner–Achenbach, S.; Puffahrt, A.; Möhlmann, G. & Achenbach, J. (1990): Analphabetismus bei Jugendlichen. Stuttgart: W. Kohlhammer.

Laughon, P. & Torgesen, J.K. (1985): Effects of alternate testing procedures on two subtests of the Woodcock–Johnson Psycho–Educational Battery. Psychlogy in the Schools, 22, 160–163.

Lenel, J.C. & Cantor J.H. (1981): Rhyme recognition and phonemic perception in young children. Journal of Psycholinguistic Research, 10, 57–67.

Lenneberg, E.H. (1986): Biologische Grundlagen der Sprache. Frankfurt am Main: Suhrkamp, 2. Auflage.

Lewkowicz, N.K. (1980): Phonemic awareness training: What to teach and how to teach it. Journal of Educational Psychology, 72, 686–700.

Liberman, A.M., Cooper, F.S., Shankweiler, D.P. & Studdert–Kennedy, M. (1967): Perception of the speech code. Psychological Review, 74, 431–461.

Liberman, I.Y., Shankweiler, D., Fischer, W.F. & Carter, B. (1974): Explicit syllable and phoneme segmentation in the young child. Journal of Experimental Child Psychology, 18, 201–212.

Lindsay, P.H. & Norman, D.A. (1981): Psychologie. Heidelberg: Springer.

Lundberg, I. (1978): Aspects of linguistic awareness related to reading. In: A. Sinclair, R.J. Jarvella & W.J.M. Levelt (Hrsg.): The child's conception of language. Berlin: Springer, 83–96.

Lundberg, I. (1985): Longitudinal studies of reading and reading difficulties in Sweden. In: G.E. MacKinnon & T.G. Waller (Hrsg.): Reading Research: Advances in Theory and Practice, Vol.4. Orlando/Florida: Academic Press, 66–105.

Lundberg, I. (1987a): Phonological awareness and reading acquisition: Implications for teaching. Paper presented at the 1987 HERA, Washington DC.

Lundberg, I. (1987b): Are letters necessary for the development of phonemic awareness? Cahiers de Psychologie Cognitive, 7, 472 – 475.

Lundberg, I. & Høien, T. (1990): Patterns of information processing skills and word recognition strategies in developmental dyslexia. Scandinavian Journal of Educational Research, 34, 231–240.

Lundberg, I. & Høien, T. (1991): Initial enabling knowledge and skills in reading acquisition: Print awareness and phonological segmentation. In: D.J. Sawyer & B.J. Fox (Hrsg.): Phonological awareness in reading. New York: Springer, 73–95.

Lundberg, I., Olofsson, A. & Wall, S. (1980): Reading and spelling skills in the first school years predicted from phonemic awareness skills in kindergarten. Scandinavian Journal of Psychology, 21, 159 – 173.

Lundberg, I.; Frost, J. & Petersen, O. (1988): Effects of an extensive program for stimulating phonological awareness in preschool children. Reading Research Quarterly, 23, 263–284.

Maas, U. (1989): Grundzüge der deutschen Orthographie. Osnabrück: Autonomie–Buchladen, 2. Auflage.

MacLean, M., Bryant, P. & Bradley, L. (1987): Rhymes, nursery rhymes and reading in early childhood. Merril–Palmer Quarterley, 33, 255–281.

MacNeilage, P.F. (1970): Motor control of serial ordering speech. Psychological Review, 77, 182–196.

Macchi, M. (1980): Identification of vowels spoken in isolation versus vowels spoken in consonantal context. Journal of the Acoustical Society of America, 68, 1636–1642.

Mannhaupt, G. (1990): Strategieausbildung zur Lautstrukturanalyse mit Hilfe von abstrakten und konkreten Symbolen während des frühen Schriftspracherwerbs. Unveröffentlichte Dissertation, Universität Bielefeld.

Mannhaupt, G. & Jansen, H. (1989): Phonologische Bewußtheit: Aufgabenentwicklung und Leistungen im Vorschulalter. Heilpädagogische Forschung, 15, 50 – 56.

Marcus, S.M. (1981): Acoustic determinants of perceptual center (P–center) location. Perception and Psychophysics, 30, 247–256.

Marsh, G., Friedman, M. Welch, V. & Desberg, P. (1981): A cognitive–developmental theory of reading acquisition. In: T. Waller & G. MacKinnon (Hrsg.): Reading Research: Advances in Theory and Practice. New York: Academic Press, 199–221.

Marx, H. (1985): Aufmerksamkeitsverhalten und Leseschwierigkeiten. Weinheim: VCH Verlagsgesellschaft.

Marx, H. (1990a): Entwicklungsbedingte Unterschiede in der Bearbeitung von phonologischen Syntheseaufgaben mit und ohne Bildvorlagen. Universität Bielefeld: Sonderforschungsbereich 227, Preprint Nr. 34.

Marx, H. (1990b): Einfluß von Bildinformation auf das Lauteverbinden bei Kindern im Vorschulalter. Universität Bielefeld: Sonderforschungsbereich 227, Preprint Nr. 36.

Marx, H. (1991a): Entwicklungsbedingte Verarbeitungsunterschiede bei phonologischen Syntheseaufgaben. Zeitschrift für Entwicklungspsychologie und Pädagogische Psychologie, 23, 330–349.

Marx, H. (1991b): Abhängigkeit der Richtiglösungen im Lauteverbinden von Anzahl und Art der Bildinformation. Zeitschrift für experimentelle und angewandte Psychologie, 38, 620–633.

Marx, H. & Jansen, H. (1991): Vorhersagbarkeit von Lösungswahrscheinlichkeiten beim Lösen von Lautfolgen mit Bildvorlagen aufgrund der Bildinformation. Eingereicht zur Veröffentlichung.

Massaro, D.W. (1987): . In: Speech perception by ear and eye: A paradigm for psychological inquiry. Hillsdale, New Jersey: Lawrence Erlbaum Associates.

Mattingly, I.G. (1972): Reading, the linguistic process, and linguistic awareness. In: J.F. Kavanagh & I.G. Mattingly: Language by ear and by eye. Cambrigde: MIT Press, 133–147.

Mayo, J. (1971): Two techniques of teaching auditory blending skills to kindergarten children. Summary of a doctoral dissertation presented to the University of Colorado (ERIC Document Reproduction Service Nr. 054 915).

McNeil, J.D. & Stone, J. (1965): Note on teaching children to hear seperate sounds in spoken words. Journal of Educational Psycholgy, 56, 13–15.

McNinch, G. & Richmond, M. (1972): Auditory peceptual tasks as predictors of first–grade reading success. Perceptual and Motor Skills, 35, 7–13.

Menzerath, P. & Lacerda, A. de (1933): Koartikulation, Steuerung und Lautabgrenzung. Berlin u. Bonn: Ferd. Dümmlers.

Meyer–Schepers, U. (1991): Linguistik und Problematik des Schriftspracherwerbs. Frankfurt am Main: Peter Lang.

Miller, G.A. (1956): The magical number seven, plus or minus two: Some limits on capacity for processing information. Psychological Review, 63, 81–87.

Morais, J., Alegria, J. & Content, A. (1987a): The relationships between segmental analysis and alphabetic literacy: An interactive view. Cahiers de Psychologie Cognitive, 7, 415–438.

Morais, J., Alegria, J. & Content, A. (1987b): Segmental awareness: Respectable, useful and almost always necessary. Cahiers de Psychologie Cognitive, 7, 530–556.

Morton, J., Marcus, S.M. & Frankish, C.R. (1976): Perceptual centres (P–centres). Psychological Review, 83, 405–408.

Mulder, R.L. & Curtin, J. (1955–56): Vocal phonic ability and silent–reading achievement: A first report. The Elementary School Journal, 56, 121 – 123.

Nasarowa, L.K. (1955): Die Rolle der kinästhetischen Sprechreize beim Schreiben. In: H. Kölling (Hrsg.): Beiträge zur Anwendung der Lehre Pawlows auf Fragen des Unterrichts. Berlin: Volk und Wissen, 48–68.

Neumann, O. (1980): Informationsselektion und Handlungssteuerung. Unveröffentlichte Dissertation, Ruhr–Universität Bochum.

Nittrouer, S.; Studdert–Kennedy, M. & McGowan, R.S. (1989): The emergence of phonetic segments: Evidence from the spectral structure of fricative–vowel syllables spoken by children and adults. Journal of Speech and Hearing Research, 32, 120–132.

Nyikos, K. (1990): Comparative task difficulty in initial reading: German versus English. In: F. Biglmaier (Hrsg.): Reading at the crossroads. Berlin (West): Zentrale Universitätsdruckerei der Freien Universität Berlin.

Olofsson, A. & Lundberg, I. (1983): Can phonemic awareness be trained in kindergarten? Scandinavian Journal of Psychology, 24, 35–44.

Olofsson, A. & Lundberg, I. (1985): Evaluation of long term effects of phonemic awareness training in kindergarten: Illustrations of some methodological problems in evaluation research. Scandinavian Journal of Psychology, 26, 21–34.

Perfetti, C.A. (1987): What is phonemic awareness of? Paper presented at the annual meeting society for research in child development, Baltimore, MD.

Perfetti, C.A., Beck, I., Bell, L. & Hughes, C. (1987): Phonemic knowledge and learning to read are reciprocal: A longitudinal study of first–grade children. Merril–Palmer Quarterly, 33, 283–319.

Rakerd, B. & Verbrugge, R.R. (1987): Evidence that the dynamic information for vowels is talker independent in form. Journal of Memory and Language, 26, 558–563.

Repp, B.H. (1984): Categorial perception: Issues, methods, findings. In: N.J. Lass (Hrsg.): Speech and Language. Band 10. New York: Academic Press, 243–335.

Richardson, E. & Collier, L. (1971): Programmed tutoring of decoding skills with third and fifth grade non–readers. The Journal of Experimental Education, 39, 57–64.

Richardson, E., DiBenedetto, B. & Bradley, C.M. (1977): The relationship of sound blending to reading achievement. Review of Educational Research, 47, 319–334.

Richgels, D.J. (1986): An investigation of preschool and Kindergarten children's spelling and reading abilities. Journal of Research and Development in Education, 19, 41–47.

Riehme, J. (1974): Probleme und Methoden des Rechtschreibunterrichts. Berlin: Volk und Wissen.

Roberts, T. (1975): Skills of analysis and synthesis in the early stages of reading. British Journal of Educational Psychology, 45, 3–9.

Roberts, T. (1979): Auditory blending in the early stages of reading. Educational Research, 22, 49–53.

Rosner, J. & Simon, D.P. (1971): The auditory analysis test: An initial report. Journal of Learning Disabilities, 4, 40–48.

Rott, C. & Zielinski, W. (1984): Analyse des Wortleseprozesses bei guten und schwachen Lesern in der Grundschule. Sprache und Kognition, 4, 255–263.

Rott, C. & Zielinski, W. (1986): Entwicklungsstufen der Lesefertigkeit in der Grundschule. Zeitschrift für Entwicklungspsychologie und Pädagogische Psychologie, 18, 165–175.

Röhr, H. (1978): Voraussetzungen zum Erlernen des Lesens und Rechtschreibens. Unveröffentlichte Dissertation, Westfälische Wilhelms–Universität Münster.

Savin, H.B. & Bever, T.G. (1970): The nonperceptual reality of the phoneme. Journal of Verbal Learning and Verbal Behavior, 9, 295–302.

Sawyer, D.J. & Fox, B.J. (1991): Phonological awareness in reading. New York: Springer.

Scheerer–Neumann, G. (1979): Intervention bei Lese–Rechtschreibschwäche. Bochum: Kamp.

Scheerer–Neumann, G. (1986): Wortspezifisch: Ja – Wortbild: Nein. Teil 1.. In: H. Brügelmann (Hrsg.): ABC und Schriftsprache: Rätsel für Kinder, Lehrer und Forscher. Konstanz: Faude, 171–185.

Scheerer–Neumann, G. (1987): Wortspezifisch: Ja – Wortbild: Nein. Teil 2.. In: H. Balhorn & H. Brügelmann (Hrsg.): Welten der Schrift in der Erfahrung der Kinder. Konstanz: Faude, 219 – 242.

Scheerer–Neumann, G. (1989a): Entwicklungsprozesse beim Lesenlernen: Eine Fallstudie. In: M. Beck (Hrsg.): Schriftspracherwerb – Lese–Rechtschreibschwäche. Tübingen: Deutsche Gesellschaft für Verhaltenstherapie, 15–38.

Scheerer–Neumann, G. (1989b): The representation of developmental stages in a model of word recognition. Paper presented at the 6th European Conference on Reading from July 31st to August 3rd 1989, Berlin.

Scheerer–Neumann, G.; Kretschmann, R. & Brügelmann, H. (1986): Andrea, Ben und Jana: Selbstgewählte Wege zum Lesen und Schreiben. In: H. Brügelmann (Hrsg.): ABC und Schriftsprache: Rätsel für Kinder, Lehrer und Forscher. Konstanz: Faude, 55–96.

Schneider, W.; Hasselhorn, M. & Weinert, F.E. (1989): Memory span. In: F.E. Weinert & W. Schneider (Hrsg.): The Munich Longitudinal Study on the Genesis of Individual Competencies (LOGIC). Report No. 5: Results of wave three. München: Max-Planck-Institut für Psychologische Forschung, 41-43.

Schneider, W.; Näslund, J. & Weinert, F.E. (1989): Prerequisites of school achievement. In: F.E. Weinert & W. Schneider: The Munich longitudinal study on the genesis of individual competencies (LOGIC). Report No. 5: Results of wave three. München: Max-Planck-Institut für Psychologische Forschung, 155-182.

Schreuder, R. & van Bon, H.J. (1989): Phonemic analysis: effect of word properties. Journal of Research in Reading, 12, 59-78.

Seymor, P.H.K. & Elder, L. (1986): Beginning reading without phonology. Cognitive Neuropsychology, 3, 1-36.

Seymour, P.H.K. & MacGregor, C.J. (1984): Developmental dyslexia: A cognitive experimental analysis of phonological, morphemic, and visual impairments. Cognitive Neuropsychology, 1, 43-82.

Sievers, E. (1901): Grundzüge der Phonetik. Leipzig: Breitkopf & Härtel, 5. Auflage.

Skjelfjord, V.J. (1976): Teaching children to segment spoken words as an aid in learning to read. Journal of Learning Disabilities, 9, 39-48.

Skjelfjord, V.J. (1987a): Phonemic segmentation. An important subskill in learning to read: I. Skandinavian Journal of Educational Research, 31, 41-58.

Skjelfjord, V.J. (1987b): Phonemic segmentation. An important subskill in learning to read: II. Skandinavian Journal of Educational Research, 31, 81–98.

Skowronek, H. & Marx, H. (1989a): Die Bielefelder Längsschnittstudie zur Früherkennung der Lese–Rechtschreibschwäche: Theoretischer Hintergrund und erste Befunde. Heilpädagogische Forschung, 15, 38 – 49.

Skowronek, H. & Marx, H. (1989b): The Bielefeld longitudinal study on early identification of risks in learning read and write: Theoretical background and first results. In: M. Brambring, F. Lösel & H. Skowronek (Hrsg.): Children at risk: Assessment, longitudinal research, and intervention. Berlin: De Gruyter, 268–294.

Snowling, M. (1981): Phonemic deficits in developmental dyslexia. Psychological Research, 43, 219–234.

Stanovich, K.E., Cunningham, A.E. & Cramer, B.B. (1984): Assessing phonological awareness in Kindergarten–children: Issues of task comparability. Journal of Experimentel Child Psychology, 38, 175–190.

Stott, D.H. (1973): Some less obvious cognitive aspects of learning to read. The Reading Teacher, 26, 374–383.

Strange, W. (1987): Information for vowels in formant transitions. Journal of Memory and Language, 26, 550–557.

Strange, W.; Jenkins, J.J. & Johnson, T.L. (1983): Dynamic specification of coarticulated vowels. Journal of the Acoustical Society of America, 74, 695–705.

Strange, W.; Verbrugge, R.R.; Shankweiler, D.P. & Edman, T.R. (1973): Consonantel environment specifies vowel identity. Journal of the Acoustical Society of America, 60, 213–224.

Stuart, M. (1990): Processing strategies in a phoneme deletion task. The Quarterly Journal of Experimental Psychology, 42A, 305–327.

Stuart, M. & Coltheart, M. (1988): Does reading develop in a sequence of stages? Cognition, 30, 139–181.

Thiele, R. & Ricke, U. (1986): Lesestart. Bochum: Ferdinand Kamp.

Tiedemann, J.; Faber, G. & Kahra, G. (1985): Ausgewählte Frühindikatoren schulischer Lernschwierigkeiten – Lernvoraussetzungen des Erstunterrichts. Psychologie in Erziehung und Unterricht, 32, 93–99.

Tillmann, H.G. & Mansell, P. (1980): Phonetik. Stuttgart: Klett–Cotta.

Torgesen & Morgan (1990): Phonological synthesis tasks: A developmental, fuctional and componential analysis. In: H.L. Swanson: Learning disabilities: Theoretical and research issues, 263–276.

Torgesen, J.K.; Wagner, R.K.; Balthazar, M.; Davis, C.; Morgan, S.; Simmons, K.; Stage, S. & Zirps, F. (1989): Developmental and individual differences in performance on phonological synthesis tasks. Journal of Experimental Child Psychology, 47, 491 – 505.

Torneus, M. (1984): Phonological awareness and reading: A chicken and egg problem? Journal of Educational Psychology, 76, 1346–1358.

Treiman, R. (1983): The structure of spoken syllables: Evidence from novel word games. Cognition, 15, 49–74.

Treiman, R. (1984): On the status of final clusters in english syllables. Journal of Verbal Learning and Verbal Behavior, 23, 343–356.

Treiman, R. (1985): Onsets and rimes as units of spoken syllables: Evidence from children. Journal of Experimental Child Psychology, 39, 161–181.

Treiman, R. (1986): The division betweeen onset and rimes in english syllables. Journal of Memory and Language, 25, 476–491.

Treiman, R. (1988): Distributional constraints and syllable structure in english. Journal of Phonetics, 16, 221–229.

Treiman, R. (1991): Phonological awareness and its roles in learning to read and spell. In: D.J. Sawyer & B.J. Fox (Hrsg.): Phonological awareness in reading. New York: Springer, 159–189.

Treiman, R. & Baron, J. (1981): Segmental analysis ability: Development and relation to reading abilty. In: T. Waller & G. McKinnon (Hrsg.): Reading Research. Advances in Theory and Practice. New York: Academic Press, 159–199.

Tunmer, W., Pratt, C. & Herriman, M.L. (1984): Metalinguistic awareness in children. Berlin: Springer.

Tunmer, W.E. & Bowey, J.A. (1984): Metalinguistic awareness and reading aquisition. In: W.E. Tunmer, C. Pratt & M.C. Herriman (Hrsg.): Metalinguistic awareness in children: Theory, research, and implications. Berlin: Springer, 144–168.

Tunmer, W.E. & Herriman, M.L. (1984): The development of metalinguistic awareness: A conceptual overview. In: W.E. Tunmer, C. Pratt & M.L. Herriman (Hrsg.): Metalinguistic awareness in children. Berlin: Springer, 12–35.

Tunmer, W.E. & Nesdale, A.R. (1982): The effects of digraphs and pseudowords on phonemic segmentation in young children. Applied Psycholinguistics, 3, 299–311.

Tunmer, W.E., Herriman, M.L & Nesdale, A.R. (1988): Metalinguistic abilities and beginning reading. Reading Research Quarterly, 23, 134–158.

Valtin, R. (1970): Legasthenie – Theorien und Untersuchungen. Weinheim: Beltz.

Valtin, R. (1984a): The development of metalinguistic abilities in children learning to read and write. In: J. Downing & R. Valtin (Hrsg.): Language awareness and learning to read. New York: Springer, 207–226.

Valtin, R. (1984b): Awareness of features and functions of language. In: J. Downing & R. Valtin (Hrsg.): Language awareness and learning to read. New York: Springer, 227–260.

Valtin, R. (1989): Prediction of writing and reading achievement – some findings from a pilot study. In: M. Brambring, F. Lösel & H. Skowronek (Hrsg.): Children at risk: Assessment, longitudinal research, and intervention. Berlin: De Gruyter, 245–267.

Valtin, R.; Bemmerer, A. & Nehring, G. (1986): Kinder lernen schreiben und über Sprache nachzudenken: Eine empirische Untersuchung zur Entwicklung schriftsprachlicher Fähigkeiten. In: R. Valtin & I. Naegele (Hrsg.): "Schreiben ist wichtig". Frankfurt am Main: BOD, 23–66.

Vellutino, F.R. (1977): Alternative conceptualizations of dyslexia: Evidence in support of a verbal–deficit hypothesis. Harvard Educational Review, 47, 334–354.

Venezky, R. (1972): Language and cognition in reading. Tech. Rep. No. 188, Madison: Wisconsin Research and Developmental Center for Cognitive Learning. ERIC Document Reproduction Service Nr. ED 067 646.

Wagner, R.K. & Torgesen, J.K. (1987): The nature of phonological processing and its causal role in the aquisition of reading skills. Psychological Bulletin, 101, 192–212.

Walter, J. (1988): Leseforschung und Unterricht. Meerbusch: Kierst.

Warren, R.M. (1983): Multiple meanings of "phoneme" (articulatory, acoustic, perceptual, graphemic) and their confusions. In: N.J. Lass (Hrsg.): Speech and Language, Band 9. New York: Academic Press, 285–311.

Weisberg, P.; Andracchio, B.J.; & Savard, C.F. (1989): Oral blending in young children: Effects of sound pauses, initial sound, and word familiarity. Journal of Educational Research, 82, 139–145.

Wijnen, F. (1988): Spontaneous word fragmentations in children: evidence for the syllable as a unit in speech production. Journal of Phonetics, 16, 187–202.

Williams, J.P. (1980): Teaching decoding with an emphasis on phoneme analysis and phoneme blending. Journal of Educational Psychology, 72, 1–15.

Wimmer, H.; Hartl, M. & Moser, E. (1990): Passen "englische" Modelle des Schriftspracherwerbs auf "deutsche" Kinder? Zweifel an der Bedeutsamkeit der logographischen Stufe. Zeitschrift für Entwicklungspsychologie und Pädagogische Psychologie, 22, 136 – 154.

Yaden, D.B. & Templeton, S. (Hrsg.) (1986): Metalinguistic awareness and beginning literacy. Portsmouth, NH: Heinemann.

Yopp, H.K. (1985): Phoneme segmentation ability: A prerequisite for phonics and sight word achievment in beginning reading? In: Yearbook of the National Reading Conference, Rochester, 330–336.

Yopp, H.K. (1988): Thc validity and reliability of phonemic awareness tests. Reading Research Quarterly, 23, 159–177.

Anhang

Vorlagen der Aufgabe Buchstaben Benennen

Schrifttyp der Fibel "Lesestart".

P	a	O
m	H	ch
T	x	A
b	J	S
M	Ü	Y
l	K	V
D	qu	C

e	N	sch
F	o	G
w	x	t
E	p	V
c	J	z
R	f	L
ä	B	g

Sch	d	Qu
ö	ß	h
S	n	Ä
u	W	k
Ch	y	Ü
r	U	j
Ö	i	Z

Testitems und Bildvorlagen der Aufgabe Laute Benennen

Bildvorlagen verkleinert. Originalgröße: 3 Bilder nebeneinander auf einem DIN–A4–Blatt.

TONAUFNAHME !!!!			
01 Iglu			
02 Leiter			
03 Sofa			
04 Ärztin			
05 Eimer			
06 Tor			
07 Meer			
08 Vieh			
09 Wald			
10 Äste			
11 Umhang			
12 Dieb			
13 Burg			
14 Ente			
15 Fisch			
16 Elf			
17 Adler			
18 Klee			
19 Geweih			
20 Etage			
21 Schnur			
22 Efeu			
23 Euter			
24 Nuß			
25 Ärmel			
26 Vase			
27 Ring			
28 Papier			
29 Arm			
30 Haar			
TONBAND AUSSCHALTEN !!!!			

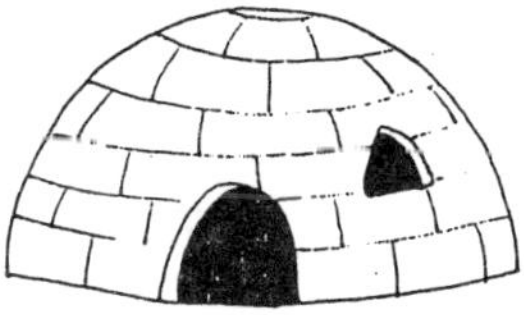
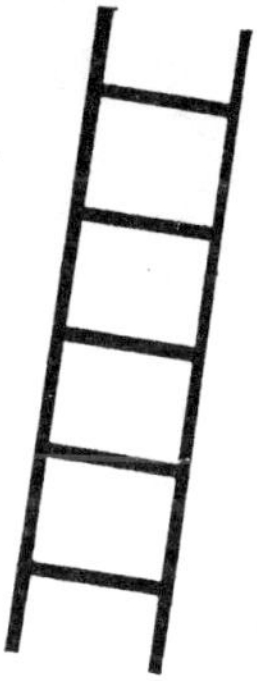
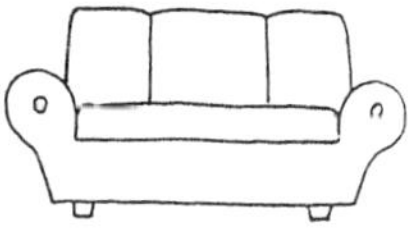

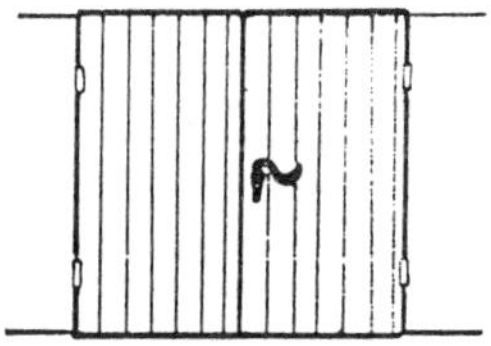

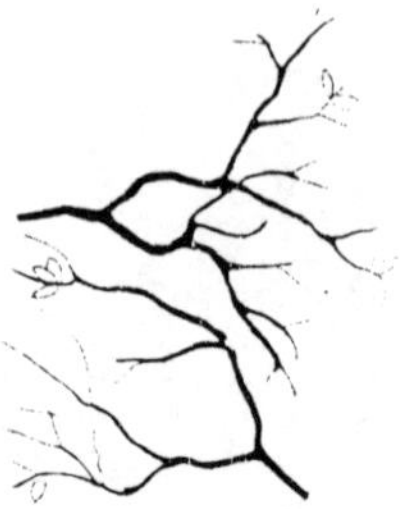

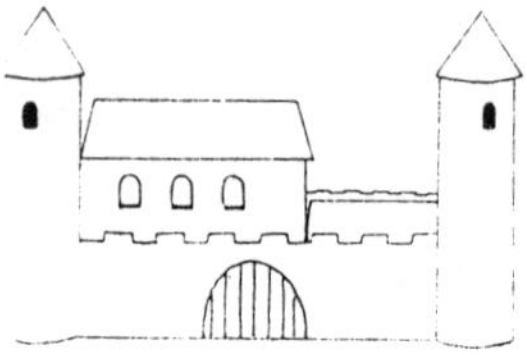

11

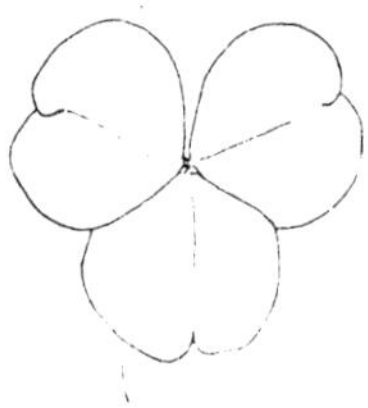

Aufgabenreihenfolgen in den einzelnen Sitzungen zu den Meßzeitpunkten T1, T2 und T3

Meßzeitpunkt T1 (1. Sitzung)

Nr.	Aufgaben
1	Wörter Nachsprechen
2	Reimpaare Erkennen I
3	Wort-Vergleich-Suchaufgabe
4	Lauteverbinden mit Bild
5	Buchstaben und Zahlen Benennen
6	Schreibaufgabe

Meßzeitpunkt T1 (2. Sitzung)

7	Laute Wiedererkennen und Benennen
8	Silben Verbinden
9	Lauteverbinden
10	Wörter Teilen
11	Reimpaare Erkennen II
12	Wort-Vergleich-Suchaufgabe

Meßzeitpunkt T2

Nr.	Aufgaben
1	Wörter Nachsprechen
2	Buchstaben Benennen
3	Anfangslaute Benennen
4	Wort-Vergleich-Gedächtnisaufgabe
5	Schreibaufgabe
6	Silben Verbinden

	Parallelgruppe A	Parallelgruppe B
7	Lauteverbinden	Laute Verbinden mit Buchstabennamen
8	Lauteverbinden (Transferwörter)	Buchstabenverbinden (Transferwörter)

9	Wörter Teilen
10	Wort-Vergleich-Suchaufgabe
11	Lesen Fibelwörter
12	Lesen Transferwörter
13	Laute Verbinden mit Bild

Meßzeitpunkt T3

Nr.	Aufgaben			
1	Buchstaben Benennen			
	Gruppe 1	Gruppe2	Gruppe 3	Gruppe 4
2	Lesen Pseudowörter-itemsatz	Lauteverbinden Pseudowörter-itemsatz	Wörterdiktat Pseudowörter-itemsatz	Wörterteilen Pseudowörter-itemsatz
3	Anfangs- und Endlaute Benennen			
	Gruppe 1	Gruppe2	Gruppe 3	Gruppe 4
4	Lauteverbinden Pseudowörter-itemsatz	Lesen Pseudowörter-itemsatz	Wörterteilen Pseudowörter-itemsatz	Wörterdiktat Pseudowörter-itemsatz

Nr.	Parallelgruppe A	Parallelgruppe B
5	Lauteverbinden	Lauteverbinden mit Buchstabennamen
6	Lauteverbinden (Transferwörter)	Buchstabenverbinden (Transferwörter)

Nr.	Gruppe 1	Gruppe2	Gruppe 3	Gruppe 4
7	Wörterdiktat Pseudowörter-itemsatz	Wörterteilen Pseudowörter-itemsatz	Lesen Pseudowörter-itemsatz	Lauteverbinden Pseudowörter-itemsatz
8	Wörter Teilen			
	Gruppe 1	Gruppe2	Gruppe 3	Gruppe 4
9	Wörter Teilen Pseudowörter-itemsatz I	Wörterdiktat Pseudowörter-itemsatz I	Lauteverbinden Pseudowörter-itemsatz I	Lesen Pseudowörter-itemsatz I
10	Lesen (Fibelwörter)			
11	Lesen (Transferwörter)			